“十四五”新工科应用型教材建设项目成果

21世纪技能创新型人才培养系列教材
机械设计制造系列

多轴加工编程与操作

主　编◎李绍红　周显强　杨永修
副主编◎张　健　肖　冰　李佳铭
　　　　刘圳波　隋红心
参　编◎王炜罡　张　浩　曹志宏
主　审◎陈艳辉　张　洋

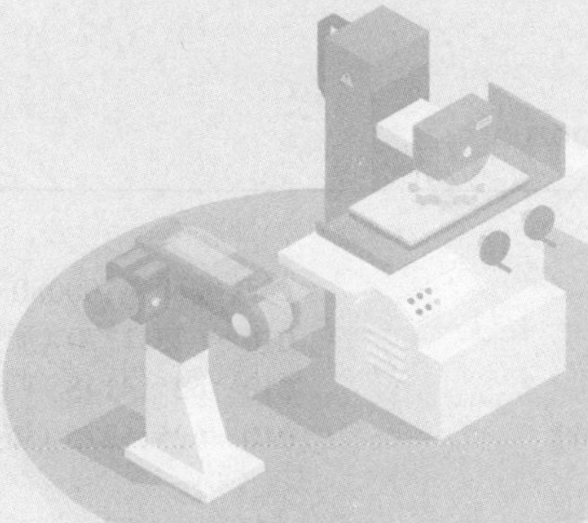

中国人民大学出版社
·北京·

图书在版编目（CIP）数据

多轴加工编程与操作 / 李绍红，周显强，杨永修主编 .-- 北京 ：中国人民大学出版社，2023.7

21 世纪技能创新型人才培养系列教材．机械设计制造系列

ISBN 978-7-300-31847-9

Ⅰ.①多… Ⅱ.①李… ②周… ③杨… Ⅲ.①数控机床－程序设计－教材 Ⅳ.① TG659

中国国家版本馆 CIP 数据核字（2023）第 122295 号

"十四五"新工科应用型教材建设项目成果

21 世纪技能创新型人才培养系列教材·机械设计制造系列

多轴加工编程与操作

主　编　李绍红　周显强　杨永修

副主编　张　健　肖　冰　李佳铭　刘圳波　隋红心

参　编　王炜罡　张　浩　曹志宏

主　审　陈艳辉　张　洋

Duozhou Jiagong Biancheng yu Caozuo

出版发行	中国人民大学出版社		
社　　址	北京中关村大街 31 号	**邮政编码**	100080
电　　话	010－62511242（总编室）		010－62511770（质管部）
	010－82501766（邮购部）		010－62514148（门市部）
	010－62515195（发行公司）		010－62515275（盗版举报）
网　　址	http://www.crup.com.cn		
经　　销	新华书店		
印　　刷	天津中印联印务有限公司		
开　　本	787 mm × 1092 mm　1/16	**版　　次**	2023 年 7 月第 1 版
印　　张	16.5	**印　　次**	2023 年 7 月第 1 次印刷
字　　数	380 000	**定　　价**	48.00 元

前 言

PREFACE

党的二十大报告指出，教育、科技、人才是全面建设社会主义现代化国家的基础性、战略性支撑。教育是国之大计、党之大计。职业教育是我国教育体系的重要组成部分，肩负着“为党育人、为国育才”的神圣使命。本教材以习近平新时代中国特色社会主义思想为指导，深入贯彻落实党的二十大精神，将思想道德建设与专业素质培养融为一体，着力培养爱党爱国、敬业奉献，具有工匠精神的高素质技能人才。

本教材结合职业教育特点，以培养职业技能为特色，以培养技术应用能力和岗位工作能力为核心，知识内容的选取坚持“必需、够用、实用”的原则，突出体现“知识新、理念新、技术新”的编写思路，避免理论知识的堆砌，重在实用、简洁、易懂；实践内容的选取参照国家加工中心中、高级操作工职业标准要求，将实用性较强的案例与“1+X”职业技能等级认证的相关内容结合起来，帮助学生掌握生产第一线多轴加工编程及操作的知识和技能，并获得相应的技能证书。

本教材以海德汉 iTNC 530 数控系统的加工中心为例，系统介绍了多轴加工编程的基本理论与操作技能。全书共分为 10 个任务，任务 1 至任务 3 主要讲解平面直线、圆弧轮廓特征的零件的铣削，任务 4 主要讲解具有平移旋转特征的零件的铣削，任务 5 至任务 7 主要讲解具有孔、型腔及凸台特征的零件的铣削，任务 8 主要讲解具有公式曲线特征的零件的铣削，任务 9 和任务 10 主要讲解具有倾斜形状特征的零件的铣削。每个任务主要包括任务描述、任务目标、知识学习和任务实施 4 个部分，针对多种具有代表性的零件详细讲解了机床操作及零件编程加工的过程。

实际教学时，可以以本书划分的任务为单位，将各个知识点之间的联系统一到为工作任务目标服务上，避免对概念的硬性输出，在实际操作的过程中引导学生对知识点的理解和运用。

教材编写分工如下：长春汽车工业高等专科学校的李绍红编写了任务 1 和任务 2；长春开放大学的隋红心编写了任务 3；长春汽车工业高等专科学校的周显强编写了任务 4 至任务 7；长春汽车工业高等专科学校的张健、肖冰编写了任务 8；中国第一汽车集团公司研发总院的杨永修、长春汽车工业高等专科学校的李佳铭、吉林城市职业技术学院的刘圳波编写了任务 9；长春汽车工业高等专科学校的王炜罡、曹志宏、张浩、陈艳辉、张洋编写了任务 10。

本教材适用于高职高专理论与实践教学，亦可用于技能鉴定培训。

由于时间仓促，加之编者水平有限，书中难免存在疏漏之处，恳请广大读者批评指正。

编者

目　录

CONTENTS

任务 1　平面直线轮廓的零件的铣削

任务描述

根据图 1 - 1 所示的图纸，分析尺寸精度及技术要求，制定零件加工工艺方案，编制加工程序，模拟仿真，最终在数控铣床上完成加工。

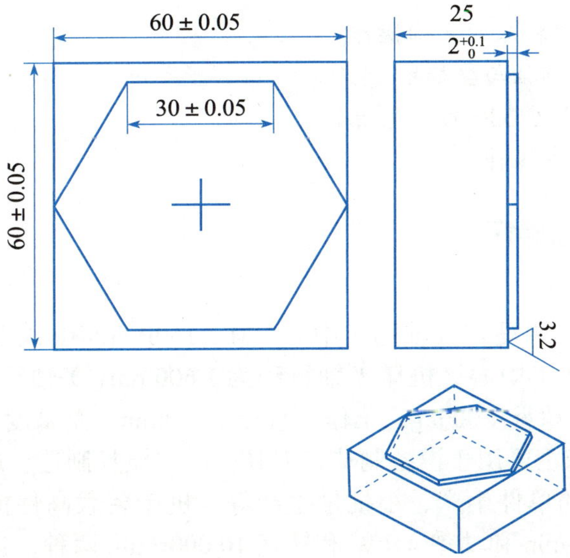

技术要求：

1. 零件加工表面不应有划痕、擦伤等。
2. 去除毛刺飞边。
3. 锐角倒钝。
4. 未标注公差 ± 0.1 。

轮廓加工	比例	数量	材料	图号：01
	1 : 1	1	铝合金	

图 1 - 1　平面直线轮廓的零件

任务目标

知识目标

- 能正确设定编程坐标系。
- 掌握海德汉 iTNC 530 编程的程序格式。
- 能正确运用直线插补运动指令编写加工程序。
- 能正确建立文件夹及新文件，并正确输入程序。

素养提升

- 观看《大国重器》专题片，了解我国机械制造水平，增强民族自豪感和使命感。
- 观看安全操作教育视频，树立安全第一的意识。

知识学习

- DMU160P 机床的基础操作。
- 机床的坐标轴与坐标系。
- 海德汉 iTNC 530 的功能指令
- 编程的基本操作。

一 机床的基础操作

1. 机床简介

如图 1－2 所示，德马吉五轴加工中心 DMU 160P duoBlock 是同系列中体积和加工区域最大的 5 轴加工中心，机床 X 轴行程为 1 600mm，Y 轴行程 1 600mm，Z 轴行程 1 000mm，工作台承重 4 000kg，工作台直径 1 600mm，是精度最高、效率最快的五轴机床之一。该机床主要用于设备制造、刀具生产、模具制造、航空航天等领域，以及大切屑量情况下的单件生产、小批量生产等。机床装载高性能电主轴，分为功率 28kW、转速 12 000r/min 和功率 44kW 和转速 10 000r/min 两种；齿轮驱动主轴的扭矩为 1 100Nm，快移速度为 60m/min；直驱工作台转速为 400r/min；装载超紧凑 453 位轮式刀库，占地少，换刀时间短，最多 5.6s。这些创新特点使其在万能高速加工领域具有广阔的应用空间，通达性和操作舒适性不断提升。

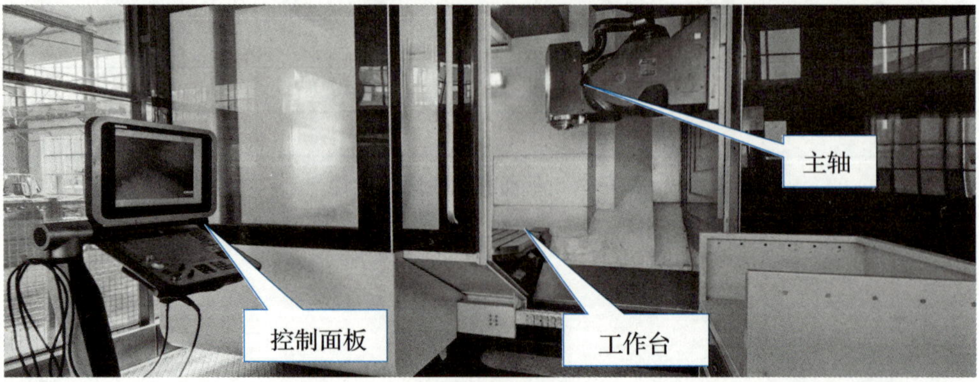

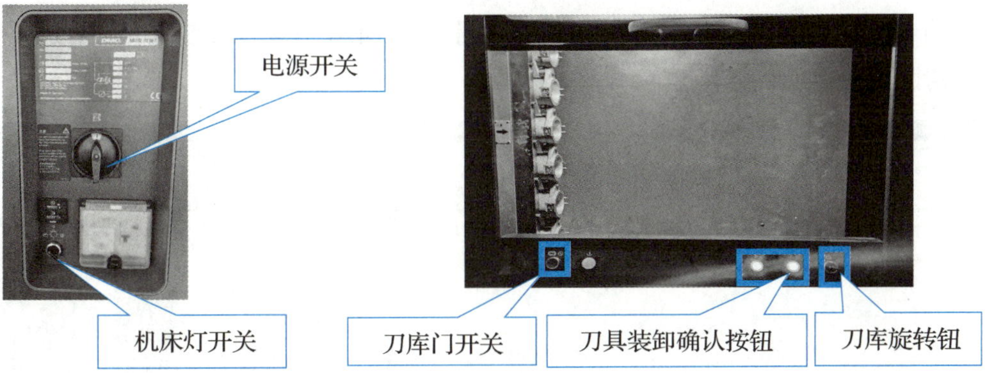

图 1－2　德马吉 DMU 160P duoBlock 五轴加工中心

2. 数控系统

机床配置 HEIDENHAIN（海德汉）iTNC 530 系统。该系统是适用于机床的轮廓加工数控系统，操作人员可以在机床上采用简易的对话格式编程语言编写常规加工程序，适用于铣床、钻床、镗床和加工中心。iTNC 530 最多可控制 12 个轴。

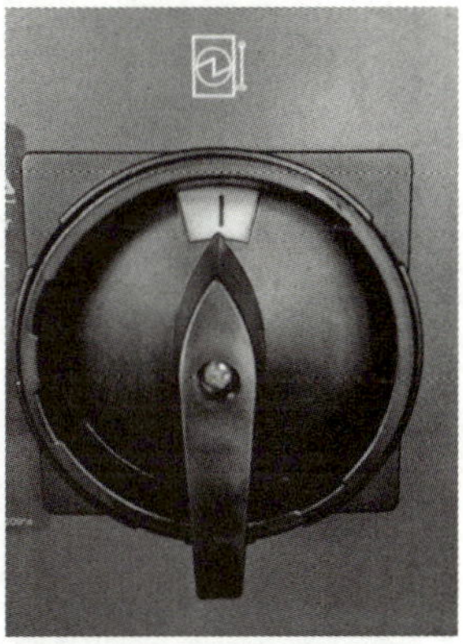

图 1－3　电源开关

3. 机床开关机

（1）开机。

1）将电气控制柜上的电源开关转到 I 位置，如图 1－3 所示。

2）测量系统已供给电压，数控系统启动，内存自检，TNC 开机并自动初始化，如图 1－4 所示。

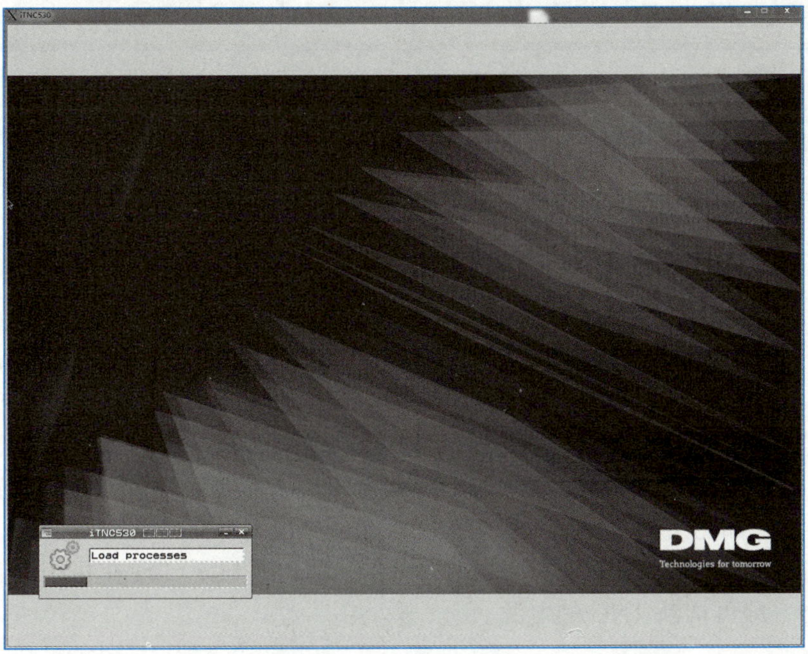

图 1－4　开机初始化

开机

3）TNC 显示出错信息“电源中断”，如图 1－5 所示，点击操作面板上的 CE 按钮两次，清除出错信息，解释 PLC 程序。

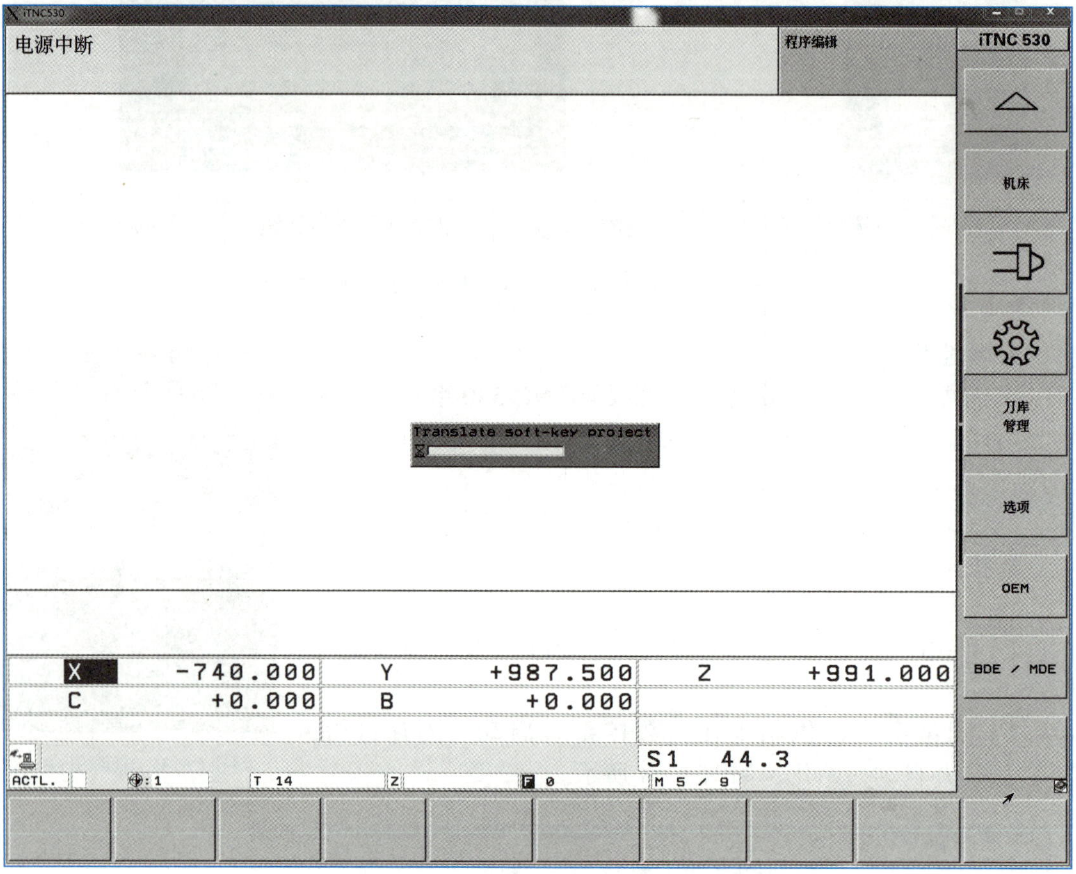

图 1－5 电源中断

4）外部直流电源故障检查。开启外部直流电源，TNC 将检查急停按钮电路是否正常工作。释放急停按钮，按下电气电源按钮，系统正常启动。

（2）关机。

关机

1）程序结束后，将主轴上的刀具转置刀库中，确保主轴上没有刀具。

2）在显示屏右下角点击 ▷ 数次，当左下角出现图标时，点击其对应的软键，选择关机功能，如图 1－6 所示。

3）在弹出的对话框中点击屏幕上对应的“是”功能软键，再次确认，如图 1－7 所示。

4）等待 TNC 将所有的数据写入硬盘，如图 1－8 所示。当显示“现在可以关闭 TNC 系统了”信息时，即可切断 TNC 的电源。

5）将电源开关搬至 O 位置，关闭机床电源。

注：不正确关闭 TNC 系统将导致数据丢失。

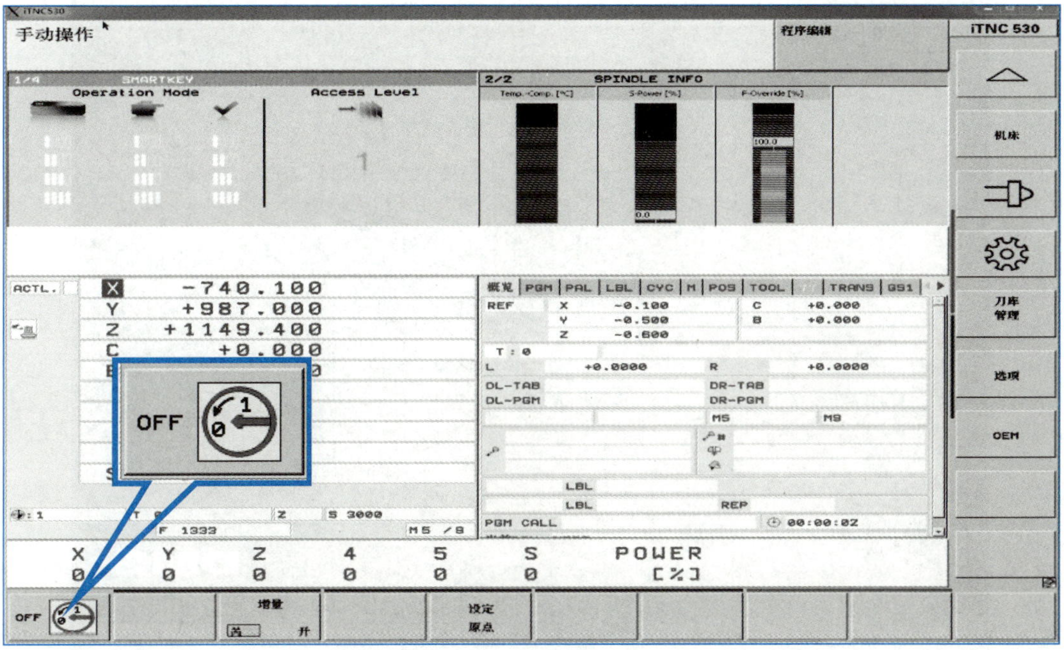

图 1－6　关机操作界面

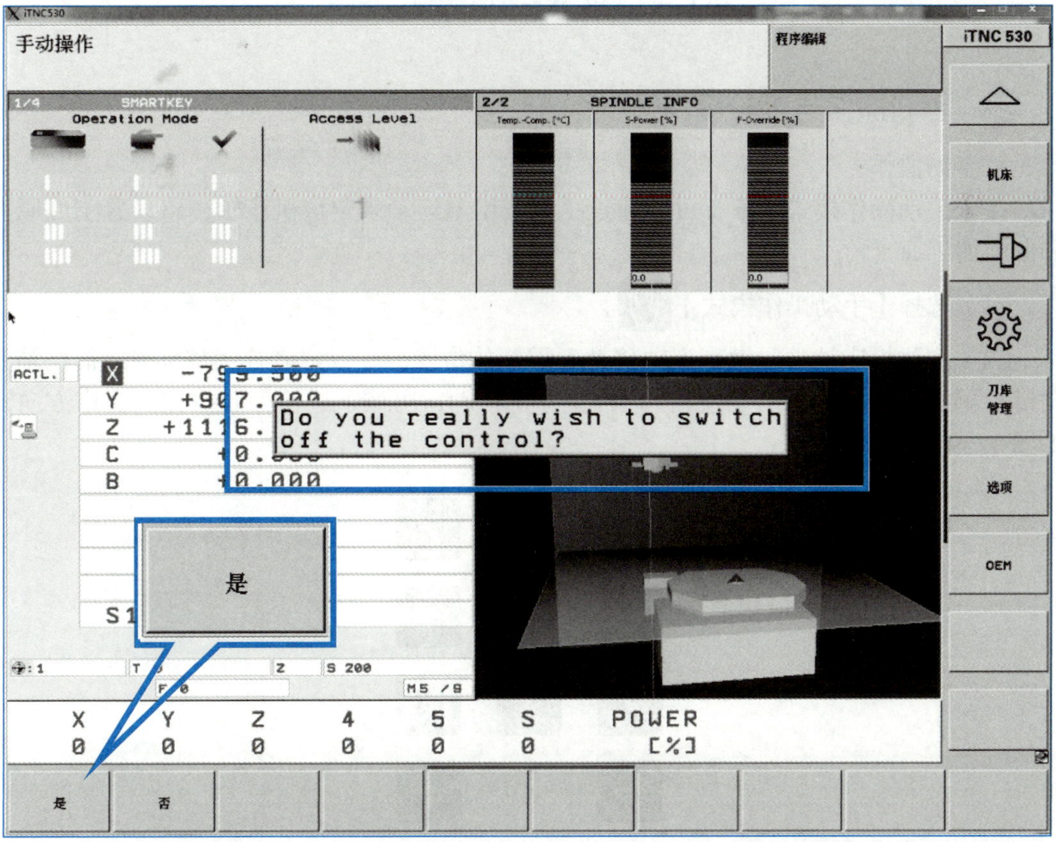

图 1－7　关机确认

图 1－8　TNC 将所有的数据写入硬盘

二　手动操作与手轮操作

1. 手动操作

在【手动操作模式】下，可以通过手动或增量运动来定位机床轴，以设置工件原点和倾斜加工面。

（1）选择【手动操作模式】。

（2）按住机床轴方向键直到轴移动到需要的位置为止，或者连续移动轴（按住轴方向键，再按住机床循环启动按钮）；若要停止移动，可按下进给停止按钮。机床方向键如图 1－9 所示。

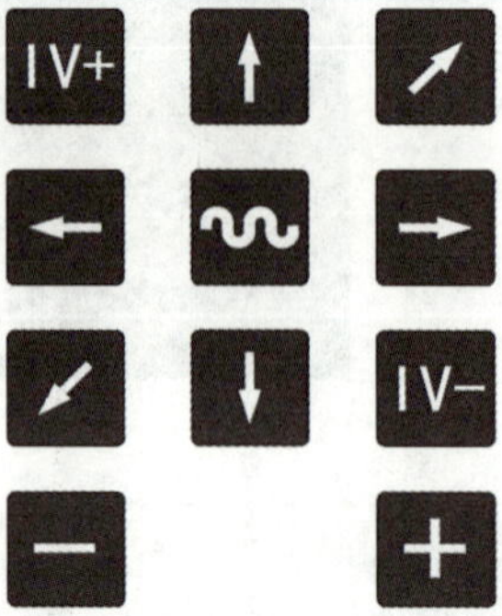

图 1－9　机床方向键

在机床轴移动时，可以通过【F】软键 F 或进给倍率调节旋钮改变倍率。

2. 手轮操作

手轮按键功能如图 1 - 10 所示。

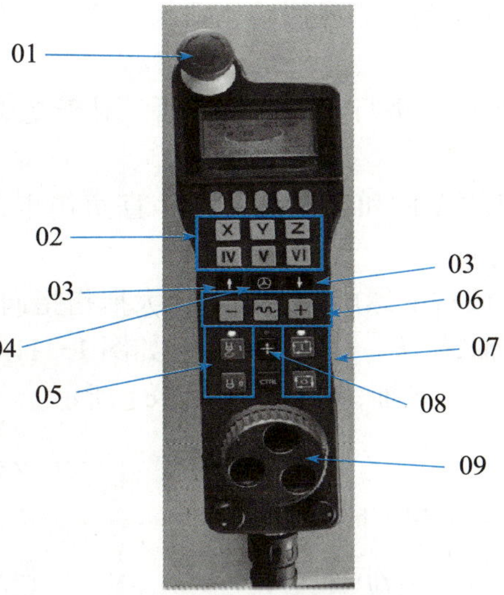

01—紧急停止；02—轴选择键；03—进给速率选择键（↑加速、↓减速）；
04—手轮激活开关键；05—主轴开始与停止；06—TNC 移动所选轴的方向；
07—循环启动的开始与暂停；08—实际位置获取键；09—手轮

图 1 - 10　手轮按键功能

3. 单轴移动操作步骤

（1）选择【电子手轮操作模式】。

（2）按住手轮上的【激活】按钮。

（3）选择轴，如 X 轴 X。

（4）调整进给速率↑与↓。

（5）转动手轮，左转为【+】，右转为【-】。

三　机床的坐标轴与坐标系

1. 坐标系的建立原则

（1）假定刀具相对于静止的工件而运动的原则。由于机床的结构不同，因此有的是刀具运动，零件固定；有的是刀具固定，零件运动。为了编程方便，一律规定为零件固定。

（2）标准坐标系采用右手直角笛卡尔坐标系原则。

（3）刀具远离工件的方向规定为坐标轴的正方向。

2. 机床坐标轴的规定

机床坐标系的各个坐标轴与机床导轨平行。描述刀具运动时，需要借助定位系统，以确定刀具运动的准确位置。现代数控系统采用的标准定位系统为右手笛卡尔直角坐标系。该坐标系必须符合右手定则：伸出右手，张开大拇指、食指和中指，并使三个手指相互垂直，则大拇指代表 X 轴，食指代表 Y 轴，中指代表 Z 轴；三个手指的指向代表线性轴的正方向，如图 1－11（a）所示。

Z 轴：数控机床的 Z 轴为平行机床的主轴方向，刀具远离工件的方向为 Z 轴正向；对于立式加工中心，机床主运动为刀具回转，钻入工件方向为 Z 轴的负方向，退出工件方向为 Z 轴的正方向。

X 轴：X 轴一般是水平的，平行于工件装夹面。对于立式加工中心，从主轴向立柱方向看，右侧为 X 轴正向。

Y 轴：根据已经确定的 X 轴和 Z 轴，按右手直角笛卡尔坐标法则确定 Y 轴的正方向。

A、B、C 为旋转轴，按右手螺旋法则确定，大拇指指向 X、Y、Z 轴正方向，其余四指弯曲，指向对应旋转轴 A、B、C 的正方向，如图 1－11（b）所示；U、V、W 为平行线性轴，分别平行于 X、Y、Z 轴，如图 1－11（c）所示。

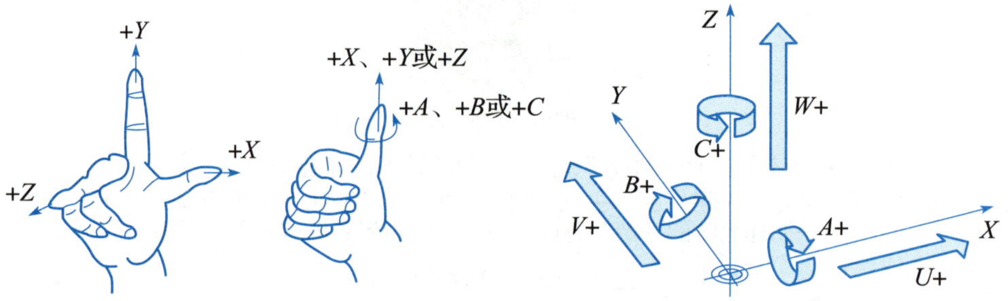

（a）右手定则　（b）右手螺旋法则　（c）U、V、W轴的方向

图 1－11　机床坐标轴的规定

五轴机床坐标系如图 1－12 所示。

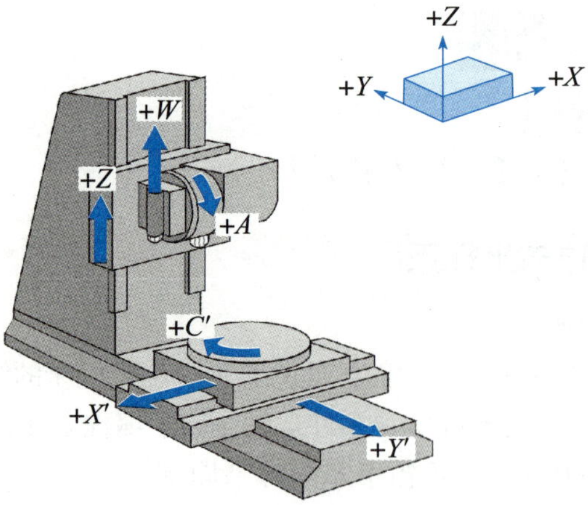

图 1－12　五轴机床坐标系

3. 机床零点和机床坐标系

机床坐标系是根据坐标系建立原则以机床零点为原点而建立的坐标系，机床零点是

机床厂商在机床上设置的一个物理位置，是每台机床在出厂前预先设置好的、唯一的、固定的参考点。其作用是使机床与控制系统同步，建立机床运动坐标的起始点。数控铣床原点一般设置在各坐标轴的正向极限位置。

工件坐标系是编程人员为了编程方便而使用的坐标系。工件坐标系原点一般设在零件工艺基准或设计基准上，工件坐标系的坐标轴与机床坐标系的坐标轴方向一致。

四　海德汉 iTNC 530 的程序格式

（1）海德汉 iTNC 530 五轴加工数控程序由程序头、程序内容和程序结束指令三部分组成。

```
BEGINPGM×××MM（程序开始，“×××”为程序名）
BLK　FORM　0.1　X____Y____Z____（定义毛坯最小点坐标）
BLK　FORM　0.2　X____Y____Z____（定义毛坯最大点坐标）
TOOL　CALL L____S____（调用刀具，设定转速）
L　Z+100　R0　FMAX　M3（刀具至第二安全高度，设定主轴正转）
L　X____Y____F____（沿轮廓编程）
L　Z+100　R0　FMAX　M30（沿 Z 轴退刀，程序结束）
END　PGM×××MM（程序结束）
```

FMAX：仅在本程序段有效，为非模态指令。

（2）iTNC 530 数控程序按升序为程序段编号。程序以“BEGINPGM”为开端，包含程序名和当前尺寸单位；程序内容包含工件毛坯定义、刀具定义、刀具调用、进给速率和主轴转速定义，以及路径轮廓、循环等功能；程序结束指令包含 ENDPGM 字段，以及程序名和当前尺寸单位。

（3）程序的每一行称为程序段，基本程序段格式示例及含义如下：

```
N　L　X+10　Y+30　R0　F100　M3
```

1）N：程序段号，程序段的编号，用正整数表示。

2）L：轨迹功能，并启动程序段编写（L 表示线性轨迹，C 表示圆弧）。

3）X、Y：终点坐标。

4）R：刀具半径补偿（RL 表示刀具半径左补偿，RR 表示刀具半径右补偿，R0 表示无刀具半径补偿）。

5）F：进给速率，铣削常用单位为 mm/min。

6）M：辅助功能。

五　iTNC 530 直线插补功能指令

1. 概述

直线运动是指采用路径功能按顺序对各轮廓元素编写程序，依次创建零件加工程序。这种编程方法通常需按工件图样要求输入各轮廓元素终点的坐标，iTNC 530 将根据刀具数据和半径补偿通过坐标计算刀具的实际路径。

进给速率 F 是指刀具中心的运动速率（mm/min）。每个机床轴的最大进给速率可以各不相同，进给速率可以通过机床参数来设置。

要编程实现快速移动需输入“FMAX”命令，当 iTNC 530 数控系统屏幕显示“FEEDRATEF=?”(进给速率 F=?) 时，按【ENT】或【FMAX】软键。

输入数值确定的进给速率持续有效，直到执行定义了不同进给速率的程序段为止。FMAX 命令仅在所编程序段内有效，执行完含有 FMAX 命令的程序段后，进给速率将恢复到以数值形式定义的最后一个进给速率。程序运行期间，可以用进给倍率调节旋钮调整进给速率。

程序示例：

```
L X+100  Y+100  F3000        进给速率为 3 000mm/min
L X+300 FMAX                 进给速率为机床的快速移动速率
L Y+100                      进给速率默认上一程序段的值
```

2. 单一插补运动

程序段仅有一个坐标，iTNC 530 数控系统将沿平行于编程机床轴的方向移动刀具。根据机床结构的不同，零件程序可以定义移动刀具或者移动固定工件的机床工作台。

程序示例：

```
L X+120 F500
```

其中，“L”表示直线路径功能，“X+120”表示终点坐标。刀具保持 Y 轴和 Z 轴坐标不动，沿 X 轴移至 X=120 位置处，如图 1－13 所示。

3. 二维插补运动

程序段有两个坐标，iTNC 530 数控系统将在编程平面内移动刀具。

程序示例：

```
L X+100  Y+70  F1000
```

刀具保持 Z 轴坐标不动，在 XY 平面内移至 X=100，Y=70 位置处，如图 1－14 所示。

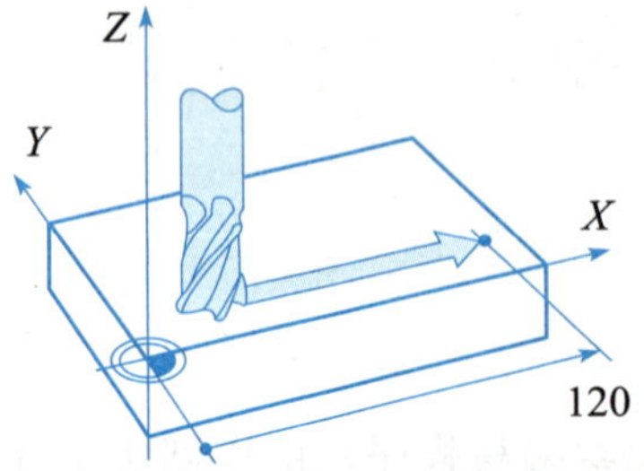

图 1－13　单一插补运动

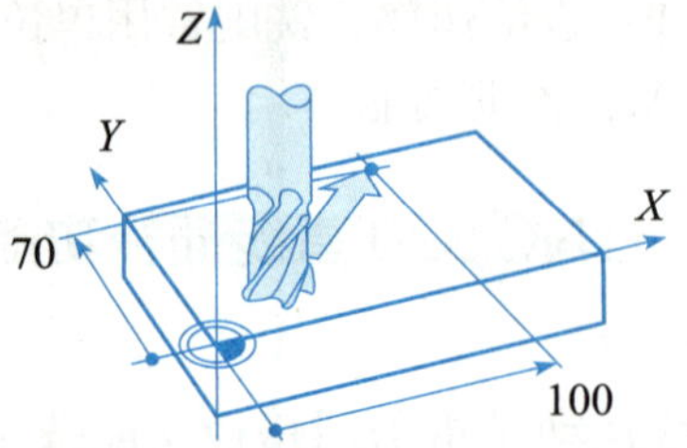

图 1－14　二维插补运动

4. 三维插补运动

程序段有三个坐标，iTNC 530 数控系统在空间中将刀具移至编程位置，如图 1－15 所示。

程序示例：

```
L X+120 Y+0 Z-12 F1000
```

5. 多轴同时运动

iTNC 530 数控系统可同时控制五轴联动。例如，可同时运动三个线性轴和两个旋转轴，如图 1－16 所示。这种程序十分复杂，很难在机床上进行编程，一般由 CAM 系统创建。

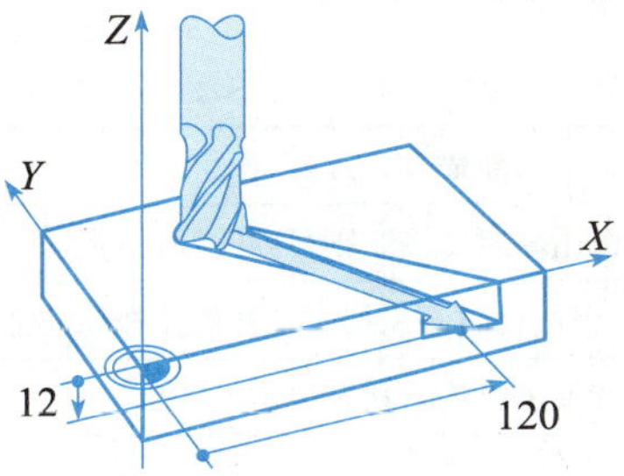

图 1－15　三维插补运动

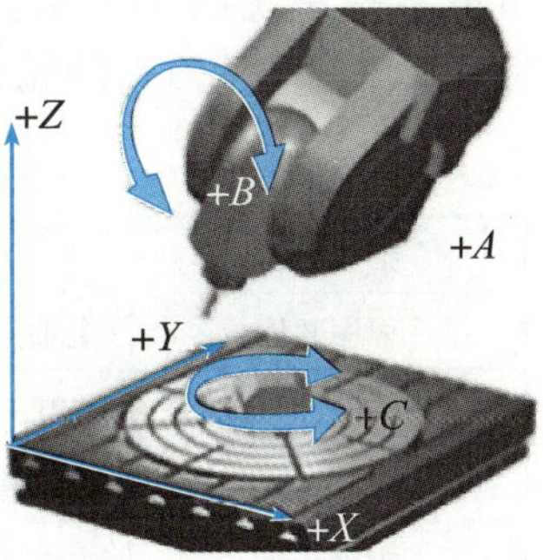

图 1－16　多轴运动

程序示例：

```
L X+30 Y+50 Z+2 A+15 B+60 C+45 R0 F1000
```

其中，A+15 表示绕 *X* 轴旋转 +15°，B+60 表示绕 *Y* 轴旋转 +60°，C+45 表示绕 *Z* 轴旋转 +45°。

六　SmartKey 的使用

1. 授权钥匙 TAG

授权钥匙 TAG 如图 1－17 所示，可用作授权的钥匙和数据存储。

图 1－17　SmartKey

2. 运行方式选择键的含义

【Ⅰ】在加工间关闭的状态下运行的安全运行模式，可进行绝大多数操作，为系统默认状态。

【Ⅱ】在加工间开启的状态下运行的调整运行模式，系统限制主轴转速最高 800r/min，进给速率最大 2m/min。

【Ⅲ】在加工间开启的状态下运行，与调整运行模式相同，系统限制主轴转速最高 5 000r/min，进给速率最大 5m/min。

【Ⅳ】扩展的手工干预模式，可获得更大权限，需要特殊授权。

七 辅助功能指令（M 功能指令）

iTNC 530 数控系统的辅助功能主要用于控制程序运行和机床功能，如主轴的启、停，冷却液的开、关以及刀具的轮廓加工。M 功能指令见表 1－1。

表 1－1　M 功能指令

指令代码	指令名称	功能描述
M00	程序暂停	主轴停止，冷却液关闭，再按循环启动按钮则可以继续运行程序
M01	选择性程序暂停	M01 指令与 M00 指令相同，但运行时必须按下选择停止按钮才能生效
M02	程序结束	程序暂停，主轴停止，冷却液关闭，清除状态显示
M03	主轴正传	主轴顺时针旋转
M04	主轴反转	主轴逆时针旋转
M05	主轴停	主轴停转
M06	换刀	主轴停转，程序停止运行，执行换刀动作
M08	切削液开	切削液开关打开
M09	切削液关	切削液开关关闭
M13	主轴正转＋切削液开	主轴顺时针旋转，切削液开关打开
M14	主轴反转＋切削液开	主轴逆时针旋转，切削液开关打开
M30	程序结束	程序暂停，主轴停止，冷却液关闭，清除状态显示，程序复位到初始状态

注意：

（1）有的 M 功能指令在定位程序段开始处生效，有的则在结束处生效。

（2）在定位程序段结束处最多可以输入两个 M 功能指令。

八 编程基本操作

为了便于编辑和管理程序 / 文件，首先介绍操作面板的操作指令区域。

操作面板由显示器与键盘组成，显示器部分共分为 11 个区域，如图 1－18 所示为显示面板区域，显示面板区域功能介绍见表 1－2。

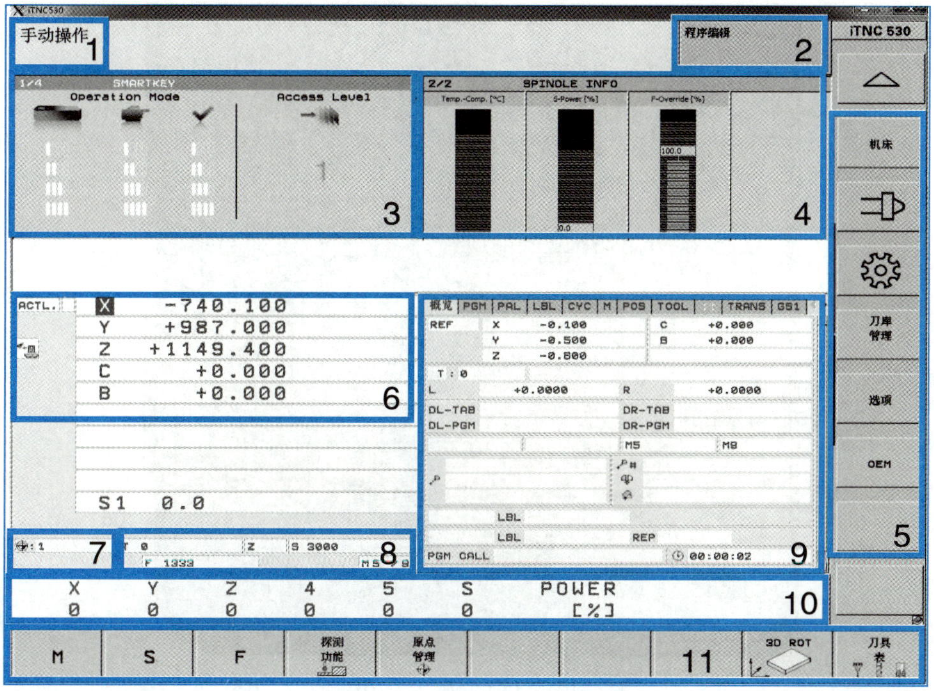

图 1 – 18　显示面板区域

表 1 – 2　显示面板区域功能介绍

序号	区域	功能
1	左侧标题行	显示当前选中的机床运行方式（手动操作、MDI、电子手轮、单段运行、自动运行、smarT.NC 等）
2	右侧标题行	显示当前选中的程序运行方式（程序保存 / 编辑、程序测试等）
3	授权运行状态	显示当前机床的运行方式及 SmartKey 状态
4	主轴监控	显示机床当前的监控状态（主轴温度、震动、倍率等）
5	垂直功能键	显示机床功能
6	位置显示	显示当前位置的实际或名义坐标值，可通过 MOD- 模式键设置
7	显示零点	来自预设值表正在启用的基准点编号
8	工艺显示	显示刀具名、刀具轴、转速、进给速率、旋转方向和冷却润滑剂的信息
9	状态表格 表格概况	位置显示可达 5 个轴，包括刀具信息，正在启用的 M 功能，正在启用的坐标变换，正在启用的子程序，正在启用的程序循环，用 PGM CALL 调用的程序，当前的加工时间，正在启用的主程序名
10	监控显示	显示各个轴的功率
11	水平功能键	显示编程功能

控制面板分为 18 个区域，如图 1 – 19 所示。

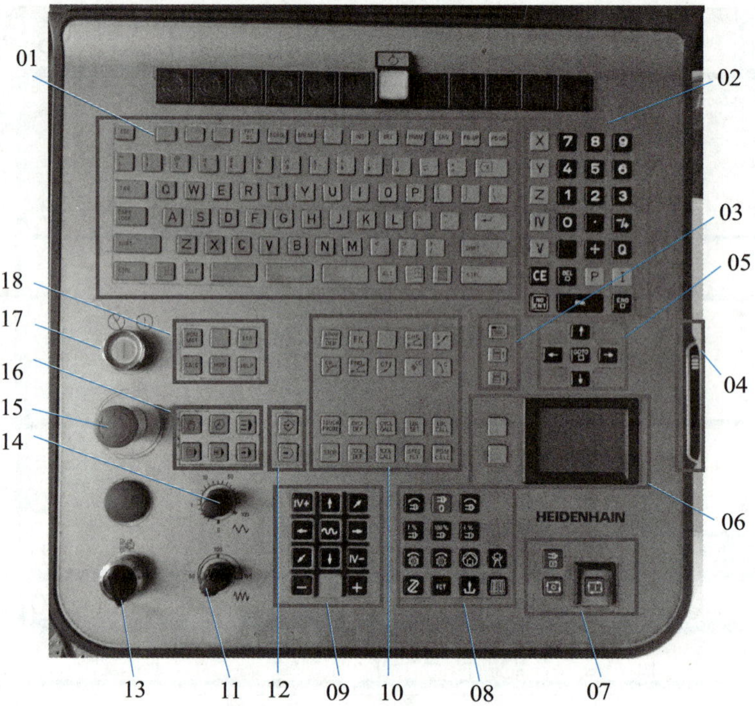

图 1－19　控制面板区域

各区域的名称或功能如下：

01：输入字母和符号的键盘。

02：坐标轴和编号的输入和编辑键。

03：smarT.NC 导航键。

04：SmartKey，电气运行方式开关。

05：箭头键和 GOTO 跳转指令键。

06：触摸屏。

07：进给停止键、主轴停止键、程序启动键。

08：功能键。

09：轴运动键。

10：打开编程对话窗口。

11：进给倍率调节旋钮。

12：编程运行方式键。

13：松刀旋钮。

14：快移倍率旋钮。

15：急停按钮。

16：机床操作模式键。

17：系统电源开关。

18：程序 / 文件管理功能键，包括计算器、MOD 模式功能、HELP 帮助功能等。

控制面板上的按钮如图 1－20 所示。

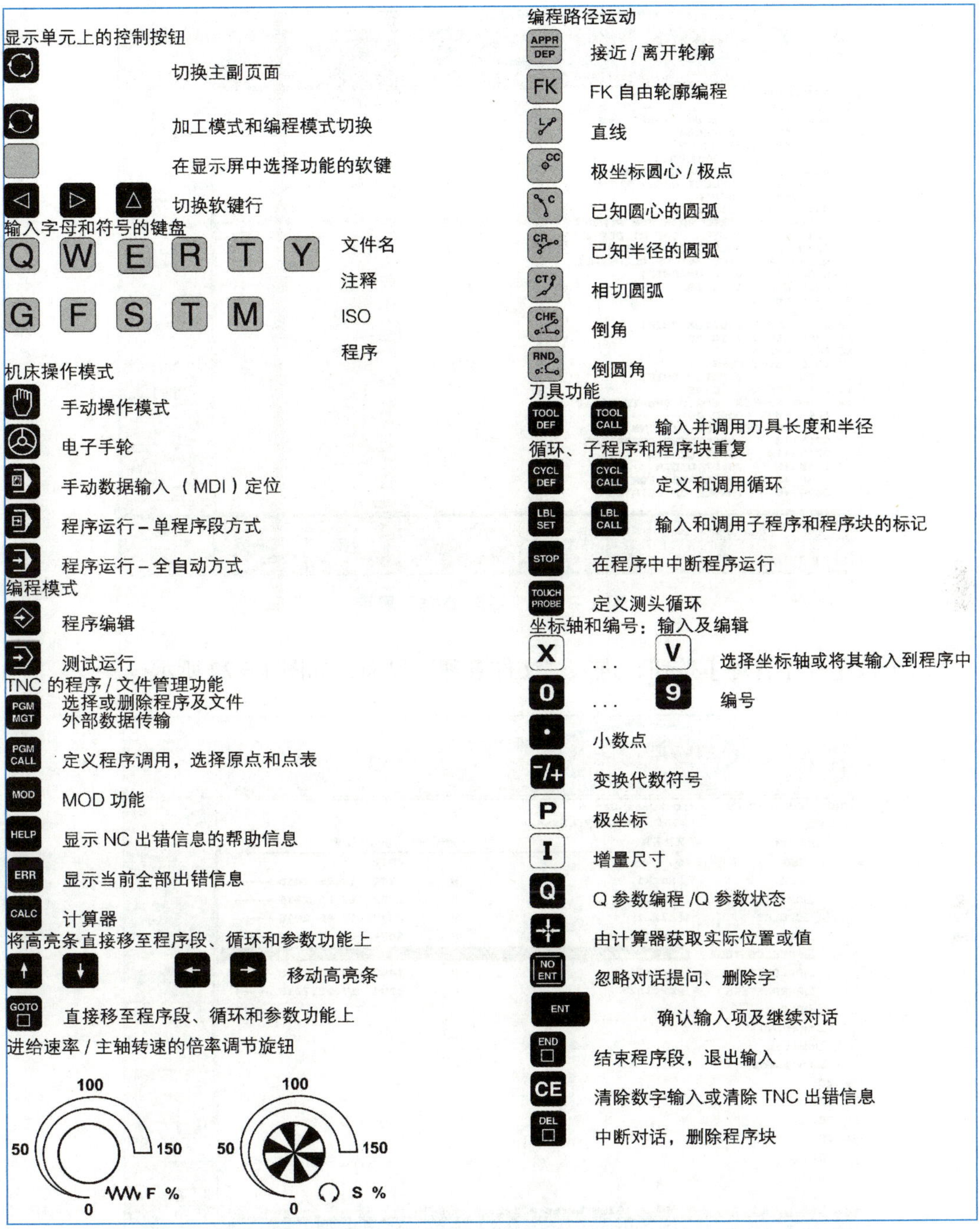

图 1－20　控制面板上的按钮

在 TNC 系统中创建新目录的步骤如下：

（1）按【程序编辑】按钮，进入“程序编辑”界面，如图 1－21 所示。

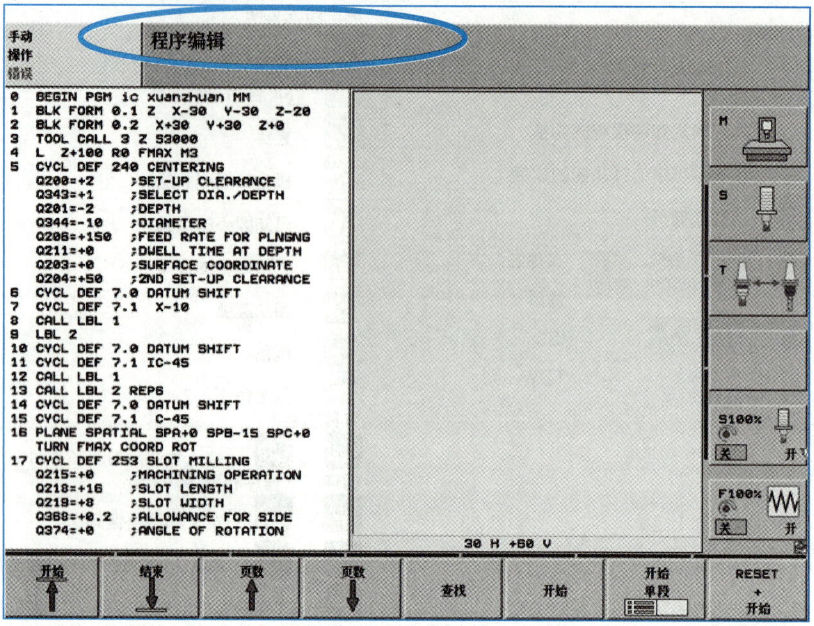

图 1－21 “程序编辑”界面

（2）按【程序管理】按钮，进入“文件管理”界面，如图 1－22 所示。

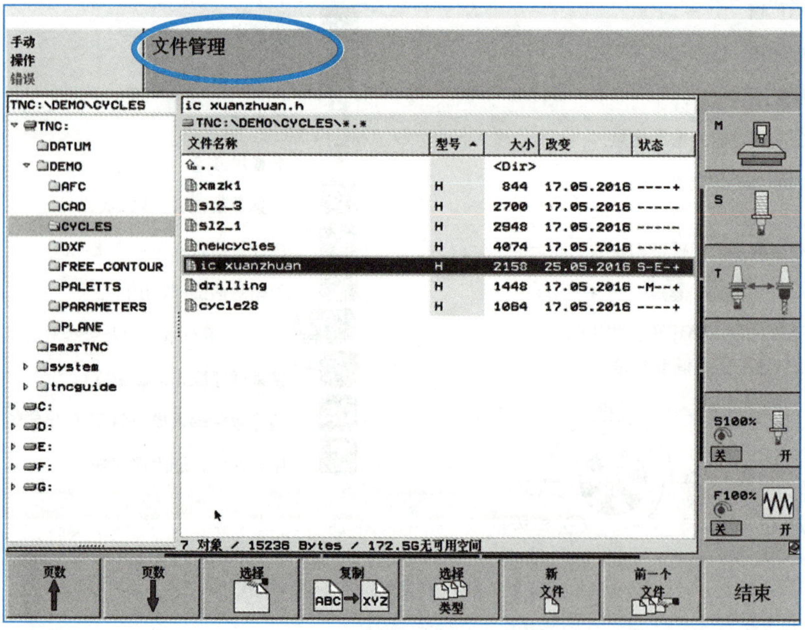

图 1－22 “文件管理”界面

（3）按方向键，把文件名上的高亮条移到左侧目录窗口的驱动器【 TNC 】上，点击【新目录】软键，如图 1－23 所示。

（4）在弹出的“新目录”对话框中输入新的目录名称（最多 16 字节），如图 1－24 所示，选择【是】或按【 ENT 】键确认，目录创建完成。

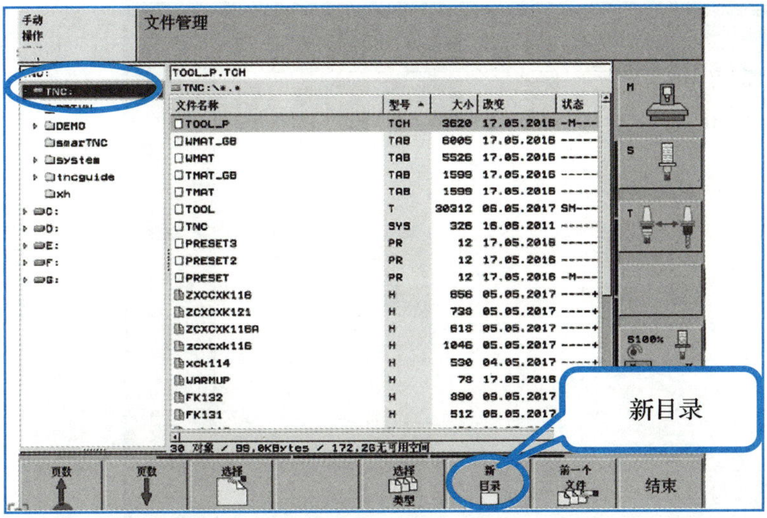

图 1－23　点击【新目录】软键

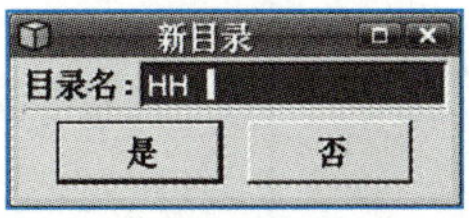

图 1－24　输入新目录名称

（5）创建新文件。在当前目录下，高亮条在“新目录”上，按右方向键把高亮条移到右侧的文件窗口。点击【新文件】软键，在弹出的“新文件”对话框中输入文件名，如“TEST.H”（最多 25 字节，不能有“\”“/”“?”“<”“>”等符号，文件的扩展名必须为“H”），选择【是】或按【ENT】键确认，如图 1－25 所示。

新建文件

图 1－25　创建新文件

（6）自动生成如下内容：

```
0  BEGIN  PGM  TEST  MM
1  BLK  FORM  0.1  Z
1  END  PGM  TEST  MM
```

光标自动停在 Z 处，并在信息提示区“程序编辑”下弹出对话信息“主轴?”，如图 1－26 所示。

（7）定义工件毛坯。在如图 1－27 所示的程序编辑界面中，如主轴（刀轴）为 *Z* 轴，按【ENT】键确认；系统自动弹出“X”，并显示提示信息“定义工件毛坯：最小点?”，需要输入工件毛坯最小点 X 值“0”，生成“X+0”；接着弹出“Y”，输入 Y 值，确认；最后输入 Z 值，确认。系统弹出下一行“2　BLK　FORM　0.2　X”，同时，提示信息变为“定义工件毛坯：最大点?”，如图 1－28 所示。输入工件毛坯最大点的 *X*、*Y*、*Z* 坐标，确认后即完成毛坯定义，其中 0.1 表示输入工件毛坯最小点坐标，0.2 表示输入工件毛坯最大点坐标。

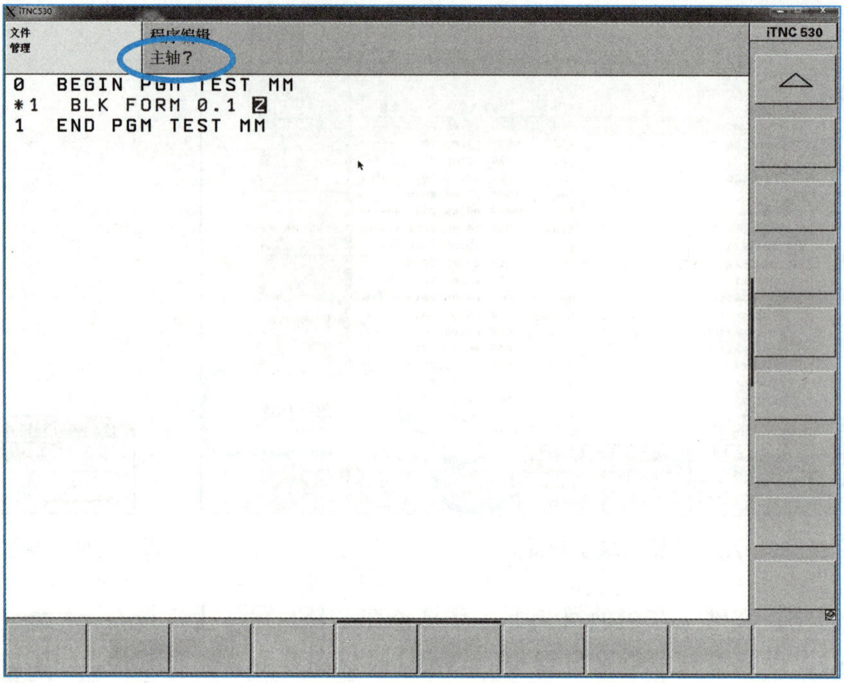

图 1－26　确认主轴

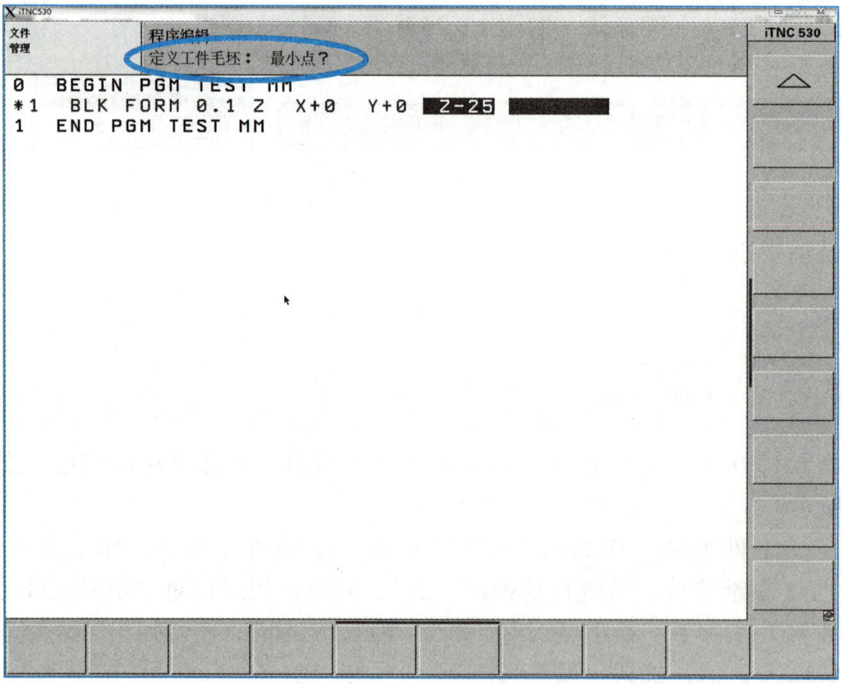

图 1－27　定义工件毛坯最小点

（8）定义的毛坯为长方形，各边分别与 X 轴、Y 轴和 Z 轴平行，通过毛坯上的两个极限值点的坐标来定义，最小点在毛坯的左前下方，最大点在毛坯的右后上方。

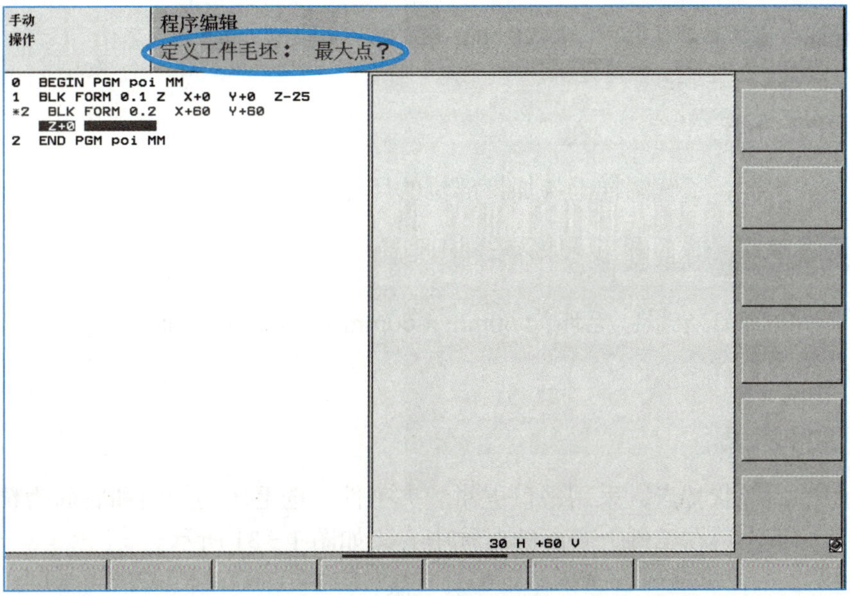

图 1－28　定义工件毛坯最大点

（9）坐标值以工件坐标系为基准。最小点只能用 *X*、*Y* 和 *Z* 的绝对坐标表示，最大点可用绝对坐标或增量坐标表示，增量坐标为相对于最小点的值。采用图 1－29 所示的工件坐标系时，定义毛坯的程序段如下：

最小点（MIN）：BLK　FORM　0.1　Z　X+0　Y+0　Z-25　（只能用绝对坐标）
最大点（MAX）：BLK　FORM　0.2　X+60　Y+60　Z+0　（绝对坐标）
最大点（MAX）：BLK　FORM　0.2　IX+60　IY+60　IZ+25　（增量坐标）
最大点（MAX）：BLK　FORM　0.2　IX+60　IY+60　Z+0　（混合坐标）

（10）采用图 1－30 所示的工件坐标系时，定义毛坯的程序段为：

最小点（MIN）：BLK　FORM　0.1　Z　X-30　Y-30　Z-25　（只能用绝对坐标）
最大点（MAX）：BLK　FORM　0.2　X+30　Y+30　Z+0　（绝对坐标）
最大点（MAX）：BLK　FORM　0.2　IX+60　IY+60　IZ+25　（增量坐标）
最大点（MAX）：BLK　FORM　0.2　IX+60　IY+60　Z+0　（混合坐标）

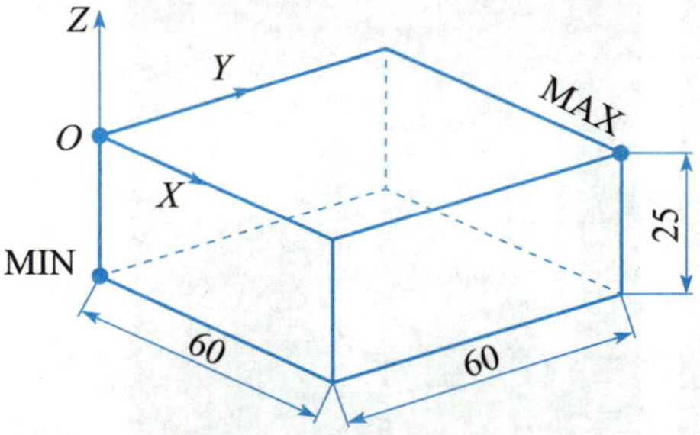

图 1－29　毛坯定义与工件坐标系 1

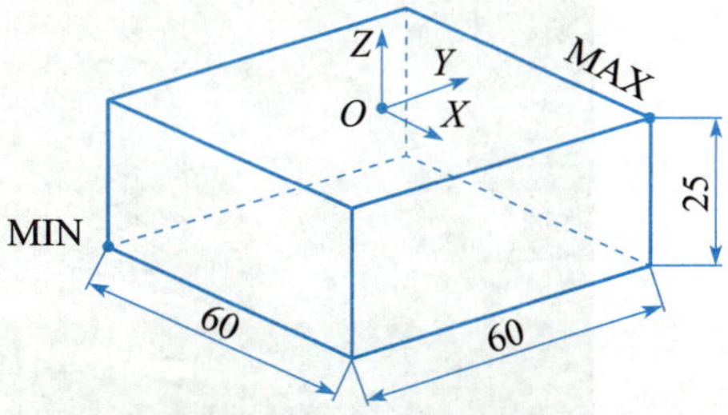

图 1－30　毛坯定义与工件坐标系 2

任务实施

一 图纸分析

看懂工件图样，了解图样上各加工部位的尺寸标注和精度要求等。

二 检测毛坯

确定工件的加工余量：毛坯为 60mm × 60mm × 25mm 的六面体，六个面均为精加工表面，材料为铝合金。

三 工件装夹

根据工件的形状特点，采用平口虎钳装夹工件。选毛坯的侧面和底面为精基准，工件的编程坐标系设定在工件上表面的对称中心，如图 1-31 所示。

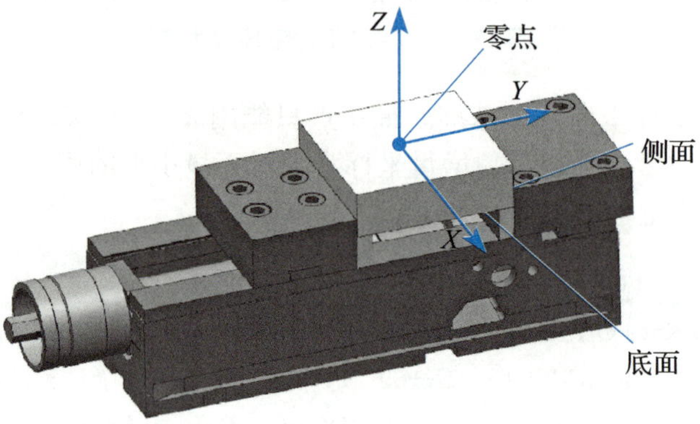

图 1-31　工件装夹

四 刀具的选择

轮廓加工常用的刀具为立铣刀，立铣刀根据刀柄形式可分为直柄和锥柄两种；根据材料可分为高速钢立铣刀和硬质合金立铣刀等，如图 1-32 所示。

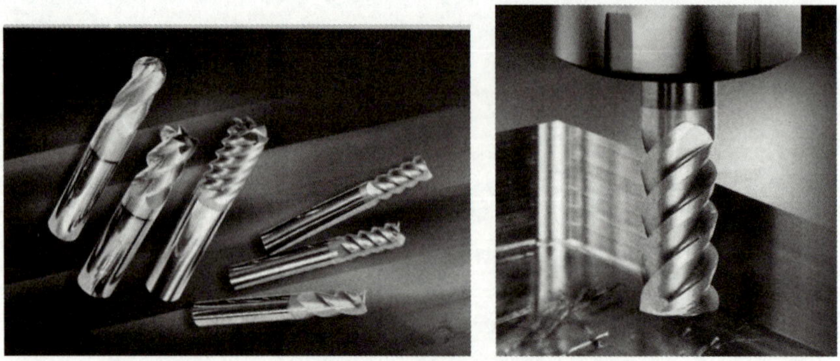

图 1-32　立铣刀

立铣刀的圆柱表面和端面上都有切削刃，通常由 2 ～ 4 个刀齿组成，刀齿和主切削刃均匀分布。圆柱表面的主切削刃呈螺旋线形，螺旋角的范围为 30° ～ 45°，这样有利于确保切削过程的平稳性，提高加工精度。端部的副切削刃分布在底端面上，用来加工与侧面垂直的底平面。根据工件的材料及形状特点，本任务选取整体高速钢两刃直柄直角立铣刀，直径 ϕ16mm，长度 60mm。

五 刀具的建立

刀具表用于定义程序段中刀具的编号、长度和半径，还可用于为刀具设置不同的补偿量。

刀具表的建立

1. 建立刀具

（1）选择【手动操作模式】。

（2）选择【刀具表】，如图 1 - 33 所示。

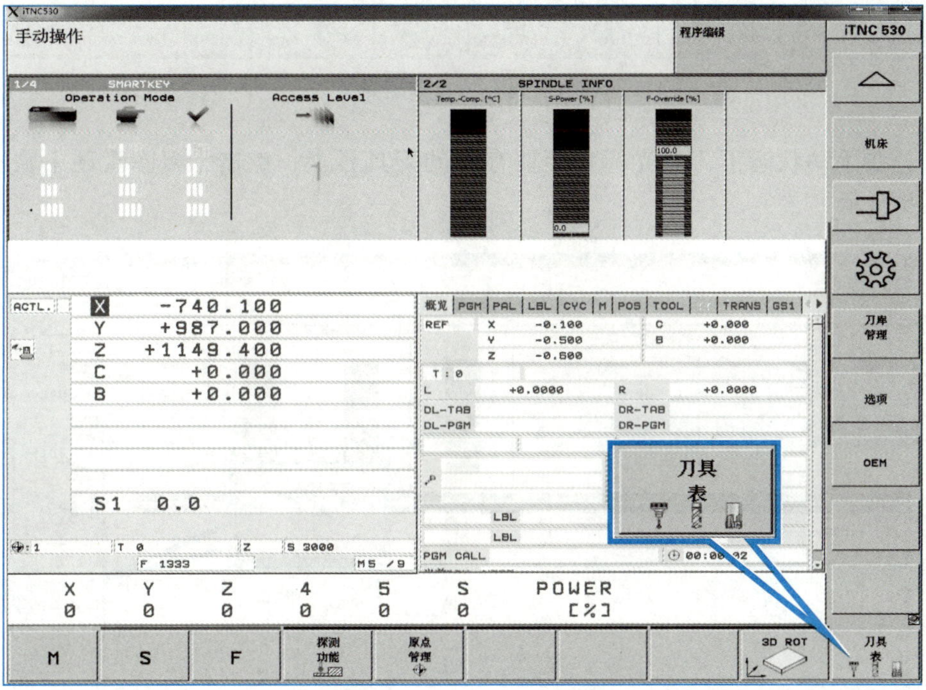

图 1 - 33　刀具表

（3）将【编辑】软键设置在【开】位置，如图 1 - 34 所示；光标选中 1 号刀，然后填充对应的刀具信息。Name 为刀具名称、PTVP 为刀具类型、L 为刀具长度、R 为刀具半径。

注： 将软键切换到【编辑】→【关】或退出刀具表之前，修改不生效。如果修改当前刀具的数据，则在该刀的下一个 TOOL CALL 后生效。

2. 装刀

刀位表用于设定新刀具在刀库中的位置以及查看刀库中存储的刀具的位置。

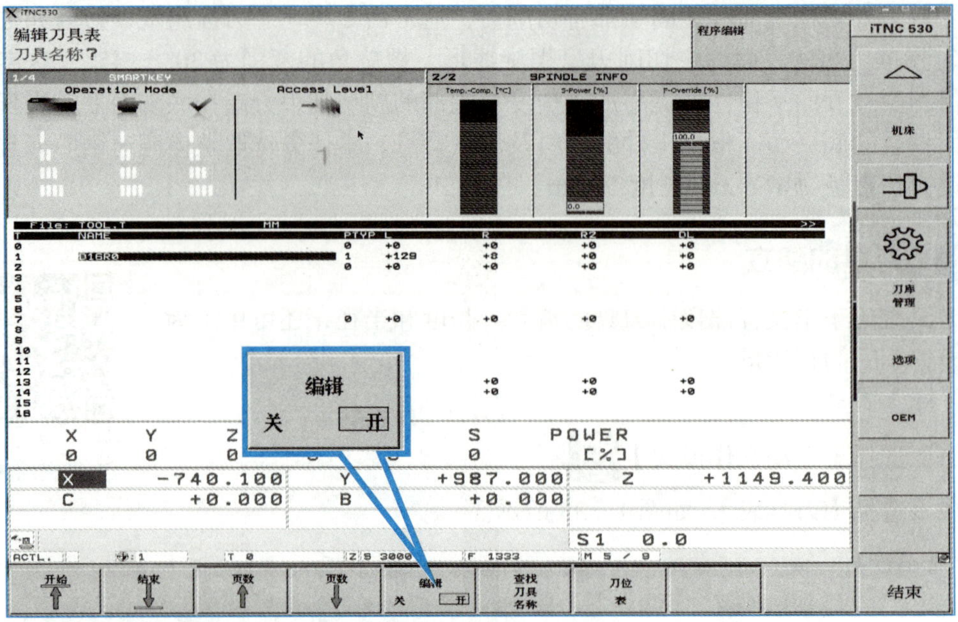

图 1－34　刀具编辑开关

（1）在手动状态下，将光标移至要存储的刀具号上，点击【刀库管理】软键，如图 1－35 所示。

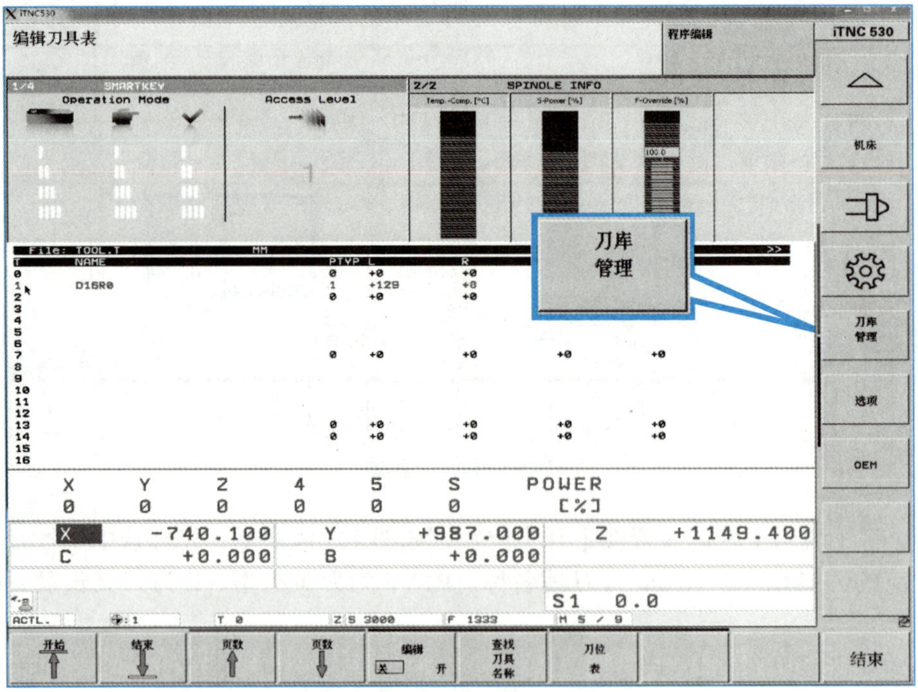

图 1－35　【刀库管理】软键

（2）点击【刀具存储】→【刀具位置手动】，选择 2 号刀位，机床刀库会提示并自动将 2 号转至换刀位置，如图 1－36 至图 1－39 所示。

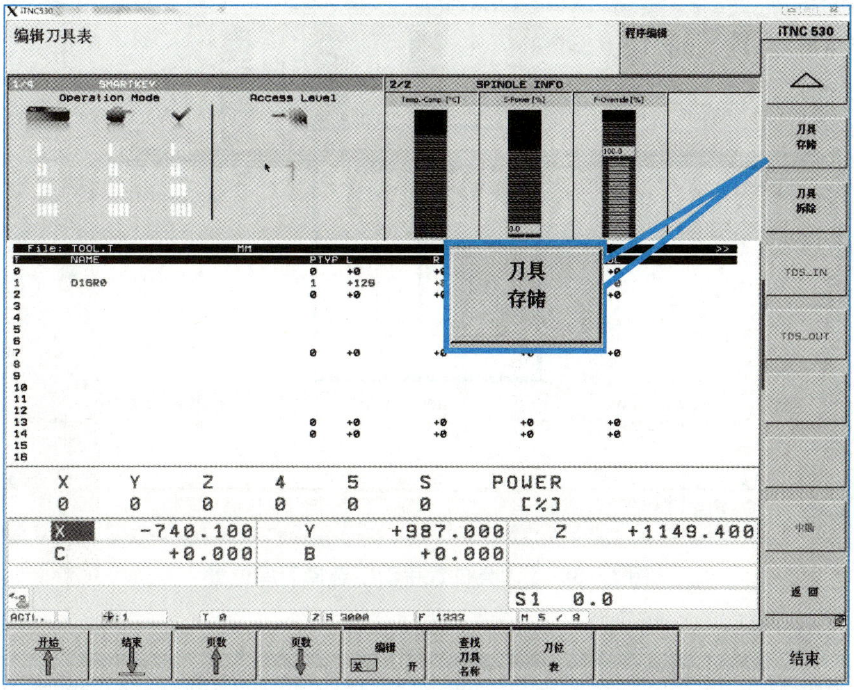

图 1－36　【刀具存储】软键

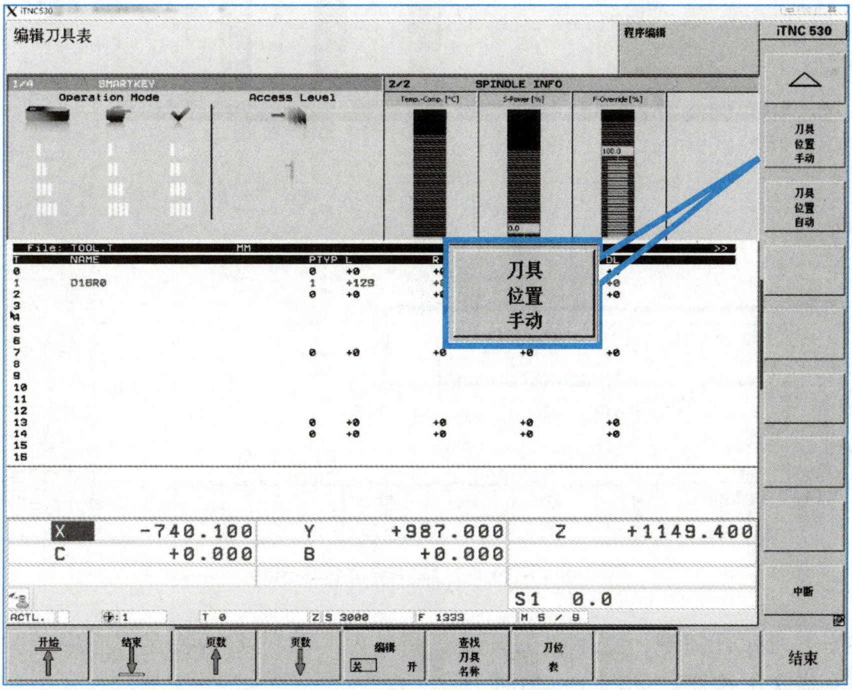

图 1－37　【刀具位置手动】软键

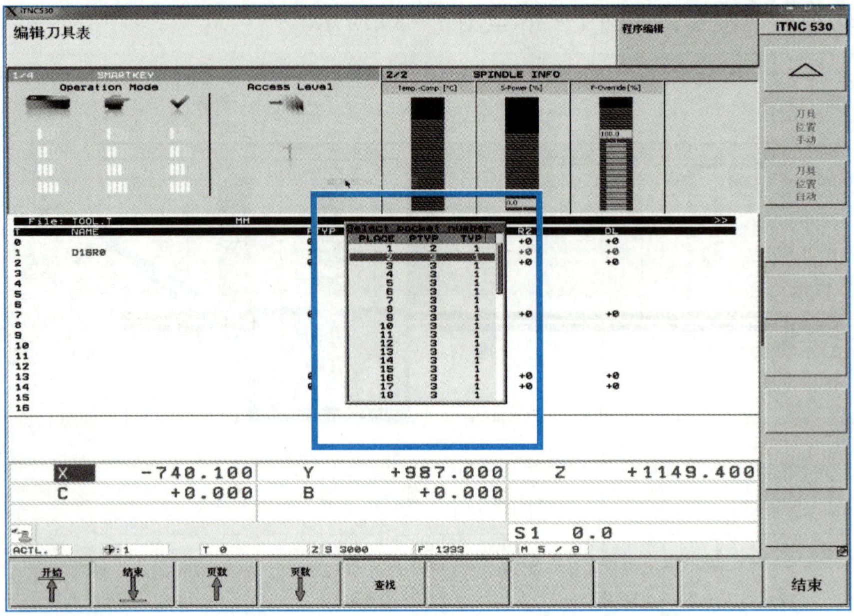

图 1－38 【刀具位置手动】选择刀库位置

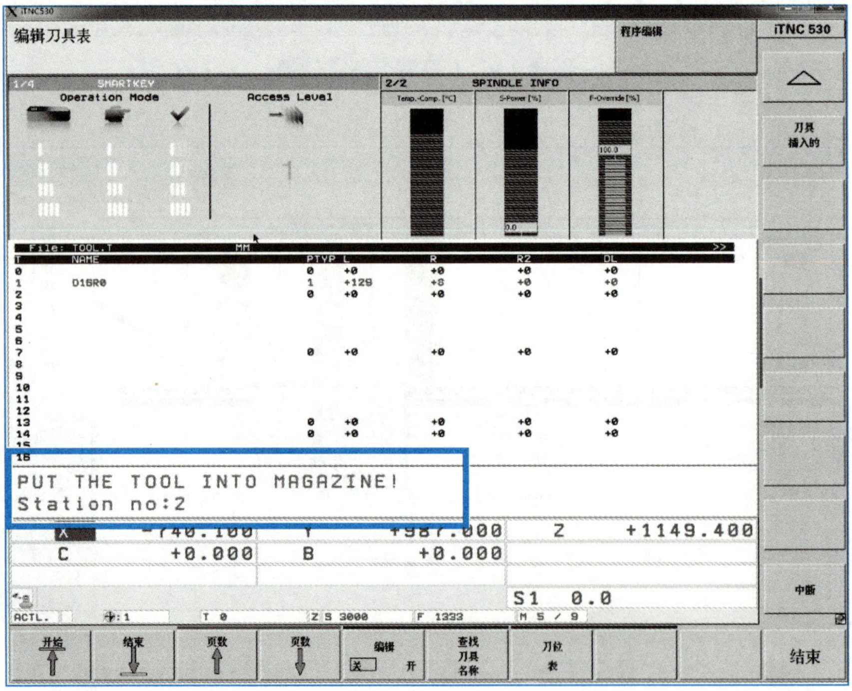

图 1－39 刀具安装位置提示

（3）按下刀库开门键，踩下松刀开关，将装好刀具的刀柄装在刀库中并关好刀库安全门，按【确认】按钮，如图 1－40 所示。

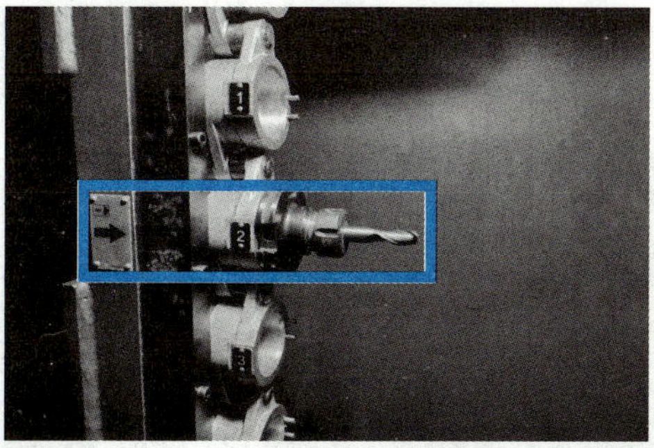

图 1－40　刀具安装对应位置

装刀

六　建立工件坐标系与对刀

工件坐标系是编程时使用的坐标系，又称编程坐标系，该坐标系是人为设定的。建立工件坐标系是数控铣床加工前必不可少的一步。对刀是数控加工过程中的主要操作，在一定条件下，对刀精度可决定零件的加工精度，对刀效率会直接影响数控加工效率。仅仅掌握对刀方法是不够的，还要了解数控系统的各种对刀方式，以及在加工程序中调用这些方式的方法；此外，要熟悉各种对刀方式的优缺点和使用条件等。本任务采用试切对刀法设定工件坐标系。

1. X、Y 方向的试切对刀步骤

（1）选择【手动数据输入（MDI）定位】，调用 D16R0 立铣刀，TOOL CALL 1　Z　S2000;，调用 1 号刀具并将 B、C 轴回零，L　B+0　C+0 R0　FMAX;，确保主轴正转运行，如图 1－41 所示。

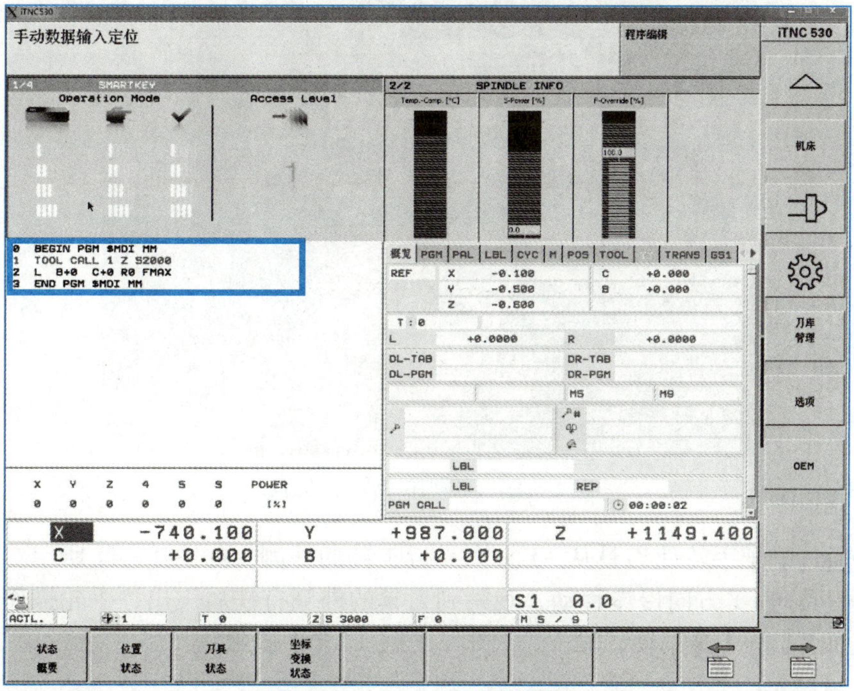

图 1－41　MDI 手动数据输入

（2）按【手轮激活开关键】,【 SmartKey 】设置处于方式Ⅱ，按【开门键】打开机床防护门，如图 1－42 所示。

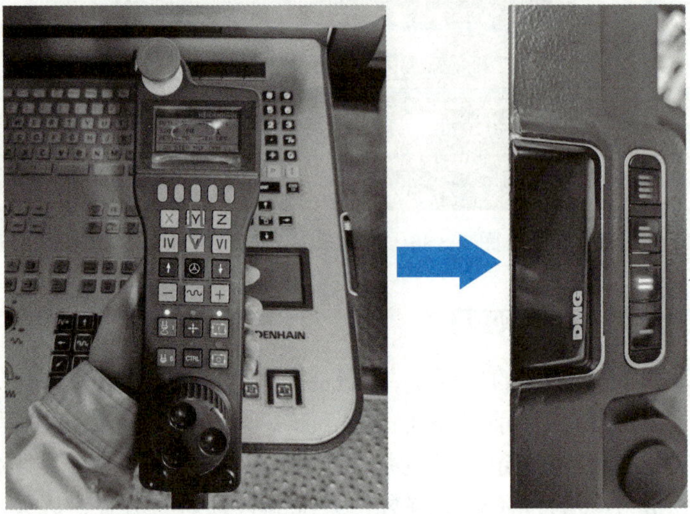

图 1－42　手轮操作

（3）将 Z 轴移至安全高度，通过电子手轮将刀具从 $-X$ 方向移至工件的左侧，如图 1－43 所示。手轮倍率调小，将刀具向 $+X$ 方向慢慢移动，观察到刀具的外侧有铁屑飞出，手轮操作停止，点击【设定原点】→【 X 】轴，输入“-38”，按【 ENT 】键确认。

图 1－43　刀具在工件 $-X$ 方向

（4）通过电子手轮使刀具从 $-Y$ 方向靠近工件的外侧，如图 1－44 所示。手轮倍率调小，将刀具向 $+Y$ 方向慢慢移动，观察到刀具的外侧有铁屑飞出，手轮操作停止，点击【设定原点】→【 Y 】轴，输入“-38”，按【 ENT 】键确认。

图 1-44 刀具在工件 $-Y$ 方向

2. Z 方向的试切对刀步骤

（1）通过电子手轮将立铣刀移置工件上表面，倍率调至 0.01，当有铁屑飞出时，按下【手轮激活开关键】，停止 Z 轴移动，如图 1-45 所示。

图 1-45 刀具在工件表面 Z 方向

（2）在手动状态下，点击【设定原点】→【 Z 】轴，输入“0”，按【 ENT 】键确认，如图 1-46 所示。

（3）因设定原点时默认 0 号坐标系，所以需要将 0 号坐标系中的 X、Y、Z 值分别复制到 1 号坐标系中。按下【原点管理】键将光标移至 1 号坐标系，点击【改变预设】→【复制区域】→【粘贴区域】→【启用预设】→【执行】，如图 1-47 至图 1-51 所示。

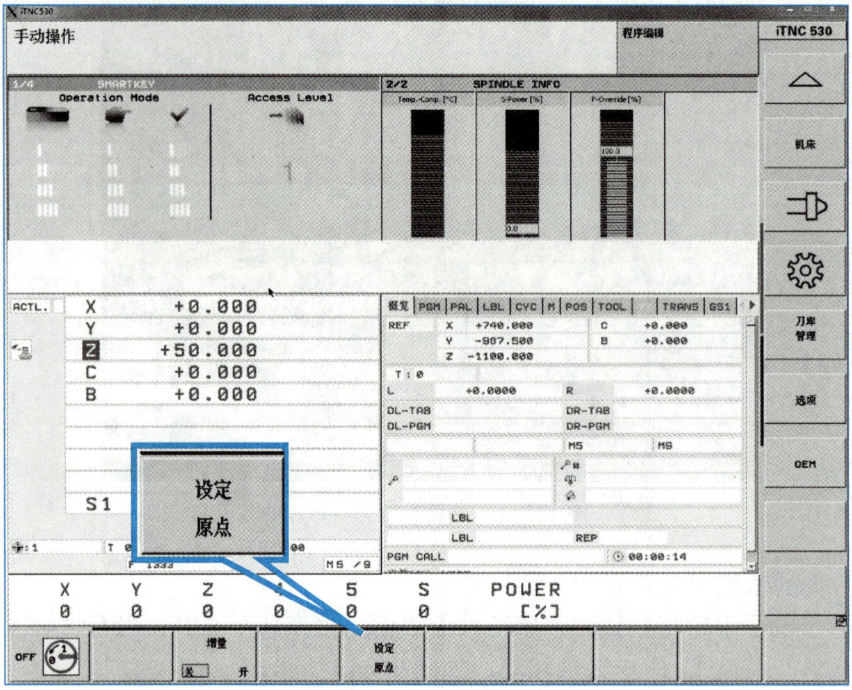

图 1－46　设定原点

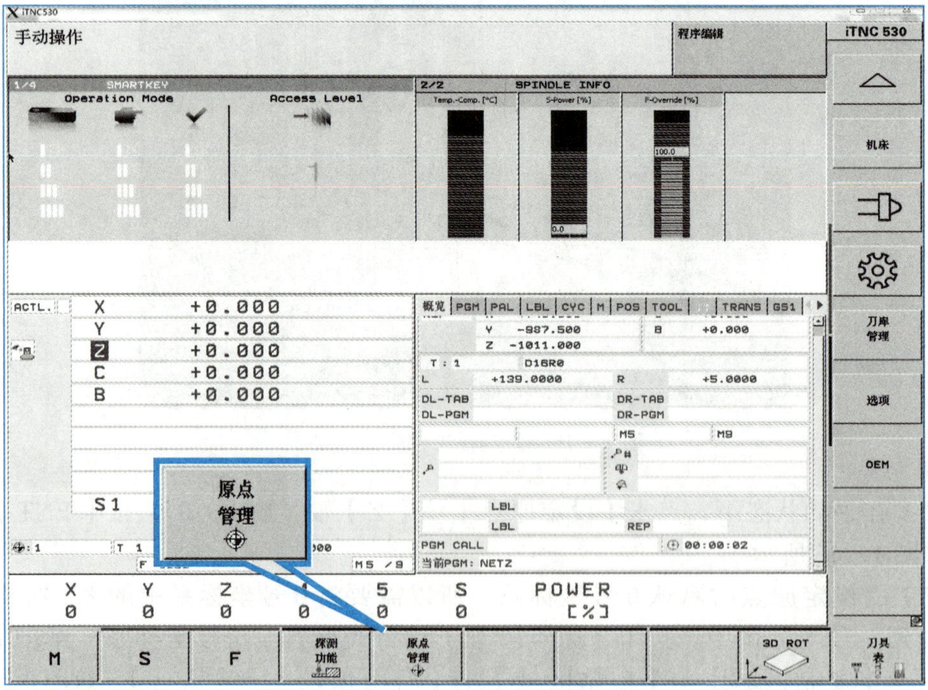

图 1－47　原点管理

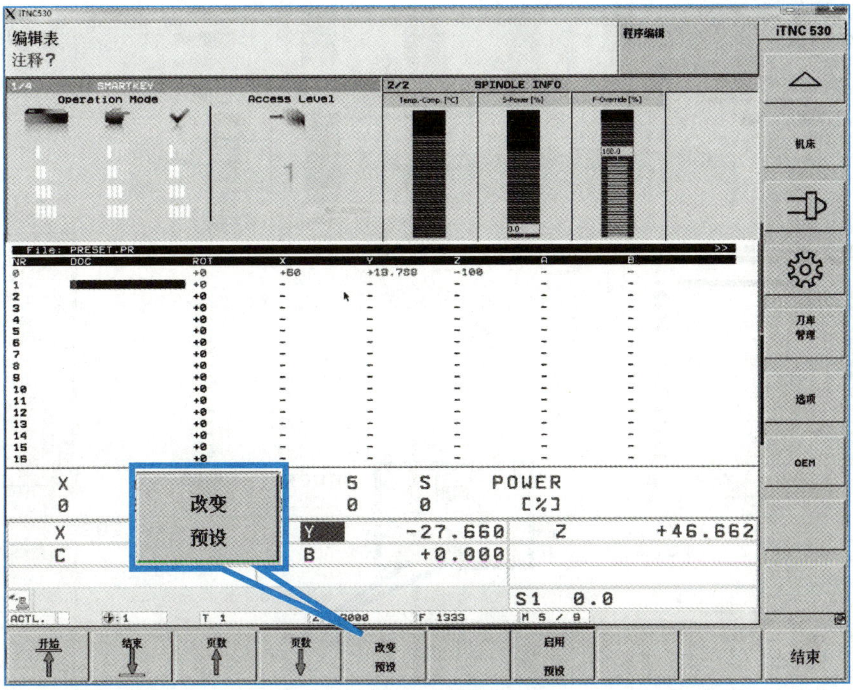

图 1-48　改变预设

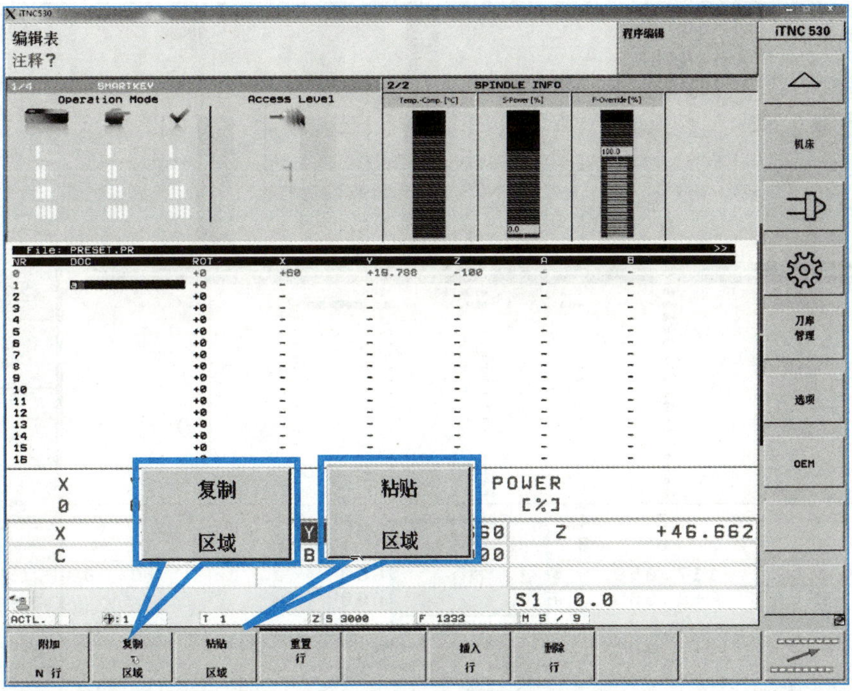

图 1-49　复制粘贴

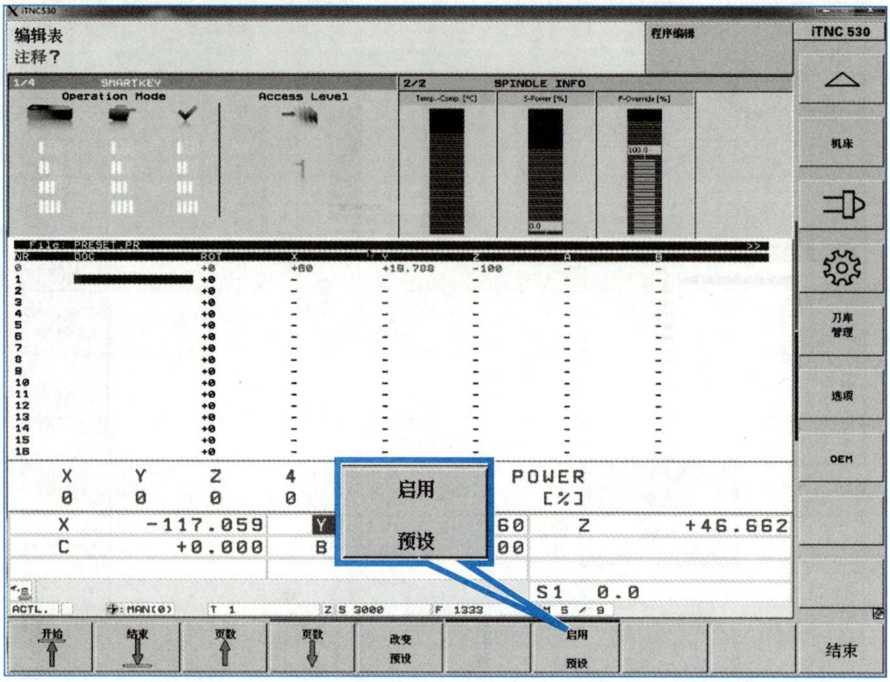

图 1-50　启用预设

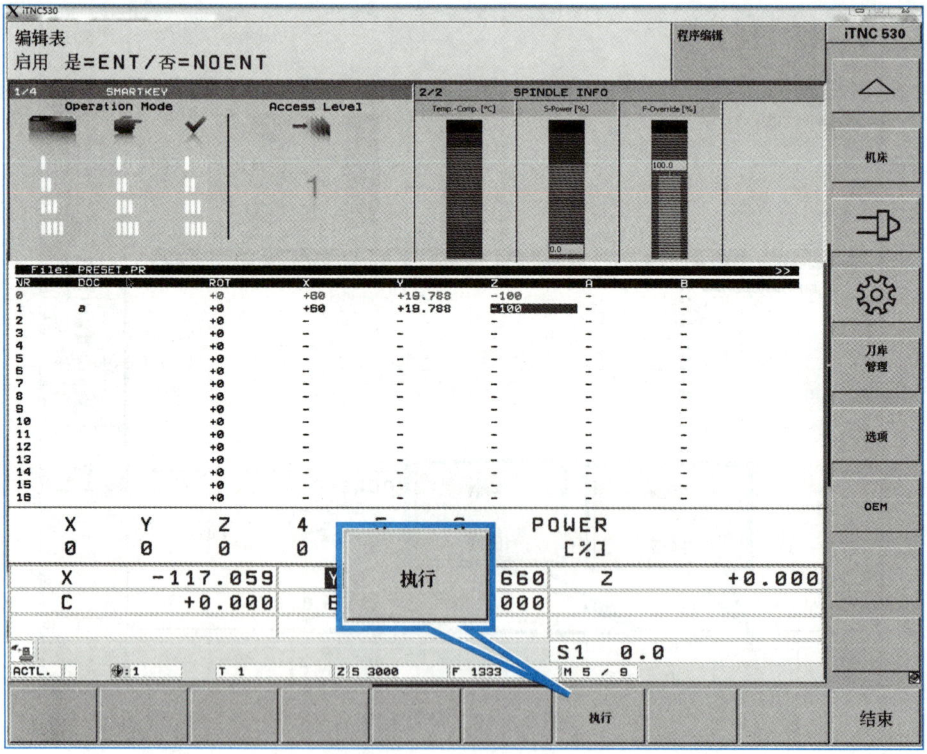

图 1-51　执行坐标系

七 切削用量的选择

背吃刀量选择 1.5 ～ 2mm，侧吃刀量精加工留出 0.5mm，其余轮廓余量由粗加工一次切除，进给速率 1 000mm/min，具体加工时依靠倍率调整，粗加工时倍率调大一些，精加工时倍率调小一些。主轴转速设为 3 500r/min。

八 工作清单（在教师指导下由学生填写）及参考程序

1. 工作清单

（1）填写数控加工刀具卡。

数控加工刀具卡			
刀具号	刀具规格 / 名称	数量	加工表面

（2）填写数控加工工序卡。

数控加工工序卡						
工序号	程序编号	夹具名称		使用设备		
工步	工步内容	刀具号	刀具规格	主轴转速	进给速率	背吃刀量

（3）填写量具使用卡。

量具使用卡		
量具名称	尺寸范围	数量

2. 精加工参考程序

```
0  BEGIN PGM renwu1mm                      程序开始
1  BLK FORM 0.1 Z   X-30   Y-30   Z-25     定义毛坯最小点坐标
2  BLK FORM 0.2   X+30   Y+30   Z+0        定义毛坯最大点坐标
3  CYCL DEF 247 DATUM SETTING ~            定义 1 号编程坐标系
   Q339=+1        ;DATUM NUMBER
```

4 TOOL CALL 1 Z S3500	调用 1 号刀具，设定刀具转速为 3 000r/min
5 M13	主轴正转同时切削液开
6 L C+0 B+0 FMAX	将刀具设置为立式状态（调刀后刀具处于卧式状态，无法直接加工）
7 L X+0 Y-40 Z+50 FMAX	快速点定位至加工起始位置，FMAX 为机床的快速移动速率
8 L Z+2 FMAX	快速点定位运动靠近工件
9 L Z-2 F200	直线插补运动至工件切削深度位置
10 L Y-26 RL F1000	直线插补运动切入工件，设置刀具半径左补偿
11 L X-15	直线插补运动，切削工件轮廓
12 L X-30 Y+0	
13 L X-15 Y+26	
14 L X+15	
15 L X+30 Y+0	
16 L X+15 Y-26	
17 L X+0	
18 L Y-50 R0	轮廓切削完毕，退刀的同时取消刀具半径左补偿
19 L Z+100 R0 FMAX M30	将刀具抬到 Z 轴安全高度，程序结束，机床复位
20 END PGM renwu1mm	

3. 加工结果

加工结果如图 1－52 所示。

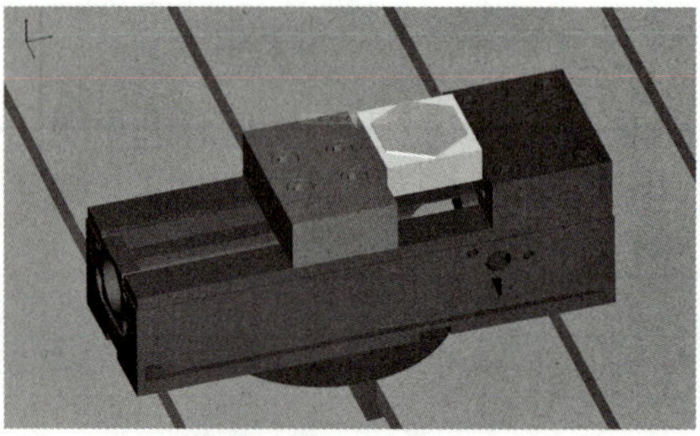

图 1－52 加工结果

仿真加工（一）

任务 2　平面带圆弧轮廓的零件的铣削

任务描述

根据图 2－1 所示的图纸，分析尺寸精度及技术要求，制定零件加工工艺方案，编制加工程序，模拟仿真，最终在数控铣床上完成加工。

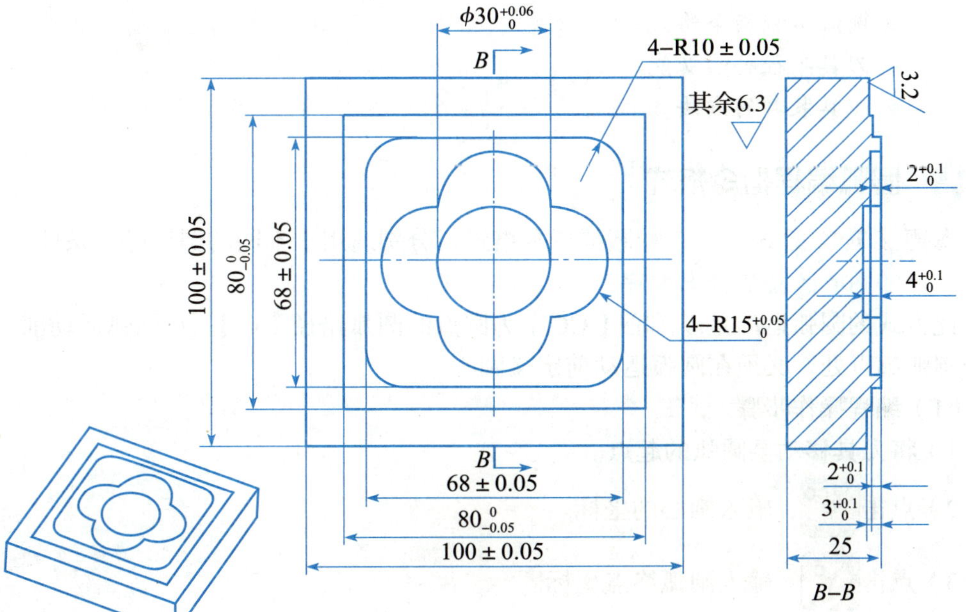

技术要求：

1. 零件加工表面不应有划痕、擦伤等。
2. 去除毛刺飞边。
3. 锐角倒钝。
4. 未标注公差 ±0.1。

轮廓加工	比例	数量	材料	图号：02
	1∶1	1	铝合金	

图 2－1　平面带圆弧轮廓的零件

任务目标

知识目标

- 能正确编制与调试带有圆弧轮廓特征的程序。
- 能正确使用刀具半径补偿功能。
- 掌握从刀库中装刀与拆刀的方法。
- 掌握通过寻边器对坐标的方法。
- 掌握Z向对刀仪的使用方法。

素养提升

- 严格遵守操作规范，进一步提高安全生产意识，保障生命和财产安全。

知识学习

- 圆弧编程指令格式。
- 刀具半径补偿功能。
- 刀具装卸的方法。

一　圆弧编程指令格式

海德汉 TNC 系统具有 3 种圆弧指令格式，分别适用于不同的图形已知条件。

1. 已知圆心的圆弧轮廓编程

此方式的圆弧运动是以圆心【CC】为圆点的圆弧路径【C】。在圆弧运动前，刀具位于圆弧起点处，必须在圆弧运动前定义圆心。

（1）编程操作步骤。

1）将刀具移动至圆弧的起点。

2）点击

，输入圆心的坐标。

3）点击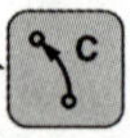

，输入圆弧终点坐标。

4）选择【DR ±】，顺时针圆弧为【－】，逆时针圆弧为【＋】。

5）根据需要设置进给速率和辅助功能，设置结果如图 2－2 所示。

（2）编程示例。

整圆编程图例如图 2－3 所示。

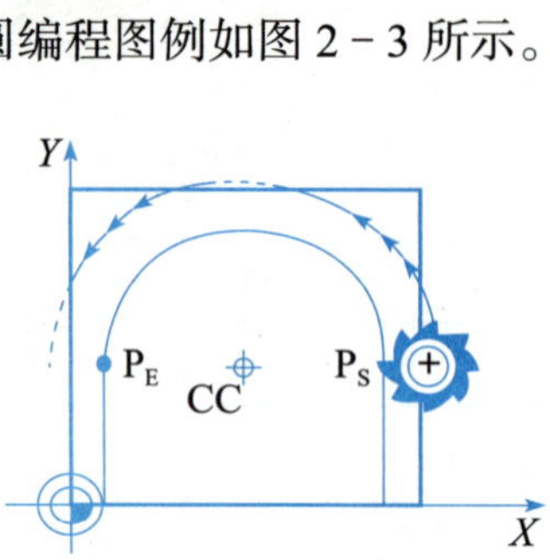

图 2－2　已知圆心的圆弧轮廓

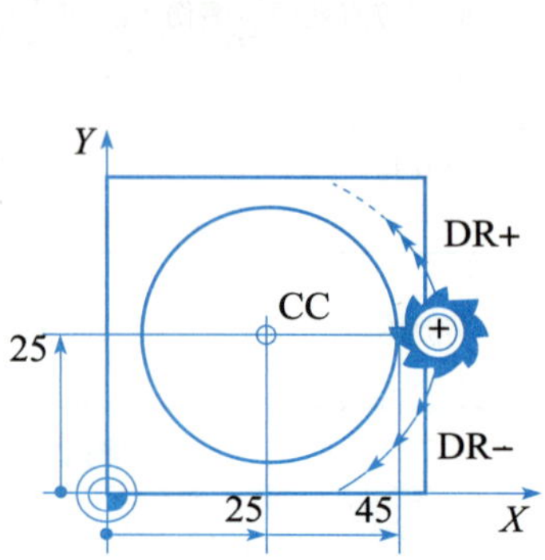

图 2－3　整圆编程图例

1）L X+45 Y+25 F500;　直线运动到圆弧起点

2）CC X+25 Y+25;　输入圆心坐标（25，25）

3）C X+45 Y+25 DR−;　输入圆弧终点坐标及旋转方向

2. 已知半径的圆弧轮廓编程

（1）此方式的圆弧运动是已知圆弧的半径，刀具从圆弧的起始点运动到圆弧的终点。

1）小圆弧（圆心角小于或等于 180° 的圆弧），输入半径及正号 R>0。

2）大圆弧（圆心角大于 180° 的圆弧），输入半径及负号 R<0。

3）轮廓的起点和终点与 4 个等半径的圆弧相连，由旋转方向决定 DR 的正负。

4）顺时针：旋转方向 DR−。

5）逆时针：旋转方向 DR+。

（2）编程操作步骤。

1）将刀具移动至圆弧的起点。

2）点击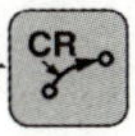，输入圆弧终点坐标。

3）输入圆弧半径及旋转方向，如图 2－4 所示。

（3）编程示例。

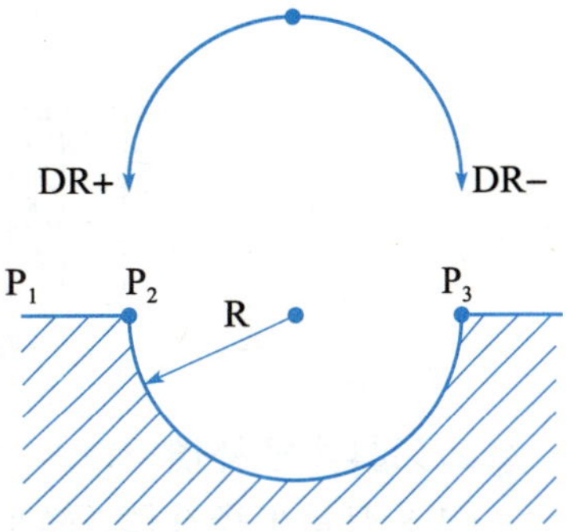

图 2－4　已知半径的圆弧轮廓

L X+45 Y+25 F1000;	直线运动到圆弧起点
CR X+25 Y+5 R−20 DR+;	输入圆弧终点坐标（25，5），输入圆弧半径 −20，输入旋转方向，逆时针为【＋】
CR X+45 Y+25 R20 DR+;	输入圆弧终点坐标（45，25），输入圆弧半径 20，输入旋转方向，逆时针为【＋】

3. 已知相切的圆弧轮廓编程

此方式是刀具沿圆弧运动，由相切于前一编程元素开始，在圆弧路径 CT 前对一个轮廓元素（圆弧或直线）编程，即圆弧路径 CT 前必须至少有两个定位程序段。

（1）编程操作步骤。

点击，输入切点坐标。

（2）编程示例。

相切圆弧编程图例如图 2－5 所示。

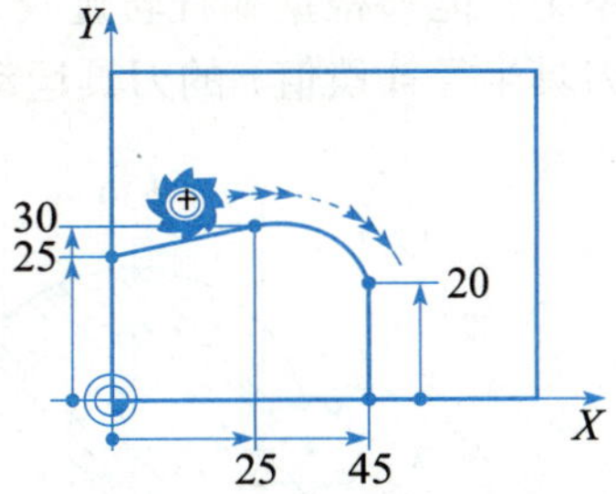

图 2－5　相切圆弧编程图例

L X0 Y25 F500;	输入切线起点坐标（0，25）
L X25 Y30;	输入切点坐标（25，30）
CT X45 Y20;	输入圆弧终点坐标

二 刀具半径补偿功能

1. 刀位点的概念

在数控编程过程中，为了方便编程，通常将数控刀具假想成一个点，称为刀位点或刀尖点。因此，刀位点既是用于表示刀具特征的点，也是对刀和加工的基准点。数控铣床常用刀具的刀位点如图 2－6 所示。车刀与镗刀的刀位点通常指刀具的刀尖，钻头的刀位点通常指钻尖，立铣刀、端面铣刀和铰刀的刀位点指刀具底面的中心，球头铣刀的刀位点指球头中心或球头顶点。

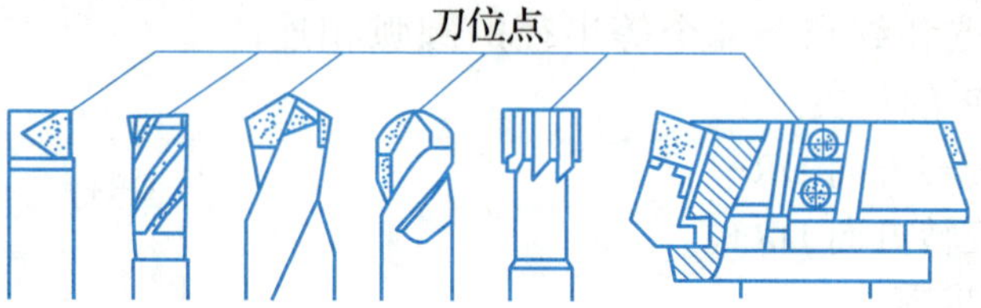

图 2－6　数控铣床常用刀具的刀位点

2. 刀具半径补偿

（1）刀具半径补偿（简称刀补）的定义。

在编制轮廓切削加工程序时，一般以工件的轮廓尺寸作为刀具轨迹进行编程，而实际的刀具运动轨迹则与工件轮廓存在偏移量（即刀具半径），如图 2－7 所示，需要通过数控系统编程实现刀具半径补偿。

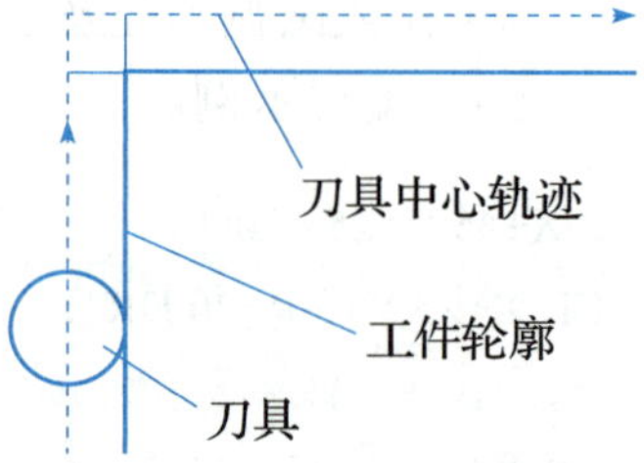

图 2－7　刀具半径补偿

如图 2－8 所示，用 ϕ10mm 立铣刀铣削一个 ϕ40mm 凸台，按轮廓编程时，如果没有激活刀具半径补偿功能，加工出来的凸台的直径为 ϕ30mm；如果激活了刀具半径补偿功能，就能加工出 ϕ40mm 凸台，如图 2－9 所示。具有刀具半径补偿功能的数控系统，能够根据编程轨迹及刀具半径自动计算出偏离编程轨迹一个刀具半径值（广义为刀具半径补偿值）的刀具运动轨迹，所以能加工出符合要求的轮廓。

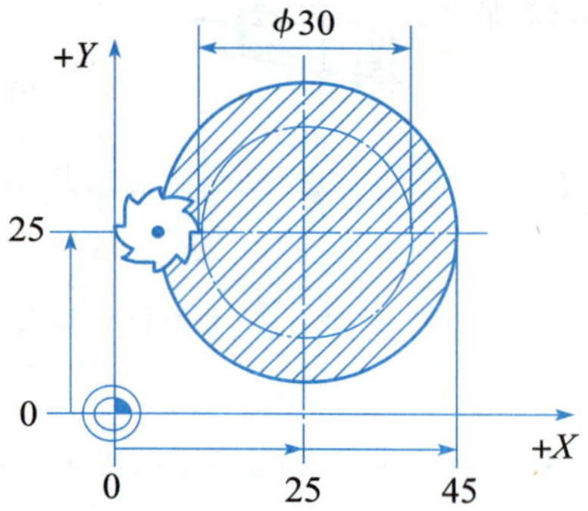

图 2－8　未激活刀具半径补偿功能

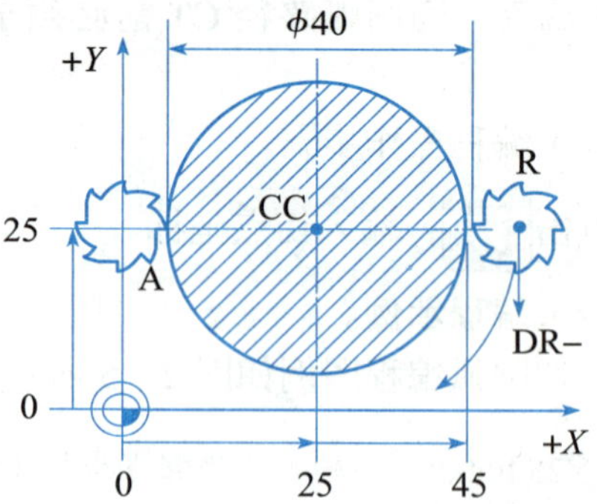

图 2－9　激活刀具半径补偿功能

（2）刀具半径补偿指令。

1）刀具半径左补偿：RL。

2）刀具半径右补偿：RR。

3）取消刀具半径补偿：R0。

（3）指令说明。

RR 与 RL 的判断方法：在补偿平面外垂直于补偿平面的轴的正方向，沿刀具的移动方向看，当刀具处在切削轮廓左侧时，称为刀具半径左补偿；当刀具处在切削轮廓右侧时，称为刀具半径右补偿，如图 2－10 所示。

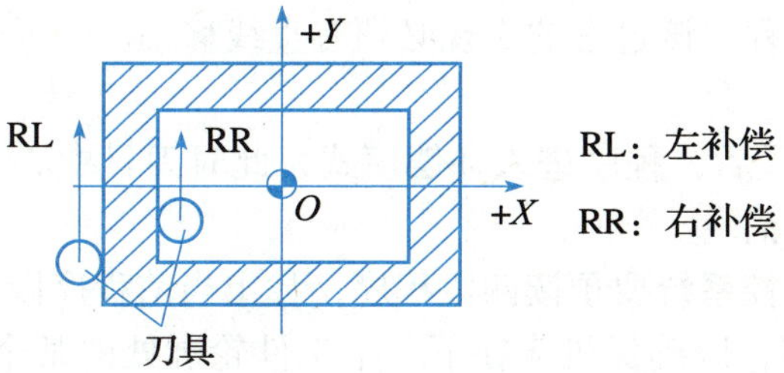

图 2－10　刀具半径补偿偏置方向的判断

3. 刀具半径补偿过程

刀具半径补偿过程如图 2－11 所示，共分为三步：刀补建立、刀补进行和刀补取消。

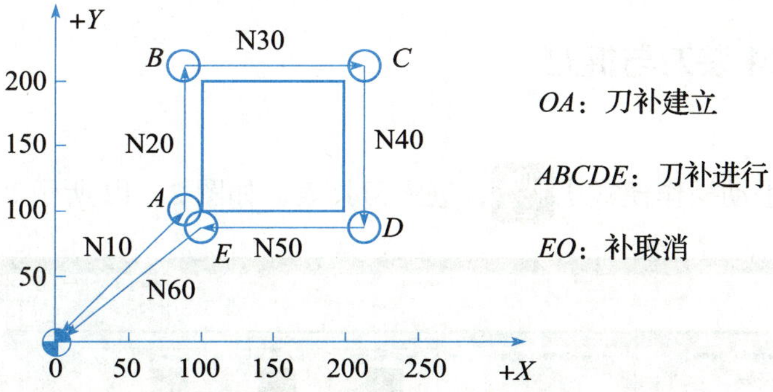

图 2－11　刀具半径补偿过程

```
0  BEGIN PGM wwmm
1  BLK  FORM  0.1  Z  X+0  Y+0  Z-20
2  BLK  FORM  0.2  X+250  Y+250  Z+0
3  TOOL  CALL  1  Z  S3500
4  M13
5  L  Z+2  FMAX
6  L  Z-2  F200
7  L  X+100  Y+100  RL  F1000    直线移动过程中建立刀具半径左补偿
8  L  Y+200      ┐
9  L  X+200      │
10 L  Y+100      ├ 刀补进行
11 L  X+100      ┘
```

```
12 L   X+0   Y+0   R0                    刀补取消
13 L   Z+2
14 L   Z+50   FMAX
15 END   PGM   ww mm
```

4. 刀补建立

刀补的建立指刀具从起点接近工件时，刀具中心从与编程轨迹重合过渡到与编程轨迹偏离一个偏置量的过程。该过程的实现必须有直线移动。

5. 刀补进行

在 RR 或 RL 程序段后，程序进入补偿模式，此时刀具中心与编程轨迹始终相距一个偏置量，直到刀补取消。

在补偿模式下，数控系统要预读两段程序，找出当前程序段刀位点轨迹与下一个程序段刀位点轨迹的交点，以确保机床在下一个工件轮廓处向某个方向补偿一个偏置量，如图 2－11 所示的 *B* 点、*C* 点及 *D* 点。

6. 刀补取消

刀具离开工件，刀具中心轨迹过渡到与编程轨迹重合的过程称为刀补取消，如图 2－11 所示的 EO 的程序段。

三 从刀库中装刀与拆刀

1. 装刀

（1）选择【手动操作模式】，进入刀具表，如图 2－12 所示。

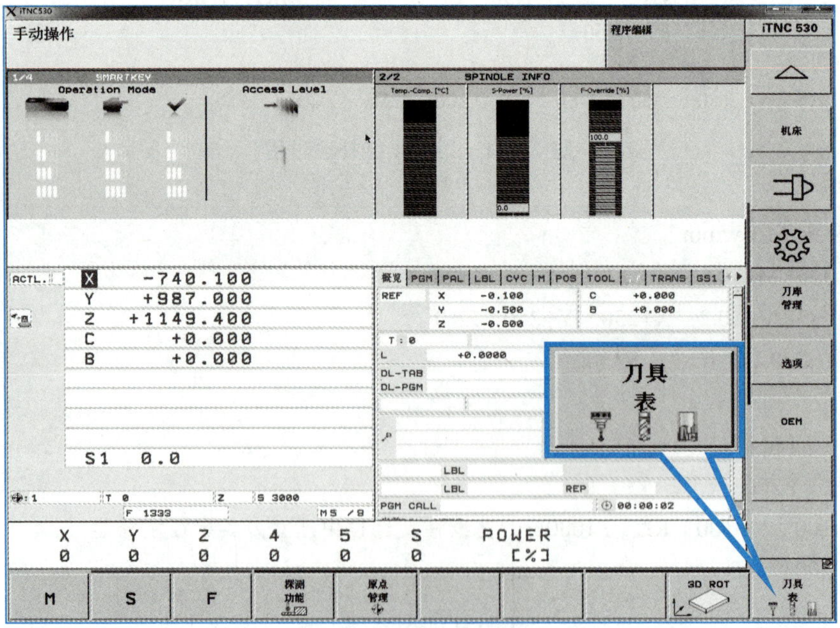

图 2－12　刀具表

（2）点击【编辑】→【开】，建立 1 号刀具并设定参数，如图 2－13 所示，然后点击【编辑】→【关】，即可完成刀具表的建立。

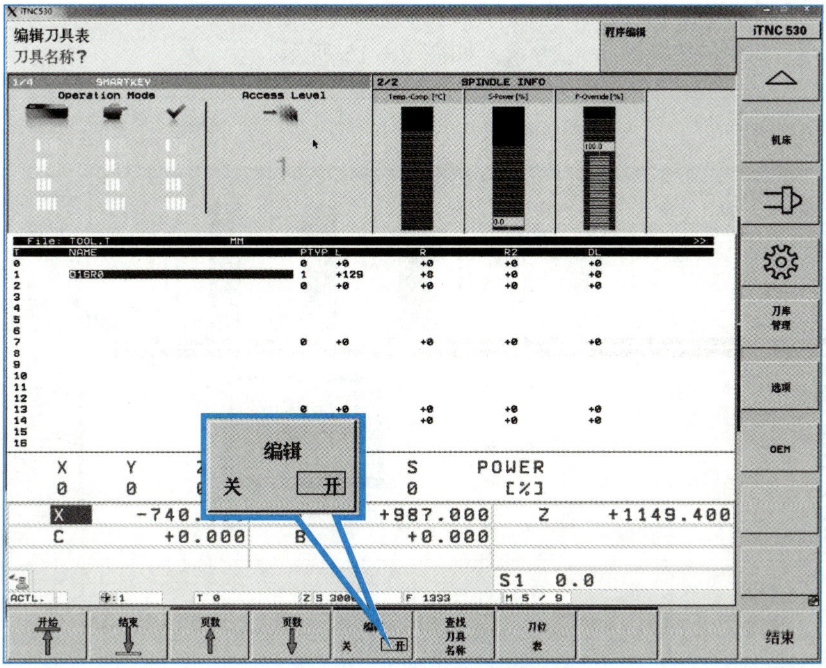

图 2 - 13　刀具参数设定

（3）在【手动操作模式】下将光标移动到新建的刀具号上，点击【刀具存储】，选择刀库中的刀位，如图 2 - 14 所示。

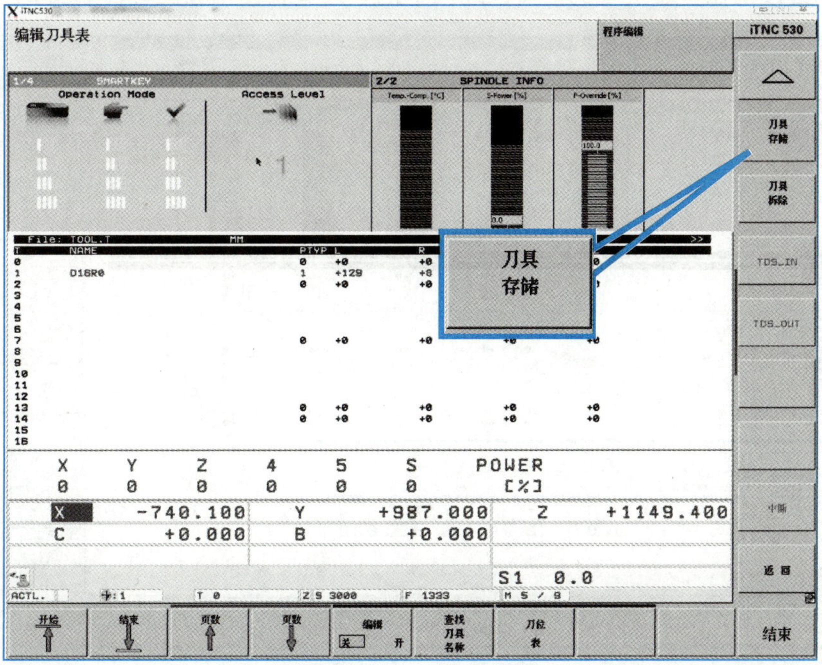

图 2 - 14　刀具存储

刀具在刀库中的安装位置的选择方式有以下两种：

1）自动方式。

①点击【刀具位置自动】，如图 2－15 所示。

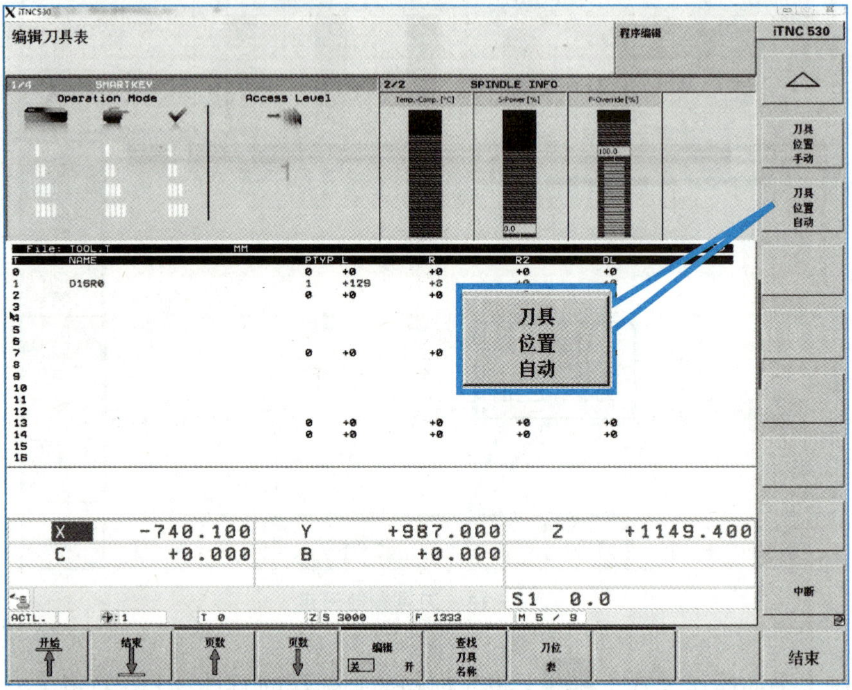

图 2－15　刀具位置自动

②机床会自动在刀库中寻找空刀位并提示把刀具安装在相应位置，如图 2－16 所示。

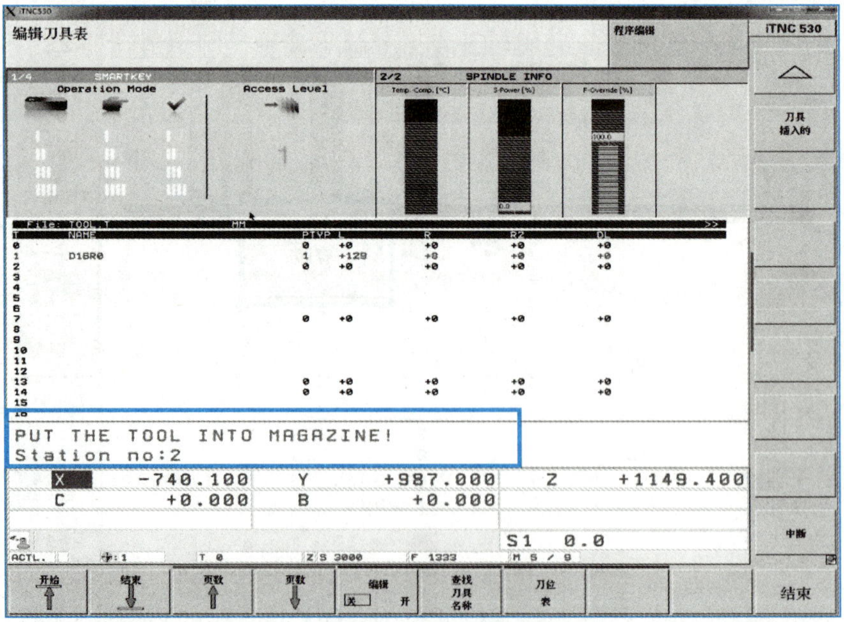

图 2－16　装刀提示

③点击刀库【开门按钮】，将刀库安全门打开，然后踩下松刀开关，把装好刀具的刀柄装在固定装刀位置上，最后关好刀库安全门。刀库固定装刀位置如图 2 – 17 所示。

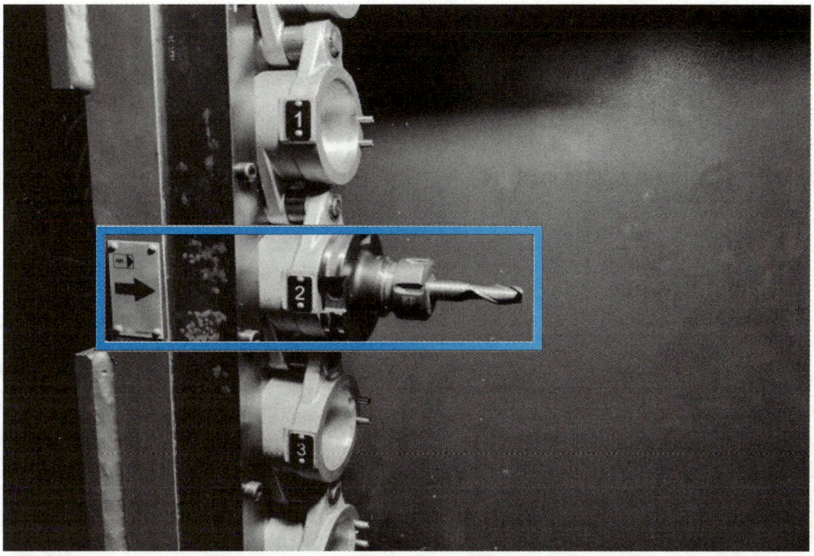

图 2 – 17　刀库固定装刀位置

2）手动方式。

①点击【刀具位置手动】

，如图 2 – 18 所示。

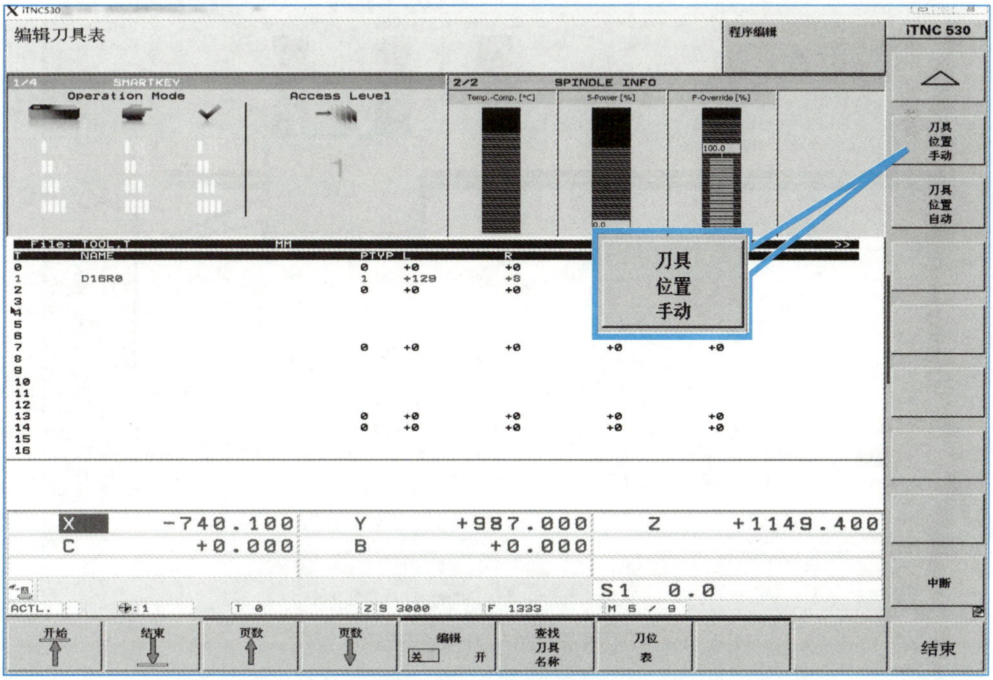

图 2 – 18　刀具位置手动

②通过光标选择相应的刀位，按【 END 】键确认，出现提示后将刀具安装在刀库中，如图 2－19 所示，最后关上刀库安全门。

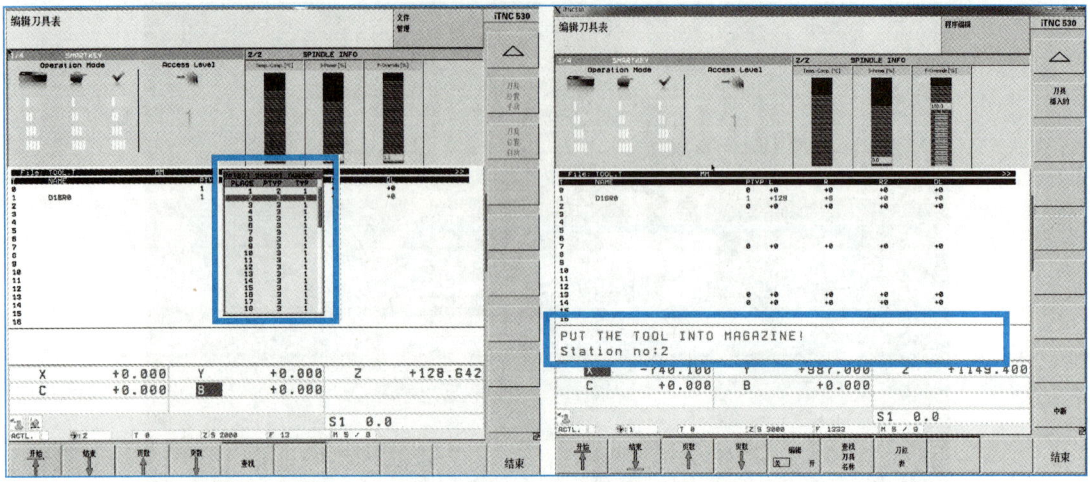

图 2－19　手动装刀

2. 拆刀

（1）在【手动操作模式】下点击【刀库管理】，如图 2－20 所示。

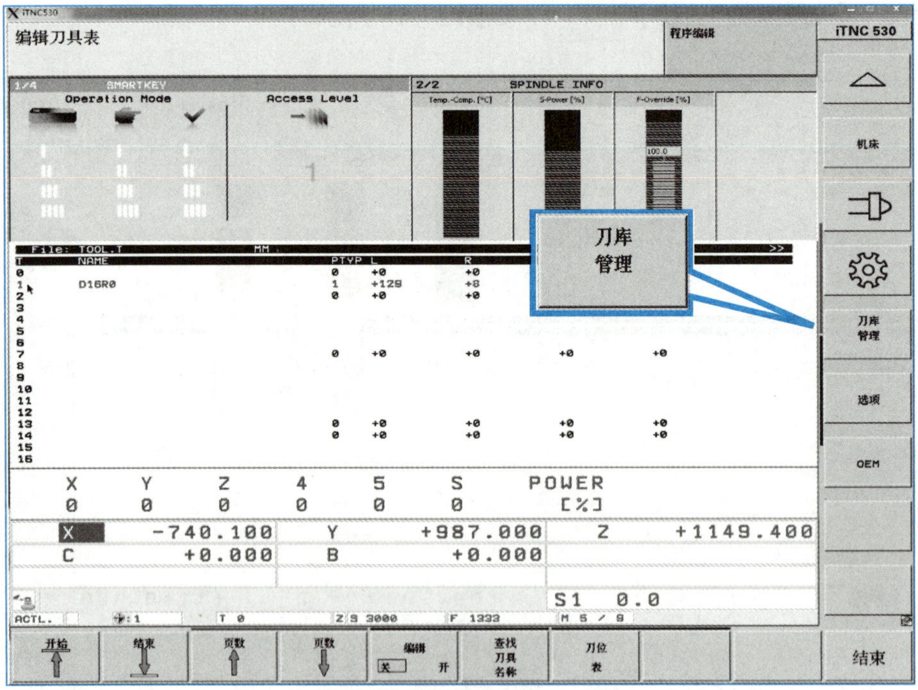

图 2－20　刀库管理

（2）将光标移动到 2 号刀的位置，点击【刀具拆除】，如图 2－21 所示，出现提示后按【 ENT 】键确认。

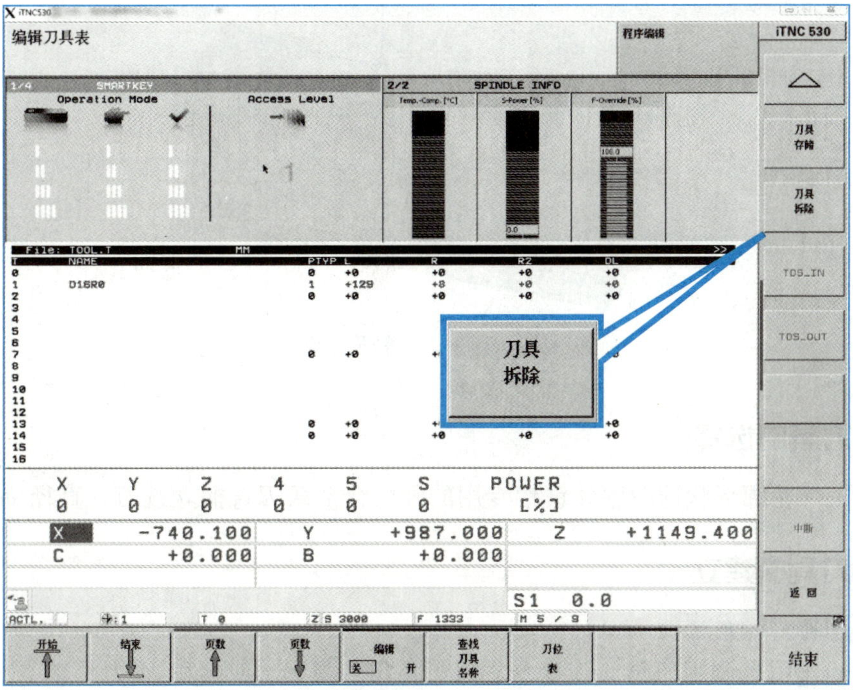

图 2－21　刀具拆除

（3）打开刀库安全门，从相应的刀位处取出刀具，然后关上门。

（4）系统界面右侧的【 Delete Tool-Data 】中选择【 no 】或【 yes 】(no 表示保留原有刀具参数、yes 表示删除刀具参数)。

拆刀

任务实施

一 图纸分析

看懂工件图样，了解图样上各加工部位的尺寸标注和精度要求等。

二 检测毛坯

确定工件的加工余量：毛坯为 100mm × 100mm × 25mm 的六面体，六个面均为精加工表面，材料为铝合金。

三 工件装夹

根据工件的形状特点，采用平口虎钳装夹工件。选毛坯的侧面和底面为精基准，如图 2－22 所示，工件的编程坐标系设定在工件上表面的对称中心位置。

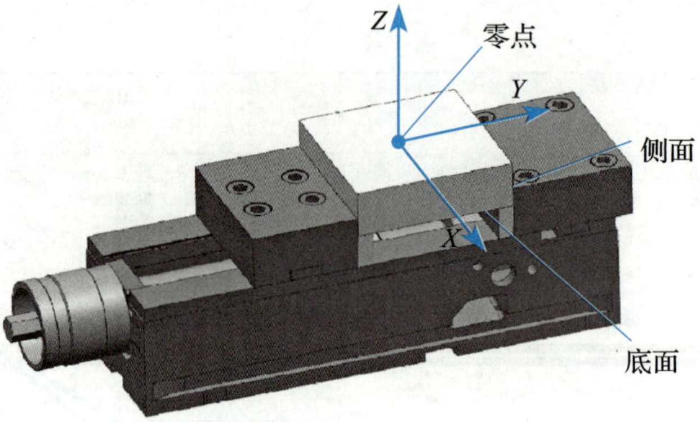

图 2－22　工件装夹方式

四　刀具的选择

根据工件轮廓形状选取整体铣铝专用的硬质合金两刃直柄立铣刀，直径 ϕ16mm。

五　刀具的建立

1. 刀具的调用方法

软键的作用是调用刀具，该指令之后可指定刀具号（或名称）、刀具轴、长度差值、半径差值、主轴转速、进给速率等参数。

程序示例：

```
TOOL   CALL   5 Z100   S2500   F350   DL+0.2   DR-1   DR2+0.05
```

（1）“TOOL　CALL”表示选择刀具调用功能。

（2）“5”表示刀具编号或刀具名称。输入的刀具必须在 TOOL DEF（刀具定义）程序段或刀具表中已有定义，iTNC 530 数控系统会自动给刀具名称加上引号。刀具名称仅指当前刀具表 TOOL.T 中的输入名，如果要调用具有其他补偿值的刀具，可以在小数点后输入刀具表中定义的索引编号。

（3）“Z”表示工作主轴，输入刀具轴。

（4）“S”表示主轴转速，输入主轴转速。

（5）“F”表示进给速率，输入进给速率。

（6）“DL”表示刀具长度正差值，输入刀具长度的差值。

（7）“DR”表示刀具半径正差值，输入刀具半径的差值。

（8）“DR2”表示刀具半径 2 正差值，输入刀具半径 2 的差值。

2. 建立刀具

（1）选择【刀具表】，将【编辑】软键设置在【开】位置，通过光标选择需要修改的值并进行修改。

（2）根据任务需要，把 D16R0 立铣刀、偏心式寻边器，光电式寻边器分别建立在 1 号、2 号和 3 号刀具上，如图 2－23 所示。

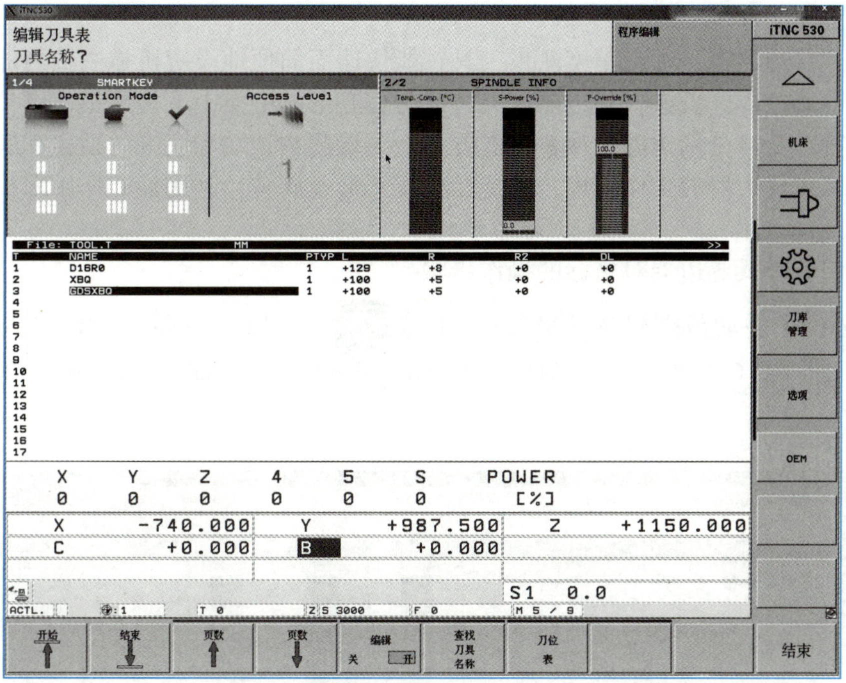

图 2-23　刀具表

注： 将【编辑】软键设置在【开】位置，退出【刀具表】后修改不生效。如果修改当前刀具的数据，则在该刀的下一个 TOOL CALL 后生效。

3. 装刀

在手动状下，将光标移至要存储的刀具号上，点击【刀库管理】→【刀具存储】，选择【刀具位置自动】，刀库会自动转至相应换刀位置，按下刀库开门键，踩下松刀开关，将装好刀具的刀柄装在刀库中并关好刀库安全门，按【确认】按钮。

六　对刀与工件坐标系的建立

下面讲解通过寻边器和对刀仪对刀的方法。

1. 用机械式寻边器对坐标

（1）偏心式寻边器的使用方法。

偏心式寻边器属于机械式寻边器，由夹持部分和测量部分组成，两者之间通过弹簧拉紧。一般将寻边器的夹持部分安装至刀柄，并将其安装在 CNC 加工中心的主轴上。偏心式寻边器的测量部分一般为直径很小的圆柱面，通过机床手轮控制测头接近工件表面，当测头接触工件表面后，偏心部分逐渐与夹持部分同心旋转以控制寻边器移动。测头再次偏心的瞬间寻边器停止移动，此时可确定工件表面和机床主轴中心位置的相对距离，从而完成定位。偏心式寻边器靠机械部分的接触测量数据，精确度不如光电式寻边器高。偏心式寻边器如图 2-24 所示。

图 2-24　偏心式寻边器

（2）工作原理。

机械式寻边器是一种高精度测量工具，能快速而简便地设定机械主轴与加工物基准面的精确中心位置。机械式寻边器由夹持部与偏心部的中空上下检测头、可贯穿上下检测头的弹簧以及可分别钩固住弹簧且嵌置在上下检测头顶端和底端的顶盖和底盖等构件组成。机械式寻边器的工作原理：夹持在机床上低速旋转，利用偏心作用来找正加工中心位置。

（3）用偏心式寻边器对坐标的操作步骤。

1）选择【手动数据输入（MDI）定位】，调用寻边器 TOOL CALL 2 Z S300;，并将 B、C 轴回零 L B+0 C+0 R0 FMAX;，主轴运行 M03，如图 2－25 所示。

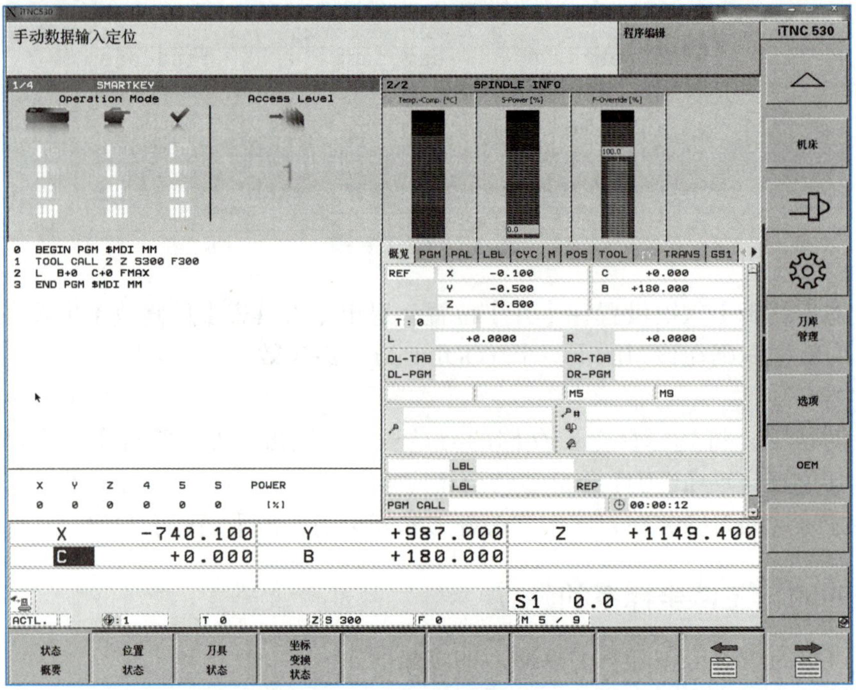

图 2－25 MDI 手动输入

2）按【手轮激活开关键】，【SmartKey】设置处于方式Ⅱ，按【开门键】打开机床防护门。

3）如图 2－26 所示，通过电子手轮控制偏心式寻边器的测头从 $-X$ 方向接近工件表面，手轮倍率调小，慢慢将寻边器向 $+X$ 方向移动，当测头接触工件表面后，偏心部分逐渐与夹持部分同心旋转；将倍率调至 0.01，通过电子手轮控制偏心式寻边器向 $-X$ 方向移动，测头再次偏心的瞬间停止移动寻边器，点击【手轮激活开关键】停止操作，点击【设定原点】，选择 X 轴，输入“－55”，按【ENT】键确认。如图 2－26 所示。

4）如图 2－27 所示，通过电子手轮控制偏心式寻边器的测头从 $-Y$ 方向接近工件表面，手轮倍率调小，慢慢将寻边器向 +*Y* 方向移动，当测头接触工件表面后，偏心部分逐渐与夹持部分同心旋转；将倍率调至 0.01，通过电子手轮控制偏心式寻边器向 −*Y* 方向移动，测头再次偏心的瞬间停止移动寻边器，手轮停止操作，点击【设定原点】，选择 *Y* 轴，输入“−55”，按【ENT】键确认。

图 2－26 偏心式寻边器在工件 −*X* 方向

图 2－27 偏心式寻边器在工件 −*Y* 方向

2. 用光电式寻边器对坐标

（1）光电式寻边器的使用方法。

随着光电技术的不断发展，光电式寻边器凭借其更高的测量精度而得到广泛使用。由于工件具有导电性，因此当球头接触工件表面时电流形成回路，发出声光报警信号，这便是光电式寻边器的工作原理。球头通过弹簧与本体相连，根据光电式寻边器的指示和机床坐标位置即可得到被测表面的坐标。将其装夹在 CNC 加工中心主轴上即可完成对刀、找正和测量工作。使用光电式寻边器找正或测量工件时，机床主轴不旋转，不仅安全性高，而且不会损伤工件表面，同时找正和测量的精度也高。光电式寻边器如图 2－28 所示。

图 2－28 光电式寻边器

（2）用光电式寻边器对坐标的操作步骤。

1）在 MDI 下，调用寻边器 TOOL CALL 3 Z S500;，将 *B*、*C* 轴回零 L B+0 C+0 R0 FMAX;。

注意，光电式寻边器不能跟随主轴旋转。

2）按【手轮激活开关键】，【SmartKey】设置处于方式Ⅱ，按【开门键】打开机床防护门。

3）如图 2－29 所示，通过电子手轮将寻边器从 −*X* 方向靠近工件左侧，手轮倍率调小，慢慢将寻边器向 +*X* 方向移动，直至球头直径与工件连接，光电式寻边器发出声光报警信号，手轮停止操作，点击【设定原点】；将寻边器移至工件 +*X* 方向，慢慢将寻边器向 −*X* 方向移动，直至球头直径与工件连接，光电式寻边器发出声光报警信号，手轮停止操作，观察 *X* 当前值，选择 *X* 轴，输入（当前值 /2），按【ENT】键确认。

图 2 - 29　光电式寻边器在工件 $-X$、$+X$ 方向

4）如图 2 - 30 所示，通过电子手轮将寻边器从 $-Y$ 方向靠近工件，手轮倍率调小，慢慢将 Y 轴向 $+Y$ 方向移动，直至球头直径与工件连接，光电式寻边器发出声光报警信号，手轮停止操作，点击【设定原点】；将刀具移至工件 $+Y$ 方向，慢慢将 Y 轴向 $-Y$ 方向移动，直至球头直径与工件连接，光电式寻边器发出声光报警信号，手轮停止操作，观察 Y 当前值，选择 Y 轴，输入（当前值 /2），按【 ENT 】键确认。

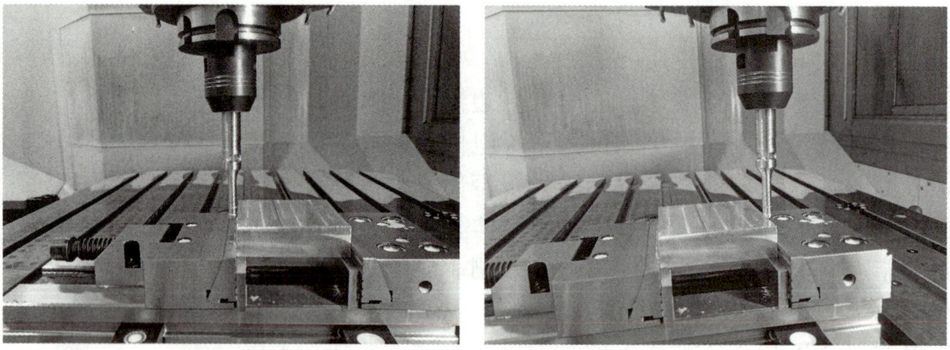

图 2 - 30　光电式寻边器在工件 $-Y$、$+Y$ 方向

3. 用 Z 轴对刀仪对刀

（1）Z 轴对刀仪的使用方法。

带磁性的 Z 轴对刀仪可用于立式和卧式机床，可避免因刀具接触基准面而损伤刀具或工件，对刀仪的标准高度通常为 50mm。将对刀仪吸在基准面上，用手轮控制刀具，将刀具移动至对刀仪上方，移动 Z 轴，刀具接触对刀仪。若是指针式对刀仪则需要先按照说明进行校正；若是光电式对刀仪，指示灯亮起时会显示对应的准确高度值，利用该高度值进行计算即可确认刀具与工件的关系。

（2）使用注意事项。

1）刀具和仪器接触时不能超过行程，否则刀具容易损伤仪器。

2）用手按压仪器顶面时不要立即放开，以免损坏内部结构而影响仪器使用寿命。

3）刀具对刀结束后，要垂直提刀离开接触面，不要横向移动，以免损坏工件。

（3）Z 轴对刀仪对加工平面的操作步骤。

1）在 MDI 下，调用立铣刀 TOOL CALL　1　Z　S2000;。注意对刀时主轴不能旋转。

2）将 B、C 轴回零 L　B+0　C+0　R0　FMAX;。

3）通过手轮将立铣刀移置工件上表面，要与对刀仪上表面接触时，将倍率调至 0.01，通过手轮控制主轴下移，使立铣刀按压对刀仪，指针指向 0 点时，打开【手轮激活开关键】，停止 Z 轴移动，点击【设定原点】→【Z 轴】，将 Z 设定为“+50”（50 为对刀仪高度），如图 2－31 所示。

图 2－31　*Z* 轴对刀仪对刀

4）点击【原点管理】→【预设表】，将光标移到 1 号坐标系，把 0 号坐标系的数值复制到 1 号坐标系，点击【改变预设】→【保存预设】→【执行】，此时的 1 号坐标系即为当前加工坐标系。

七　切削用量的选择

背吃刀量选择 1.5 ～ 2mm，侧吃刀量精加工留出 0.3 ～ 0.5mm，其余轮廓余量由粗加工一次切除，进给速率 1 000mm/min，具体加工时依靠倍率调整，粗加工时倍率调大一些，精加工时倍率调小一些。主轴转速设为 4 000r/min。

八　工作清单（在教师指导下由学生填写）及参考程序

1. 工作清单

（1）填写数控加工刀具卡。

数控加工刀具卡			
刀具号	刀具规格 / 名称	数量	加工表面

（2）填写数控加工工序卡。

数控加工工序卡						
工序号	程序编号	夹具名称		使用设备		
工步	工步内容	刀具号	刀具规格	主轴转速	进给速率	背吃刀量

（3）填写量具使用卡。

量具使用卡		
量具名称	尺寸范围	数量

2. 精加工参考程序

```
0  BEGIN PGM renwu2mm
1  BLK FORM 0.1 Z   X-50   Y-50   Z-25
2  BLK FORM 0.2   X+50   Y+50   Z+0
3  CYCL DEF 247 DATUM SETTING ~
     Q339=+1        ;DATUM NUMBER
4  TOOL CALL 1 Z S4000 F1000   调用 1 号刀，主轴转速 4 000mm/r，进给速率 1 000mm/min
5  L   C+0   B+0 FMAX
6  L   Z+100 FMAX M3
7  L   X+0   Y-80 FMAX
8  L   Z+2 FMAX
9  L   Z-3 R0 F500
10 APPR CT   X+0   Y-40   CCA90 R+20 RL F1000   刀具以圆弧相切切入的方式切入工件轮廓
11 L   X-40
12 L   Y+40
13 L   X+40
14 L   Y-40
15 L   X+0
16 DEP CT   CCA90 R+20 F1000                    刀具以相切圆弧切出的方式切出工件
17 L   Y-60 R0
18 L   Z-2
19 L   X+0   Y-34 RL F1000
```

```
20 L   X-34
21 RND R10                          倒圆角，圆角半径为 10mm
22 L   Y+34
23 RND R10
24 L   X+34
25 RND R10
26 L   Y-34
27 RND R10
28 L   X+0
29 L   Y-60 R0
30 L   Z+2
31 L   X+0   Y+0 FMAX
32 L   Z-2 F100
33 L   X+15   Y+15 RL F1000
34 CR   X-15 R+15 DR+   圆弧插补，圆弧终点坐标为 X-15，Y15，半径 15，逆时针圆弧
35 CR   Y-15 R+15 DR+
36 CR   X+15 R+15 DR+
37 CR   Y+15 R+15 DR+
38 L   X+0   Y+0 R0
39 L   Z-4 F100
40 L   X+15   Y+0 RL F1000
41 CC   X+0   Y+0                   定义整圆圆心坐标为 X0，Y0
42 C   X+15   Y+0 DR+               定义整圆终点坐标为 X+15，Y0，逆时针方向
43 L   X+0   Y+0 R0
44 L   Z+50 FMAX
45 M30
46 END PGM renwu2mm
```

3. 加工结果

加工结果如图 2－32 所示。

图 2－32　加工结果

仿真加工（二）

任务描述

根据图 3－1 所示的图纸，分析尺寸精度及技术要求，制定零件加工工艺方案，编制加工程序，模拟仿真，最终在数控铣床上完成加工。

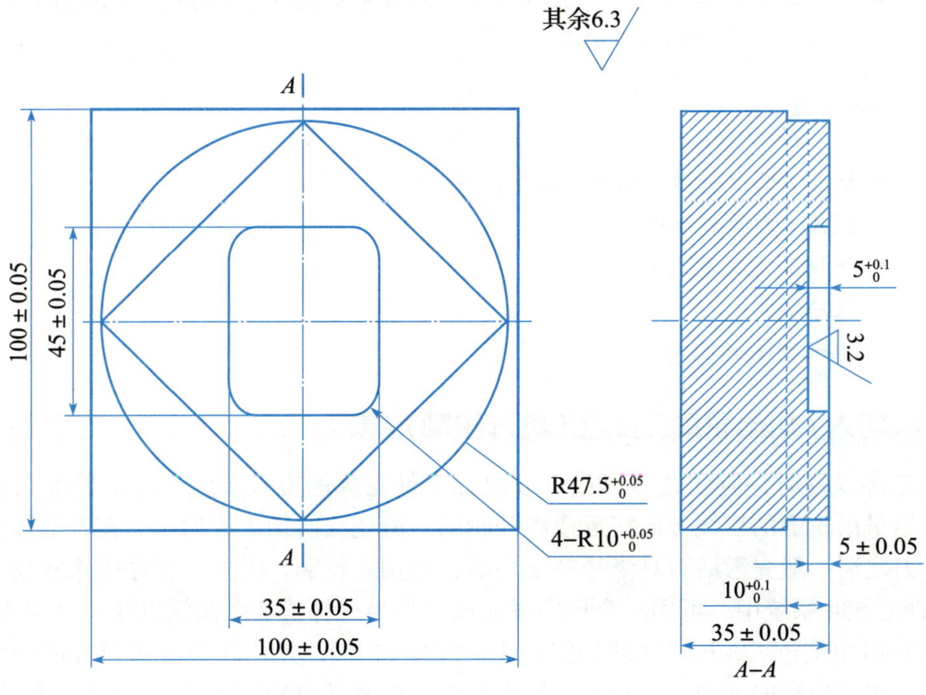

技术要求：
1. 零件加工表面不应有划痕、擦伤等。
2. 去除毛刺飞边。
3. 锐角倒钝。
4. 未标注公差 ±0.1。

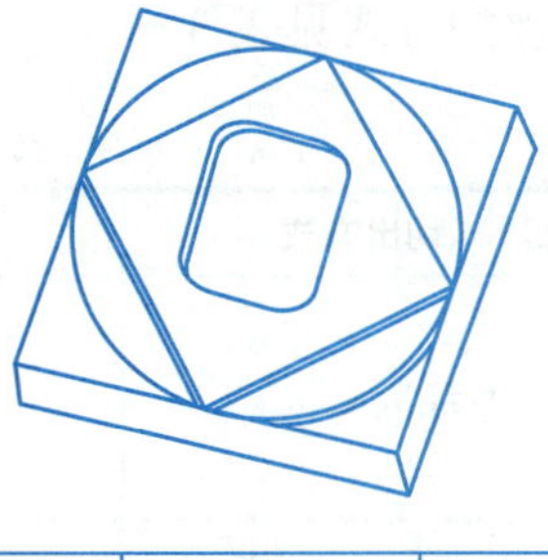

轮廓加工	比例	数量	材料	图号：03
	1∶1	1	铝合金	

图 3－1　平面内外基本轮廓的零件

任务目标

知识目标

- 能正确利用“切入 / 切出轮廓（接近 / 离开轮廓）”功能编写内外轮廓加工程序。
- 能正确利用“倒角 / 倒圆角”功能编写内外轮廓加工程序。
- 能正确利用“子程序”功能编写加工程序。
- 能正确调用“程序”。
- 能正确选择刀柄。
- 能正确使用测头。

素养提升

- 了解零件的加工质量对装备制造产业发展的意义，培养一丝不苟的工作态度和精益求精的工作作风。

知识学习

- 切入 / 切出轮廓（接近 / 离开轮廓）编程。
- 倒角 / 倒圆角编程。
- 子程序定义及运行。
- 程序调用。
- 机床测头的使用。

一 切入 / 切出轮廓（接近 / 离开轮廓）编程

按轮廓编程时，应注意刀具接近或离开工件轮廓的方式。为了保证轮廓表面的质量，应尽量沿轮廓的切线方向接近或离开轮廓，避免法向切入或切出。在普通数控系统中，下刀之后一般先激活刀具半径补偿功能，再切入轮廓，需两个程序段来实现。在海德汉 iTNC 530 系统中，可用一个程序段完成刀具半径补偿功能激活以及刀具切入轮廓。这就需要启用接近 / 离开轮廓的功能键【 APPR/DEP 】，并在软键区选择合适的切入方式。刀具离开轮廓的处理方法与接近轮廓类似。海德汉 iTNC 530 系统提供的刀具切入 / 切出轮廓的方式见表 3－1，刀具接近 / 离开轮廓代号的含义见表 3－2。

表 3－1　刀具切入 / 切出轮廓的方式

切入 / 切出方式	切入功能软键	切出功能软键
直线切入		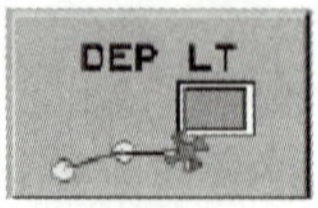
直线法向	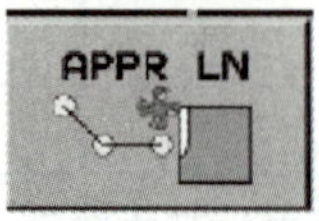	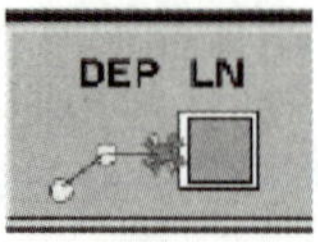

续表

切入 / 切出方式	切入功能软键	切出功能软键
圆弧相切	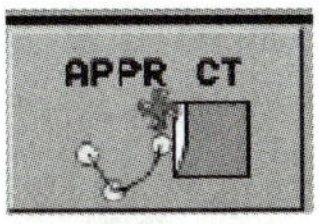	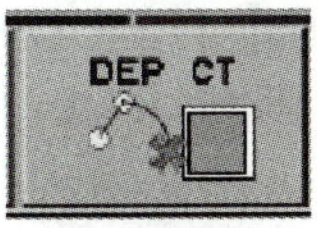
线弧双切	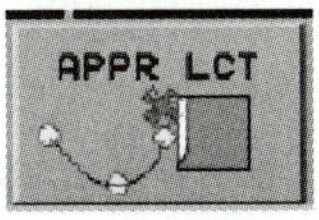	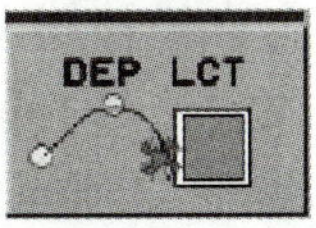

表 3－2　刀具接近 / 离开轮廓代号的含义

代号	含义	注释
APPR	接近	切入轮廓
DEP	离开	切出轮廓
L	线段	刀具走直线
C	圆弧	刀具走圆弧
T	相切	走刀轨迹与轮廓相切，平滑过渡
N	垂直	走刀轨迹与轮廓垂直

1. 接近工件轮廓编程

按照接近轮廓轨迹是线段还是圆弧，切入轨迹与工件第一轮廓是相切还是垂直，可分为以下四种类型：

（1）直线相切切入。

直线相切切入方式接近工件轮廓的走刀轨迹为折线，刀具先从起点 P_S 运动到辅助点 P_H，且在此过程中激活刀具半径补偿功能；再从 P_H 切向切入第一个轮廓点 P_A，如图 3－2 所示。编程时需要确定的参数有起点 P_S 的坐标、轮廓切入点 P_A 的坐标、切入轮廓的线段长度 P_HP_A（LEN 值）及刀具半径补偿类型等。两线段轨迹的拐点 P_H 坐标不需要编程人员考虑，由系统自动确定。

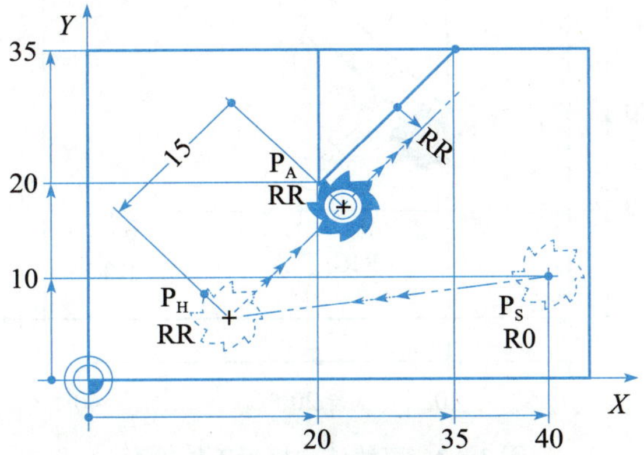

图 3－2　直线相切接近工件轮廓

编程步骤如下：

1）确定起点 P_S。

2）用【APPR/DEP】键和软键【APPR LT】启动对话。

①输入第一轮廓点 P_A 坐标。

②输入切入线段的路径长度 LEN 值，即 P_HP_A 线段长度。

③确定半径补偿类型 RL 或 RR。

④选取进给率 F 值。

⑤如图 3－2 所示的直线相切接近工件轮廓的程序如下：

L X+40 Y+10 R0 FMAX	输入起点 P_S 坐标
APPR LT X+20 Y+20 LEN 15 RR F100	输入切入点 P_A 坐标、切入线段长度 P_HP_A 和刀具半径补偿类型 RR
L X+35 Y+35	输入第一轮廓元素终点坐标

使用【APPR/DEP】键编程时，点的名称说明：P_S 为起点，P_A 为轮廓切入点或轮廓起点，P_H 为辅助点，P_E 为轮廓切出点或轮廓终点，P_N 为终点。通常，起点与终点取同一点；切入点与切出点取同一点，并在轮廓上。

（2）直线法向切入。

直线法向切入方式与直线相切切入方式的区别是切入轨迹 P_HP_A 垂直于工件第一条轮廓线，P_A 为垂足。一般不采用法向切入路径，因为会影响工件表面质量。

如图 3－3 所示的直线法向接近工件轮廓的程序如下：

L X+40 Y+10 R0 FMAX	输入起点 P_S 坐标
APPR LN X+10 Y+20 LEN15 RR F100	输入第一轮廓起点 P_A 坐标、切入线段长度 P_HP_A 和刀具半径补偿类型 RR
L X+20 Y+35	输入第一轮廓元素终点坐标

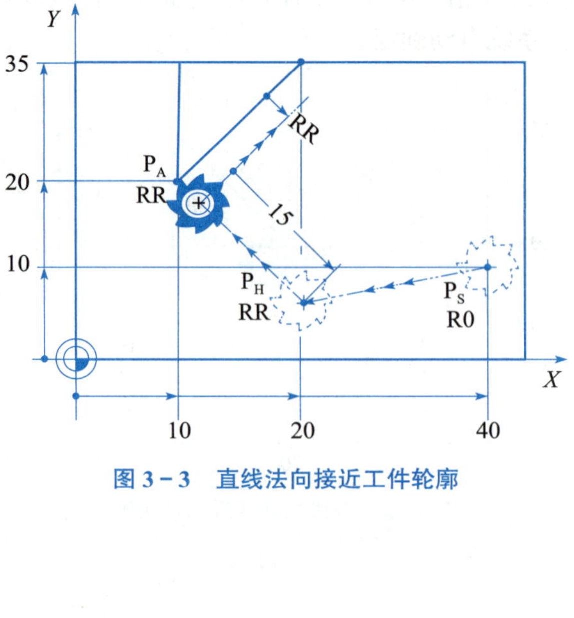

图 3－3　直线法向接近工件轮廓

（3）圆弧相切切入。

圆弧相切切入方式与直线相切切入方式的区别是切入段轨迹 P_HP_A 由线段变为圆弧，辅助点 P_H 为直线与圆弧的交点，编程步骤如下：

1）确定起点 P_S。

2）用【APPR/DEP】键和软键【APPR CT】启动对话。

①输入第一轮廓起点 P_A 坐标。

②输入圆弧半径 R 值。

③输入圆弧的圆心角 CCA（CCA 为正值，<=360°）。

④确定半径补偿类型 RL 或 RR。

⑤确定进给率 F 值。

圆弧半径 R 有正负之分，确定方法：如果刀具沿半径补偿的方向接近工件，R 取正值；如果刀具沿半径补偿相反的方向接近工件，R 取负值。

如图 3－4 所示的圆弧相切接近工件轮廓的程序如下：

L X+40 Y+10 R0 FMAX	输入起点 P_S 坐标
APPR CT X+10 Y+20 CCA180 R+10 RR F100	输入轮廓切入点 P_A 坐标、圆心角 CCA、半径 R 和刀具半径补偿类型 RR
LX+20 Y+35	输入第一轮廓元素终点坐标

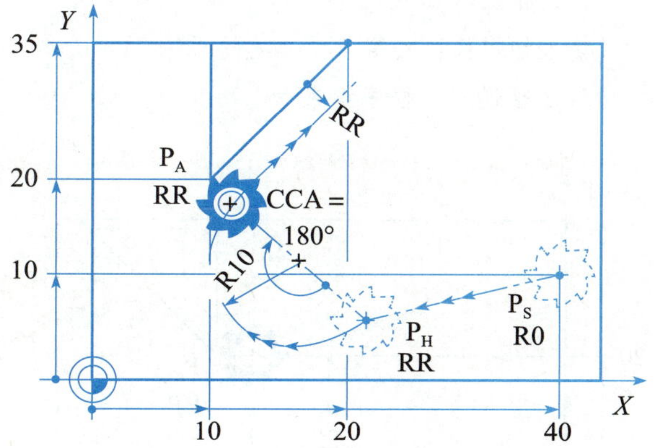

图 3－4　圆弧相切接近工件轮廓

P_H 到 P_A 的圆弧由半径 R 和圆心角 CCA 决定。圆弧旋转方向由第一轮廓元素的刀具路径自动计算得到。

（4）双相切圆弧切入。

双相切圆弧切入方式与圆弧相切切入方式相似，不同的是辅助点 P_H 从交点变为切点。

如图 3－5 所示的双相切圆弧接近工件轮廓的程序如下：

L X+40 Y+10 R0 FMAX	输入起点 P_S 坐标
APPR LCT X+10 Y+20 R10 RR F100	输入切入点 P_A 坐标、半径 R 和刀具半径补偿类型 RR
L X+20 Y+35	输入第一轮廓元素终点坐标

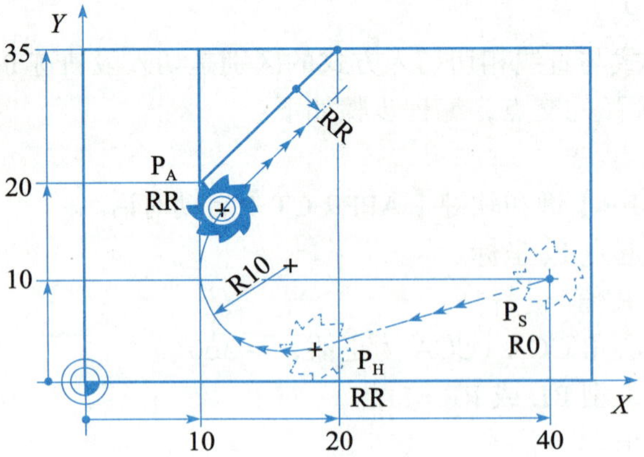

图 3－5　双相切圆弧接近工件轮廓

2. 离开工件轮廓编程

刀具离开工件轮廓的方式比接近工件轮廓的方式简单，有单线段切出或法向切出，单圆弧切出及双相切圆弧切出。与切入方式不同的是离开工件轮廓的 DEP 程序段将自动取消刀具补偿功能，不需要再写 R0。下面对常用方式进行简要说明。

（1）直线相切切出。

如图 3－6 所示的直线相切离开工件轮廓的程序如下：

L Y+20	输入轮廓终点 P_E 坐标
DEP LT LEN 12.5	输入切出线段长度
L Z+100 FMAX M2	沿 Z 轴退刀，程序结束

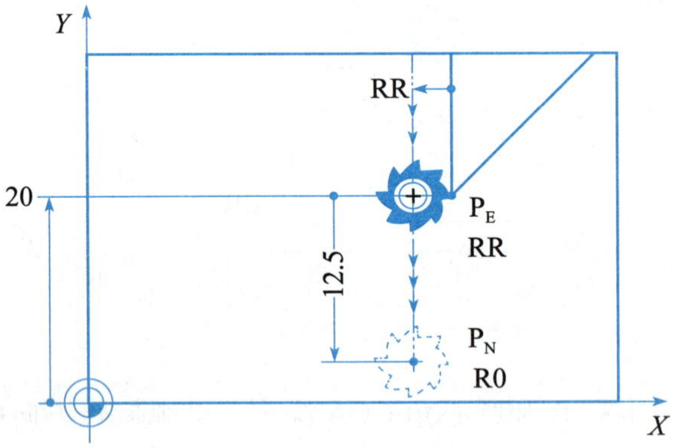

图 3－6　直线相切离开工件轮廓

（2）圆弧相切切出。

采用相切圆弧离开工件轮廓的切出方式的编程步骤如下：

1）输入轮廓终点 P_E 坐标。

2）用【 APPR/DEP 】键和软键【 DEP CT 】启动对话。

①输入圆心角 CCA。

②输入圆弧半径 R 值。如果刀具沿半径补偿方向离开工件，R 取正值；如果刀具

沿半径补偿相反方向离开工件，R 取负值。

如图 3－7 所示的圆弧相切离开工件轮廓的程序如下：

L Y+20	输入轮廓终点 P_E 坐标
DEP CT CCA 180 R+8	输入圆心角和圆弧半径值
L Z+100 FMAX M2	沿 Z 轴退刀，程序结束

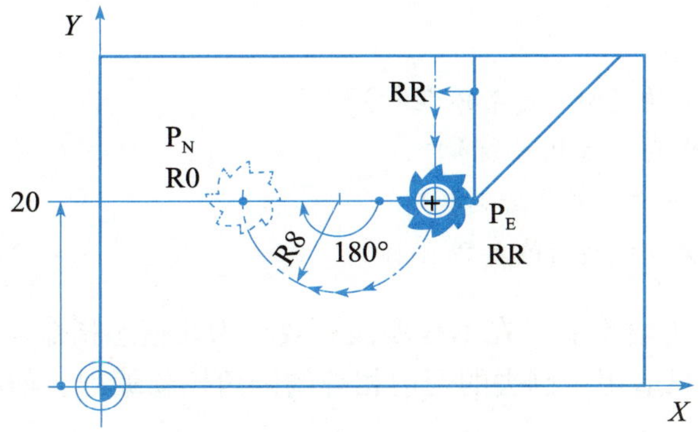

图 3－7　圆弧相切离开工件轮廓

（3）双相切圆弧切出。

采用双相切方式离开工件轮廓时，刀具由最后一个轮廓 P_E 沿圆弧运动到辅助点 P_H，然后沿与切出圆弧相切的直线运动到终点 P_N，编程步骤如下：

1）输入切出点 P_E（轮廓终点）。

2）用【 APPR/DEP 】键和软键【 DEP LCT 】启动对话。

①输入终点 P_N坐标。

②输入圆弧半径 R 值，R>0。

如图 3－8 所示的双相切圆弧离开工件轮廓的程序如下：

L Y+20	输入最后一个轮廓元素终点 P_E 坐标
DEP LCT X+10 Y+12 R+8	输入终点 P_N 坐标和圆弧半径值
L Z+100 FMAX M2	沿 Z 轴退刀，程序结束

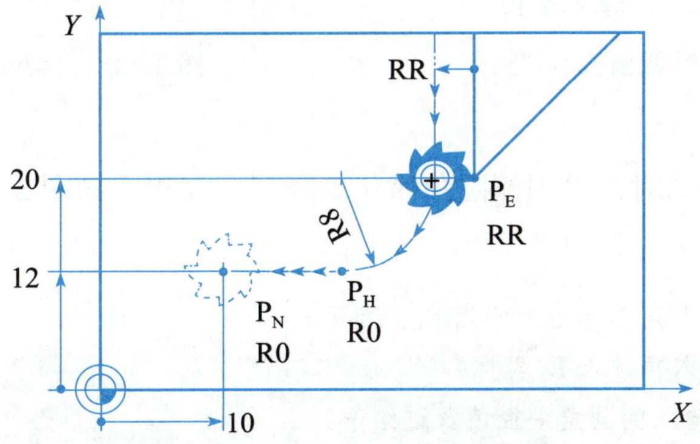

图 3－8　双相切圆弧离开工件轮廓

二 倒角/倒圆角编程

倒角/倒圆角的轮廓编程常用简化编程指令，以满足图样尺寸标注要求，并减少或避免基点计算。例如，加工倒圆角正六边形，用倒圆角指令编程时，只要计算6个顶点的坐标就可以编程，不用计算切点坐标，可避免对基点坐标的计算，简化了程序。

1. 倒角编程

工件轮廓有倒角时，可用倒角简化编程指令编程。如图3－9所示的倒角编程格式如下：

```
L  X____Y____（输入角起始边起点P1坐标）
L  X____Y____（输入角顶点P2坐标）
CHF____F____（输入倒角边长及进给率）
L  X____Y____（输入角终边上的点P3坐标）
```

CHF程序段中的进给率F只在本程序段有效，为非模态指令。

该简化编程格式只适用于倒去的两边相等的倒角轮廓编程。如图3－10所示的倒角编程如下：

```
L  X+0   Y+30   RL   F300
L  X+40  IY+5          输入角顶点，即轮廓线交点坐标
CHF 12  F200           输入倒角的边长
L  IX+5  Y+0           倒角程序段的F200为非模态的，本程序段进给率为F300
```

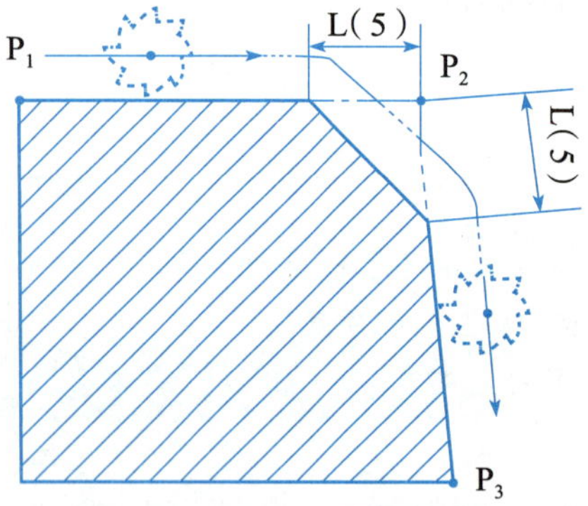

图3－9　倒角编程格式示意图

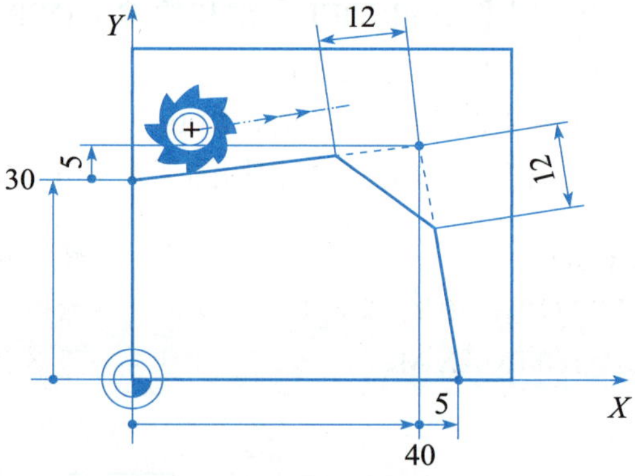

图3－10　倒角编程示意图

2. 倒圆角编程

工件轮廓有倒圆角时，可用倒圆角简化编程指令编程。如图3－11所示的倒圆角编程格式如下：

```
L  X____Y____（输入角起始边上的点P1坐标）
L  X____Y____（输入角顶点P2坐标）
RND R____F____（输入倒圆角半径值及进给率）
L  X____Y____（输入角终边上的点P3坐标）
```

倒圆角指令的走刀轨迹为“直线→圆弧→直线”。RND 程序段中的进给率 F 仅在本程序段有效，即此处的 F 为非模态指令。倒圆角指令编程必须提供 3 个点坐标：角起始边点、顶点和角终边点。

如图 3－12 所示的倒圆角编程如下：

L　X+10　Y+40　RL　F300	输入角起始边上的点坐标
L　X+40　Y+25	输入角顶点坐标
RND　R5　F200	输入倒圆角半径值
L　X+10　Y+5	输入角终边上的点坐标

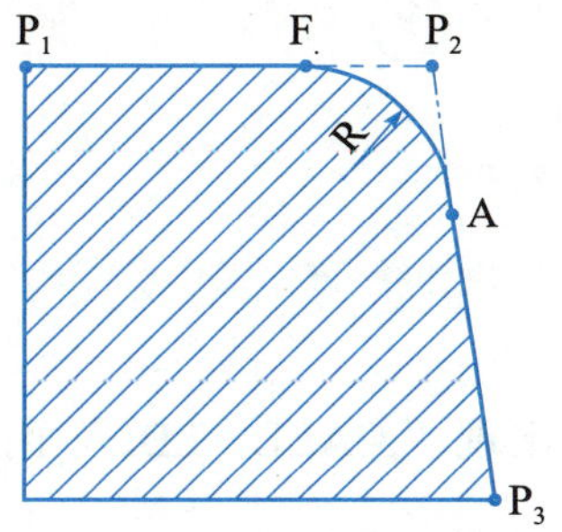

图 3－11　倒圆角编程格式示意图

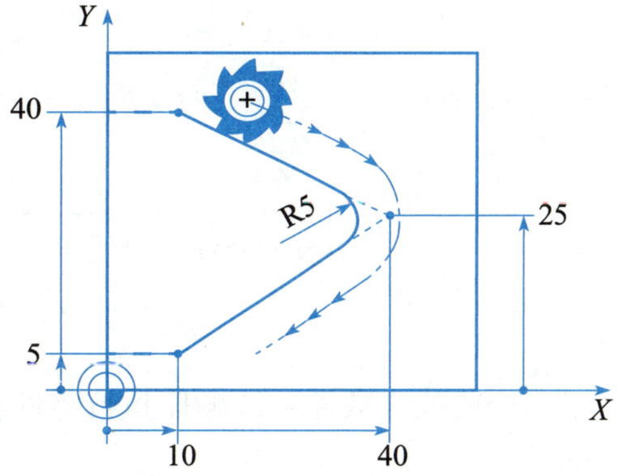

图 3－12　倒圆角编程示意图

三　子程序

为了简化程序，海德汉 iTNC 530 数控系统提供了子程序定义与调用功能。利用子程序和程序块重复功能，用户只需对加工过程编写一次程序，后续便可以多次调用运行。

1. 标记子程序

零件程序中的子程序及程序块重复的开始处注有标记，标记是范围为 1 ～ 254 的数字。在一个程序中，一个标记只能用 LABEL SET（标记设置）设置一次。LABEL 0(LBL 0) 只能用于标记子程序的结束，可以使用任意次。标记子程序可使用功能软键。子程序结构见表 3－3。

表 3－3　子程序结构

程序段	结构说明
LABEL 1	标记子程序名为 1
L X50 Y60 F2000 ……	子程序内容
LABEL 0	子程序结束

2. 调用子程序

（1）调用子程序可使用功能软键。子程序运行顺序如图 3－13 所示。

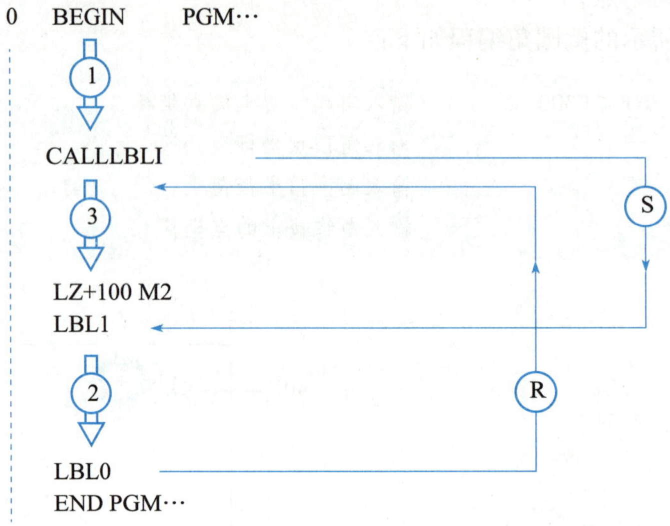

图 3－13　子程序运行过程

1）iTNC 530 数控系统顺序执行零件程序，直到出现“CALL　LBL”而改变程序顺序为止。

2）调用子程序的程序段。

3）从子程序起点执行到子程序结束（LBL0 标记结束）。

4）iTNC 530 数控系统在子程序调用程序段之后，开始恢复运行零件的下一行程序。

（2）注意事项。

1）一个主程序最多可以有 254 个子程序。

2）子程序的调用顺序没有限制，调用次数也没有限制。

3）不允许子程序调用自身。

4）在主程序结束处（M02 或 M30 程序段之后）编写子程序。如果子程序位于 M02 或 M30 所在的程序段之前，那么即使没有调用，也至少会被执行一次。

3. 程序块

使用【LBL SET】键并输入“LABEL　NUMBER”（标记编号），即可标记想要重复运行的程序块。用编程语句“CALL　LBL/REP”标记程序块的重复运行。

（1）程序运行顺序。

1）iTNC 530 数控系统顺序执行零件程序，直到程序块重复运行至定义处（CALL LBL/REP）为止。

2）被调用的 LBL 和调用标记之间的程序块将被重复运行，运行次数为 REP 定义的值。

3）程序块最后一次重复运行结束后，iTNC 530 数控系统将恢复零件程序的运行顺序。

4）例如，“CALL　LBL2　REP2/2”的意思是调用子程序，并重复运行两次。

（2）注意事项。

1）最多允许程序块连续重复运行 65 534 次。

2）iTNC 530 数控系统执行的程序块运行次数一定比编程的重复运行次数多一次。

四　程序调用

1. 程序运行顺序

（1）iTNC 530 数控系统顺序执行零件程序，直到编程语句“CALL　PGM”调用另一个程序为止，如图 3 - 14 所示。

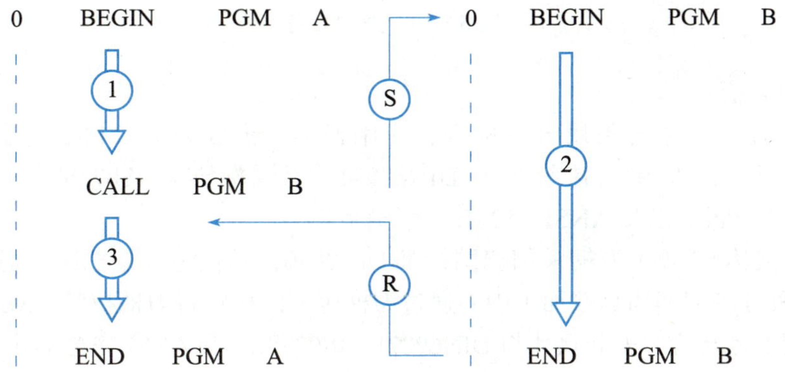

图 3 - 14　程序的调用

（2）完整执行另一个程序。

（3）iTNC 530 数控系统在程序调用程序段之后，开始恢复零件程序运行。

2. 注意事项

（1）将主程序按子程序调用时无须任何标记。

（2）被调用的程序不允许含有辅助功能 M02 或 M30。

（3）被调用的程序不允许含有通过“CALLPGM”语句调用的程序，否则将导致死循环。

（4）调用的程序必须保存在 iTNC 530 数控系统的系统硬盘上。

（5）编程时，如果被调用的程序与发出调用命令的程序在相同目录下，则只需输入程序名即可。如果被调用的程序与发出调用命令的程序不在相同目录下，则必须输入完整路径，如“iTNC 530 数控系统：\ZW35\SCHRUPP\PGM1.H”。

五　数控刀柄

数控刀柄是指加工中心或数控铣床的刀具夹持系统的一部分。数控铣床使用的刀具通过刀柄与主轴相连，刀柄通过拉钉和主轴内的拉爪装置固定在主轴上，由刀柄夹持传递速度、扭矩。要在数控机床上使用铣刀、钻头及镗刀就需要连接数控刀柄系统，通过机床自动拉紧刀具、退出刀具，换刀过程是机床刀库自动完成的。数控刀柄包括 BT、SK、CAPTO、BBT、HSK 等规格，如图 3 - 15 所示。

图 3 - 15　数控刀柄

1. BT 型刀柄

BT 型数控刀柄主要采用日本标准，应用普遍。锥度为 7 : 24 的通用刀柄通常有 5 种标准和规格，即 NT（传统型）、DIN69871（德国标准）、IS07388/1（国际标准）、MASBT（日本标准）以及 ANSI/ASME（美国标准）。

NT 型（又称 ST 型）刀柄采用德国标准 DIN2080，是在传统型机床上通过拉杆将刀柄拉紧；另外 4 种刀柄均是在加工中心通过刀柄尾部的拉钉将刀柄拉紧。MASBT 型（简称 BT 型）是日本标准，安装尺寸与 DIN69871、IS07388/1 及 ANSI 完全不同，不能换用。

BT 型刀柄（见图 3 - 16）的对称性结构使得它比其他几种刀柄的高速稳定性要好，根据锥柄某处（具体位置因标准而不同）的直径分为 30、35、40、45、50 和 60 规格，其中 30、40、50 为常用规格。锥体的规格通常由机床厂商根据机床的有效功率或刀具的总体长度来确定，也与出产国有关（欧洲为 DIN 标准，美国为 ANSI 标准，日本为 JIS 标准）。

2. SK40 型刀柄

SK50 刀柄（见图 3 - 17）为 SK 刀柄 BT50 系列，常用的型号有 BT50SK10-105 长，BT0SK16-105 长，BT50SK25-105 长，配 SK 的螺母和 SK 的筒夹，用 SK 的扳手。SK50 刀柄的材料为钛合金 20CrMnTi，耐磨耐用；刀柄硬度为 58 ～ 60 度；刀柄特点是风阻小、预设动平衡、精度高、适合高速加工（25 000 ～ 40 000r/min），为小型 CNC 加工中心、铣床专用。

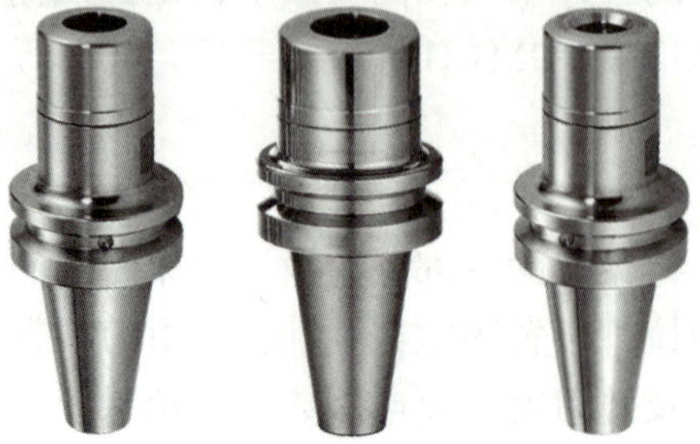

图 3 - 16　BT 型刀柄

图 3 - 17　SK40 型刀柄

3. SK 型刀柄和 BT 型刀柄的区别

（1）SK 型刀柄属于高速刀柄，固定刀具位置没有凹槽，需要用轴承扳手固定刀具，转速可达 40 000r/min，刀具摆动小，适合高速加工。BT 型刀柄有凹槽，便于扳手锁定刀具。

（2）使用的螺母和筒夹不同。

（3）外观形状和结构不同。

SK 型刀柄和 BT 型刀柄的区别如图 3－18 所示。

4. 筒夹

ER 夹头是安装在钻、攻、铣床或加工中心主轴上的一种用来禁锢钻攻刀具或铣刀具的筒形夹具，也称 ER 筒夹，如图 3－19 所示。ER 夹头还可以作为锁紧装置来固定加工零件。ER 夹头具有夹紧力大、夹持范围广、精度好的特点，广泛用于镗、铣、钻、攻丝、磨雕刻等加工。ER 夹头是弹簧夹头的一种，一般同数控刀柄配套使用。

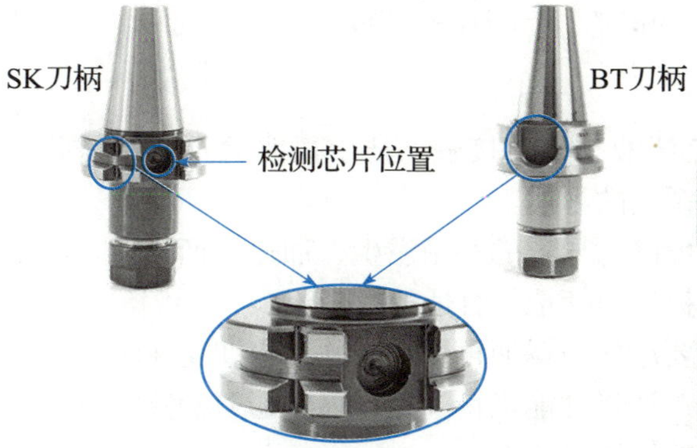

图 3－18　SK 型刀柄和 BT 型刀柄的区别

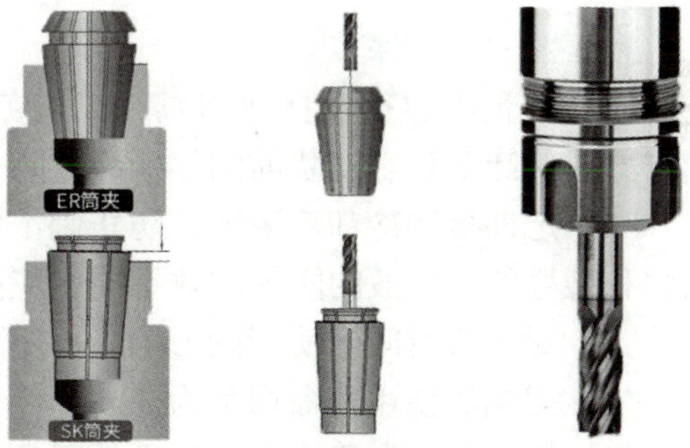

图 3－19　筒夹

目前主要有 BT、SK、CAPTO、BBT、HSK 等规格。BT 和 BBT 均为日本标准，目前使用较为普遍；SK 刀柄是德国标准。传统刀柄有 ER 型、强力型、侧固型、平面铣刀型、钻夹头、莫氏锥柄；现代刀柄有液压刀柄、热胀刀柄、PG 刀柄。

5. 拉钉

（1）拉钉的工作原理。

拉钉的一端和机床卡口相连（根据机床卡口的度数卡入），另一端和刀柄相连（通过螺纹和刀柄拧紧）。通过拉杆传递的轴向力以及拉杆接头和拉钉的连接实现对刀柄的拉紧。当拉钉安装在普通机床或数控机床的主轴上时，杆体的圆弧接头与拉杆的前端连接，拉钉的螺杆接头与伸入主轴轴孔中的刀柄内螺孔连接，使得刀柄既能应用于加工中心，又可应用于普通机床和数控机床，提高了刀柄的通用性，降低了生产成本。

（2）拉钉的机械结构。

主轴内部的刀具自动夹紧机构是数控机床加工中心的特有机构。如图 3－20 所示为加工中心主轴结构，刀具可以在主轴上自动装卸和自动夹紧，其工作原理如下：当刀具装入主轴孔后，刀柄后部的拉钉便被送到主轴拉杆的前端，在碟形弹簧的作用下，通过弹性拉爪将刀具拉紧。

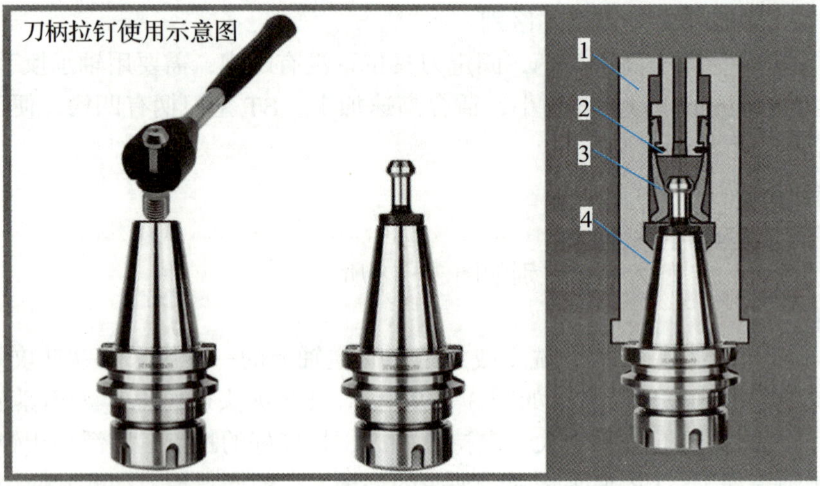

图 3-20 加工中心主轴结构

1—机床主轴；2—主轴拉爪；3—拉钉；4—刀柄

6. 数控刀柄的保养方法

（1）尽量不要徒手抓取刀具，以避免汗液与刀柄接触，徒手抓取后及时涂抹防锈油。养成对卸下后、安装前的刀柄涂抹防锈油的习惯。

（2）定期检测冷却液浓度，防止因浓度降低导致的细菌滋生，加速刀柄锈蚀。不同品牌和型号的冷却液的防锈时效不同，应根据刀柄选择合适的冷却液。

（3）对于长时间不使用的刀柄，一定要涂抹防锈油再保存，并且定期复抹防锈油。

（4）刀柄的使用寿命通常为 5 ～ 8 年，选择性能优良、品质稳定的刀柄能够有效节省成本，做好日常保养能有效地延长刀柄的使用寿命。

六 机床测头

机床测头是一种机床测量设备，可以安装在 CNC 机床等大多数数控机床上，在加工循环中不需人为介入就能直接对刀具或工件的尺寸及位置进行自动测量，数控机床可根据测量结果自动修正工件或刀具的偏置量。触发式机床测头如图 3-21 所示。

图 3-21 触发式机床测头

1. 机床测头的作用

（1）能自动识别机床精度误差，并自动补偿机床精度。

（2）代替人工自动分中、寻边、测量，自动修正坐标系，自动刀补。

（3）可在机床上对大型复杂零件直接进行曲面测量。

（4）提升现有机床的加工能力和精度，实现大型单件产品在线修正一次完成，不必二次装夹返工修补。

（5）比对测量结果并出具报告。

（6）提高生产效率，提升制造品质，确保产品合格率。

（7）降低零件基准的制造成本及外形加工工序。

（8）批量分中一次完成，可方便快捷地完成首件调机、打样、确定生产方案等工作。

（9）减少机床辅助时间，降低制造成本。

2. 找正工件和设置原点

（1）工件可被夹持在任意位置处。

（2）测头探测工件表面、两孔或两凸台，以确定工件的不对正量。

（3）CNC 数控系统通过旋转坐标系补偿不对正量；也可以转动工作台，通过机械方式补偿不对正量，如图 3－22 所示。

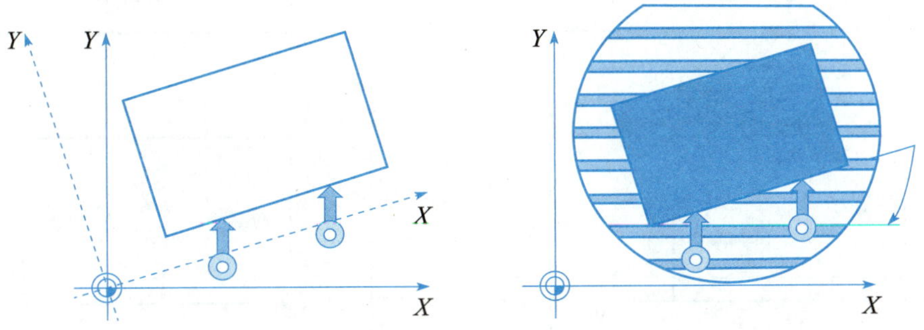

（a）通过旋转坐标系补偿不对正量　（b）通过旋转工作台补偿不对正量

图 3－22　补偿不对正量的方式

（4）常用的工件测量方式如图 3－23 所示。

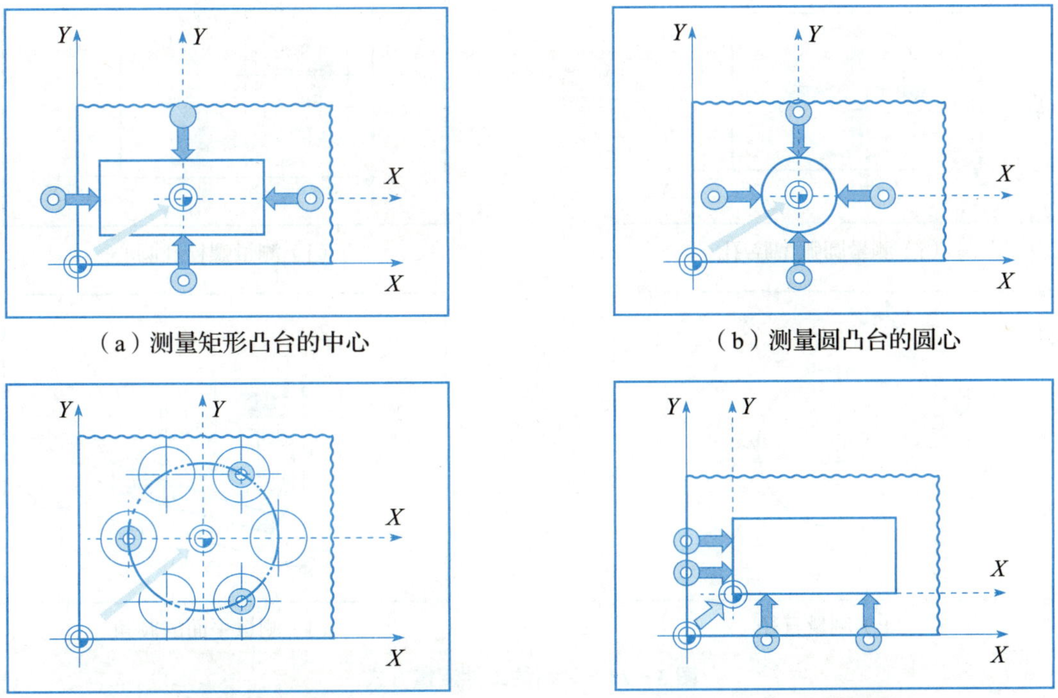

（a）测量矩形凸台的中心　（b）测量圆凸台的圆心

（c）测量螺栓孔的圆心　（d）测量外角

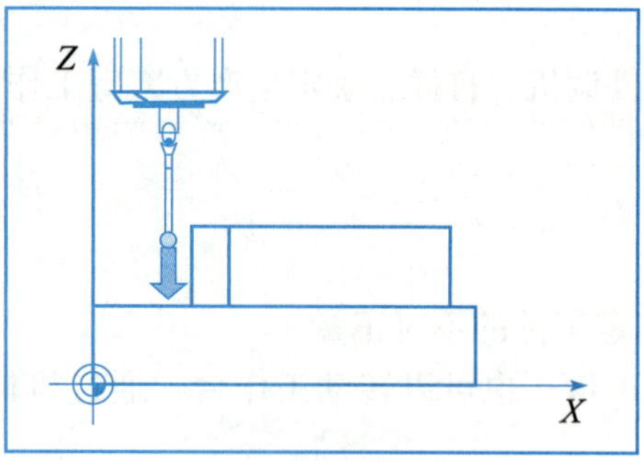

（e）测量任意轴的各点位置

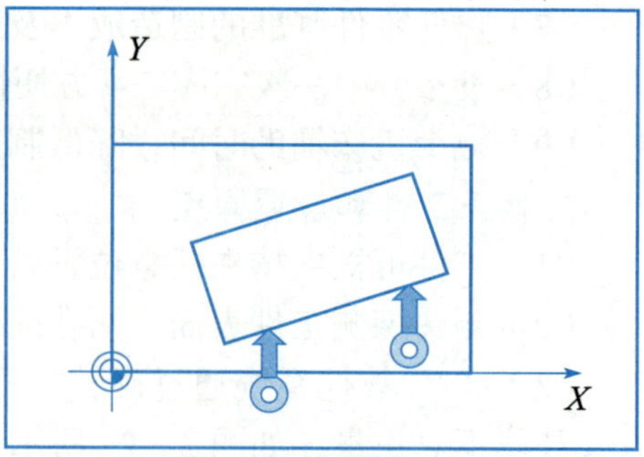

（f）测量直线的倾角

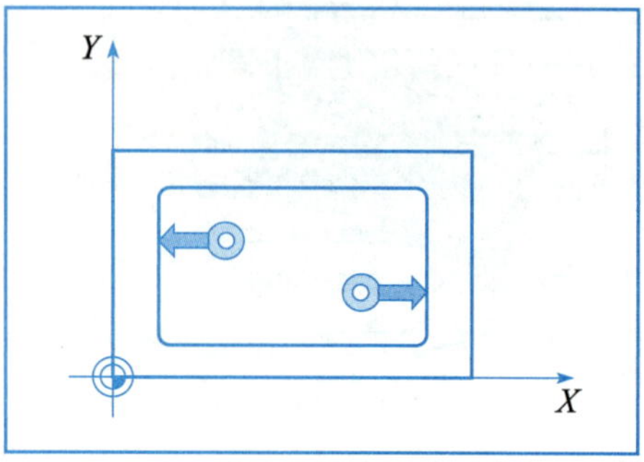

（g）测量长度

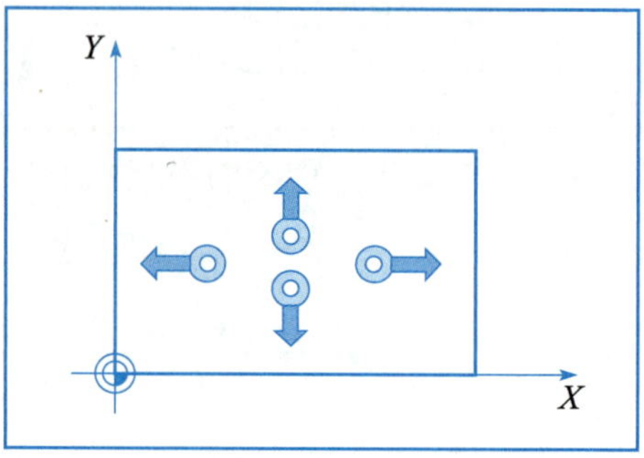

（h）测量矩形型腔

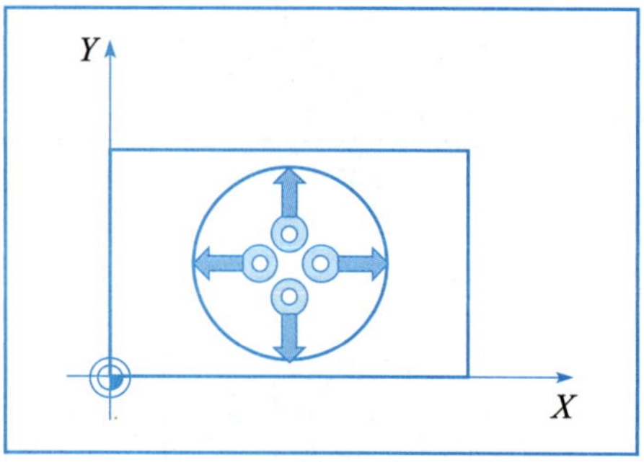

（i）测量圆弧型腔/孔

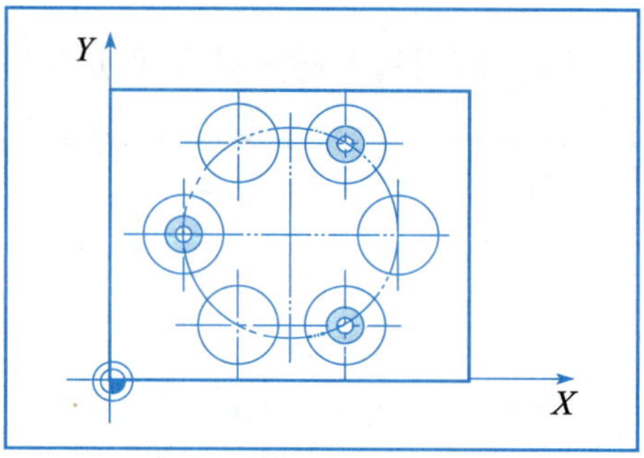

（j）测量螺栓孔圆心

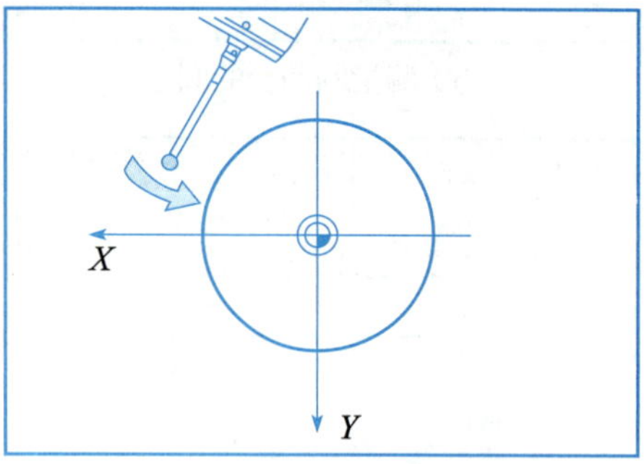

（k）测量直径

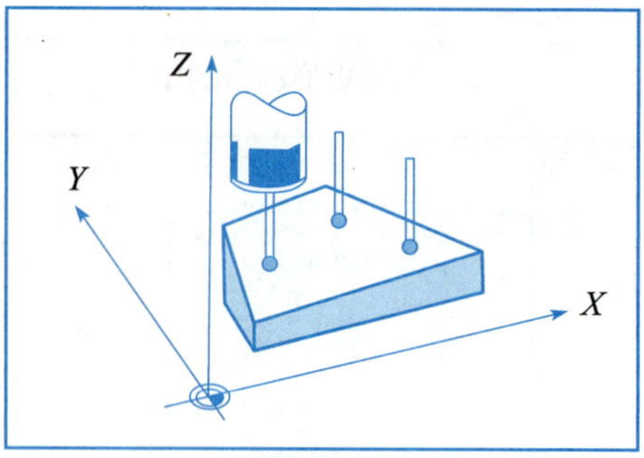

（l）测量平面的倾角

图 3－23　常用的工件测量方式

七　激光刀具测量

DMU 160P duoBlock 五轴加工中心采用 TL 系列激光系统，通过非接触式高精度光栅工作。激光光源（防护等级为 2 级，IEC 825）发射激光束，对面的接收器检测激光束并捕获每个无光时刻。任何状态变化，如刀具遮挡激光束或取消遮挡时，激光系统内部的电子电路都会发出确定持续时间的触发脉冲，这个动态信号会传给 NC 数控系统，使其获取该位置值，将刀具测量结果自动保存在刀具表中。此外，激光系统在断光期间输出静态信号。激光刀具测量方式如图 3 – 24 所示。

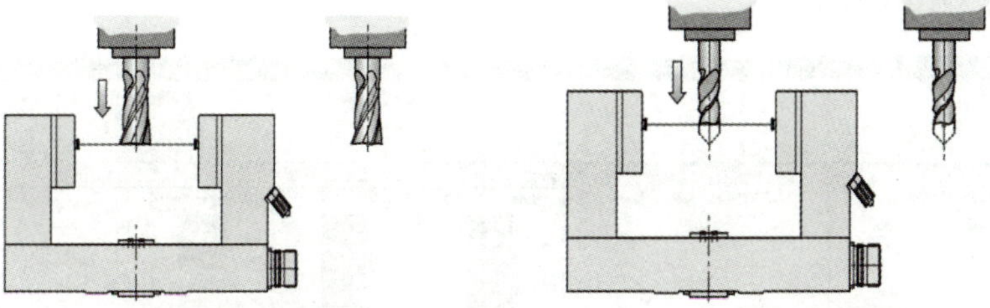

（a）刀具长度测量　　（b）刀具破损测量

图 3 – 24　激光刀具测量方式

任务实施

一　图纸分析

看懂工件图样，了解图样上各加工部位的尺寸标注和精度要求等。

二　检测毛坯

确定工件的加工余量：毛坯为 100mm × 100mm × 35mm 的六面体，六个面均为精加工表面，材料为铝合金。

三　工件装夹

根据工件的形状特点，采用平口虎钳装夹工件。选毛坯的侧面和底面为精基准，工件的编程坐标系选在工件上表面的对称中心，如图 3 – 25 所示。

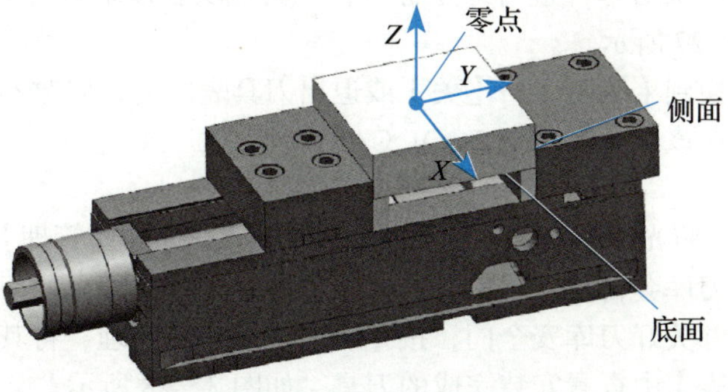

图 3 – 25　工件装夹方式

四 刀具的选择

根据工件轮廓形状，选取整体铣铝专用硬质合金两刃直柄立铣刀，直径 ϕ16mm。

五 刀具的建立

1. 刀具表

（1）由于需要对工件进行粗、精加工，因此要建立两把 D16R0 立铣刀，将 R（刀具半径）分别设置为 R8.3（粗加工刀具）和 R8（精加工刀具），并分别建立在 1 号、2 号刀位上，如图 3－26 所示。

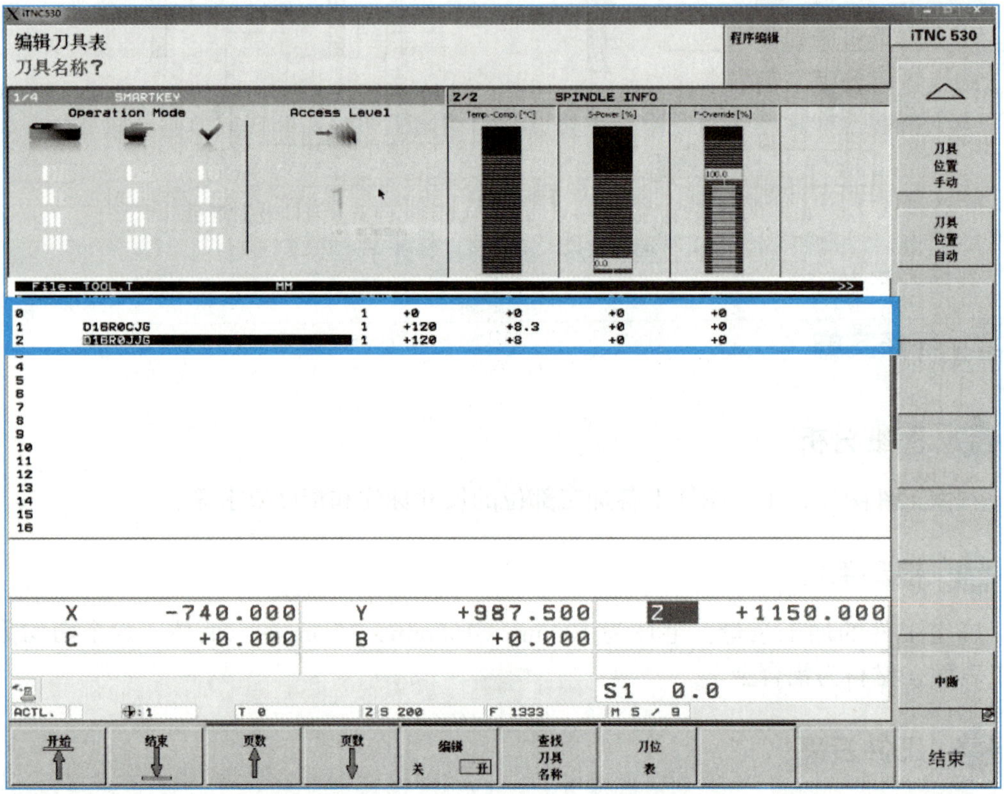

图 3－26 粗、精加工刀具的建立

（2）选用机床测头对零件进行对坐标操作，将测头长度输入“L”栏，并建立在 9 号刀位上，如图 3－27 所示。

注：将软键切换到【编辑】→【关】或退出刀具表之前，修改不生效。如果修改当前刀具的数据，则在该刀的下一个 TOOL CALL 后生效。

2. 装刀

在手动状态下，将光标移至要存储的刀具号上，点击【刀库管理】→【刀具存储】→【刀具位置手动】，刀库会自动转置 1 号，按下刀库开门键，踩下松刀开关，将装好刀具的刀柄装在刀库中并关好刀库安全门，按【确认】按钮。同理，将其余刀具依次装入刀库，可以在【刀位表】中查看安装完成的刀具，如图 3－28 所示。

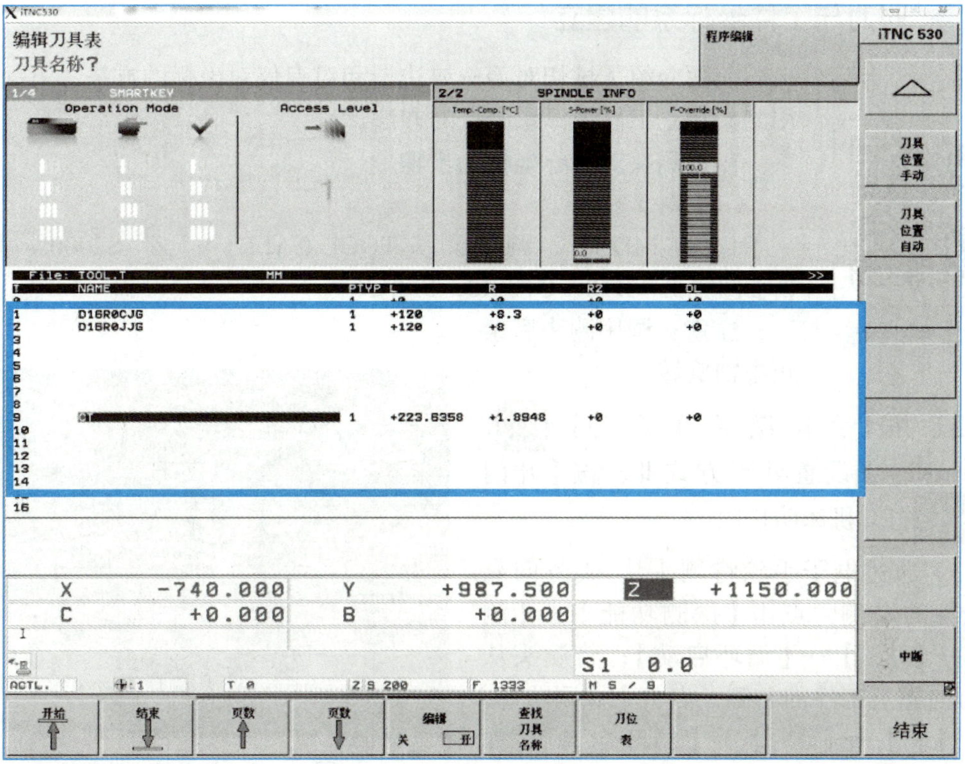

图 3－27　机床测头的建立

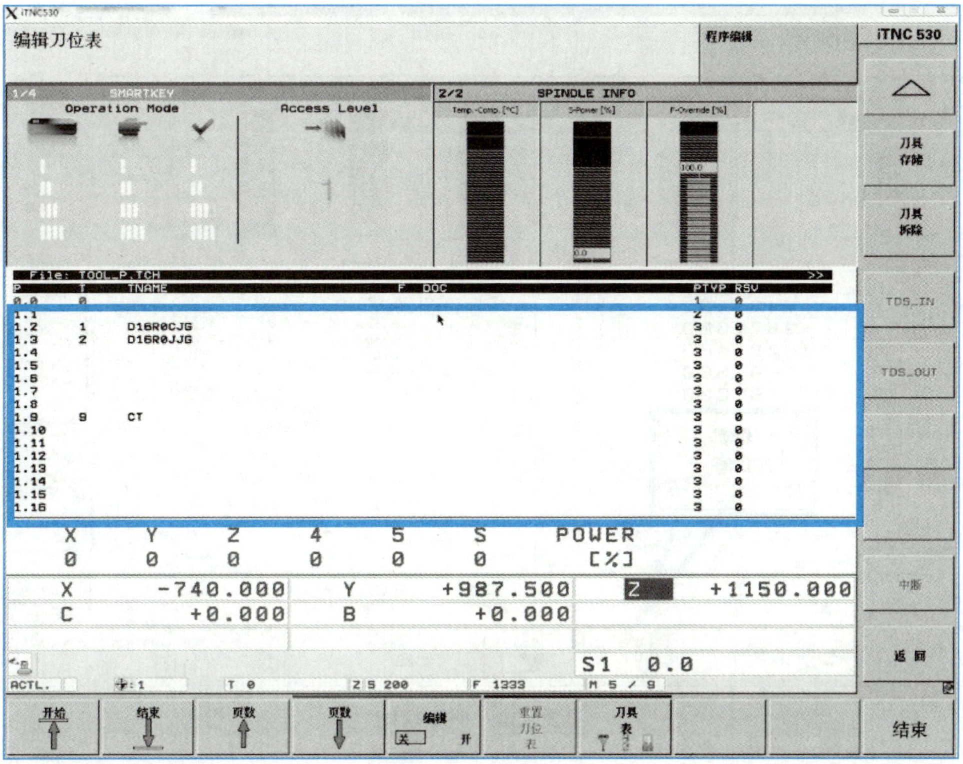

图 3－28　刀位表

六 对刀与工件坐标系的建立

前面介绍了试切对刀、寻边器和对刀仪对坐标的方法，下面讲解用测头建立工件坐标系原点的方法。

建立工件坐标系

1. 用测头对中心坐标的步骤

（1）对 X 中心。

1）在 MDI 下，调用测头 TOOL CALL　9　Z　S2000;，将 *B*、*C* 轴回零 L　B+0　C+0 R0　FMAX;。

注意：调用测头后禁止主轴旋转。

2）按【手轮激活开关键】，【SmartKey】设置处于方式Ⅱ，按【开门键】打开机床防护门。

3）通过电子手轮将测头从 −*X* 方向靠近工件的左侧，点击【探测功能】→【测量】→【X+】→【循环启动】；将测头从 *X*+ 方向靠近工件的右侧，点击【探测功能】→【测量】→【X−】→【循环启动】，如图 3－29 至图 3－34 所示。

图 3－29　测头在 −*X* 方向

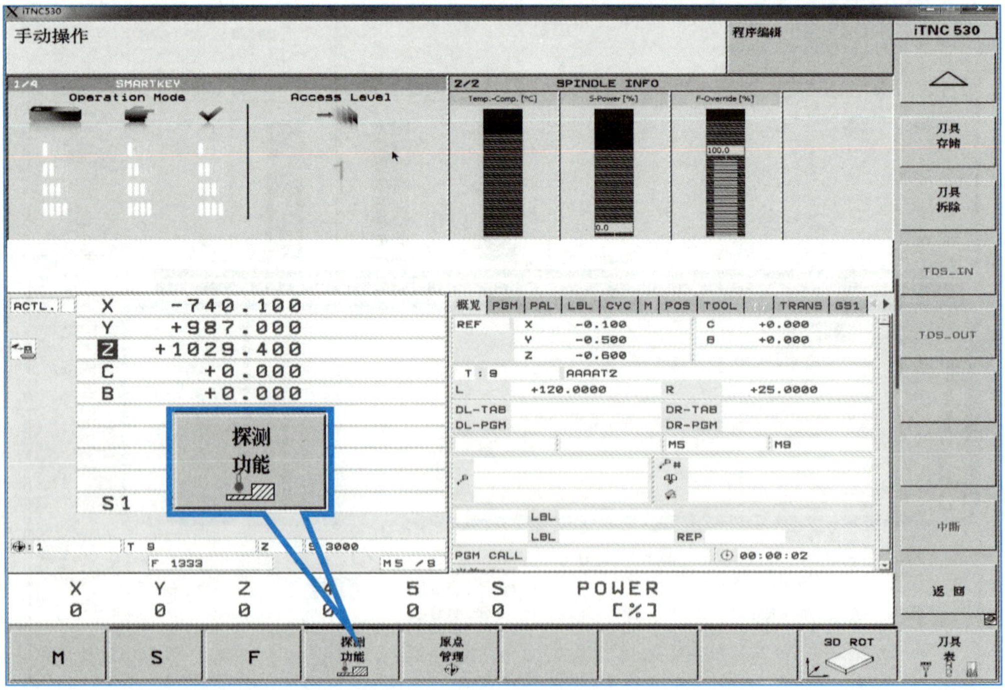

图 3－30　探测功能

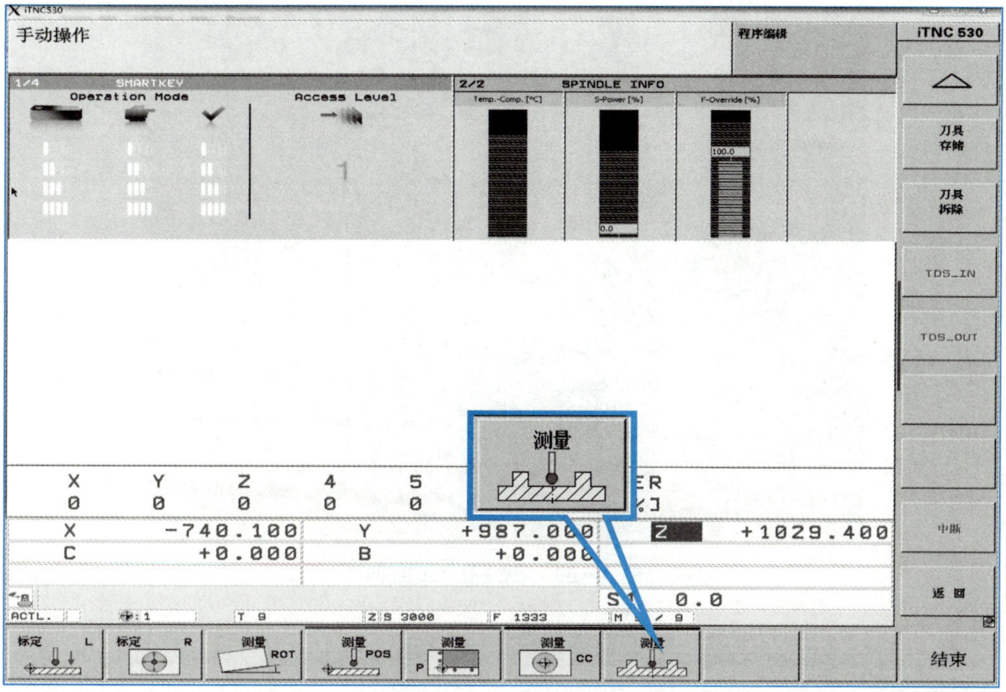

图 3-31 测量功能

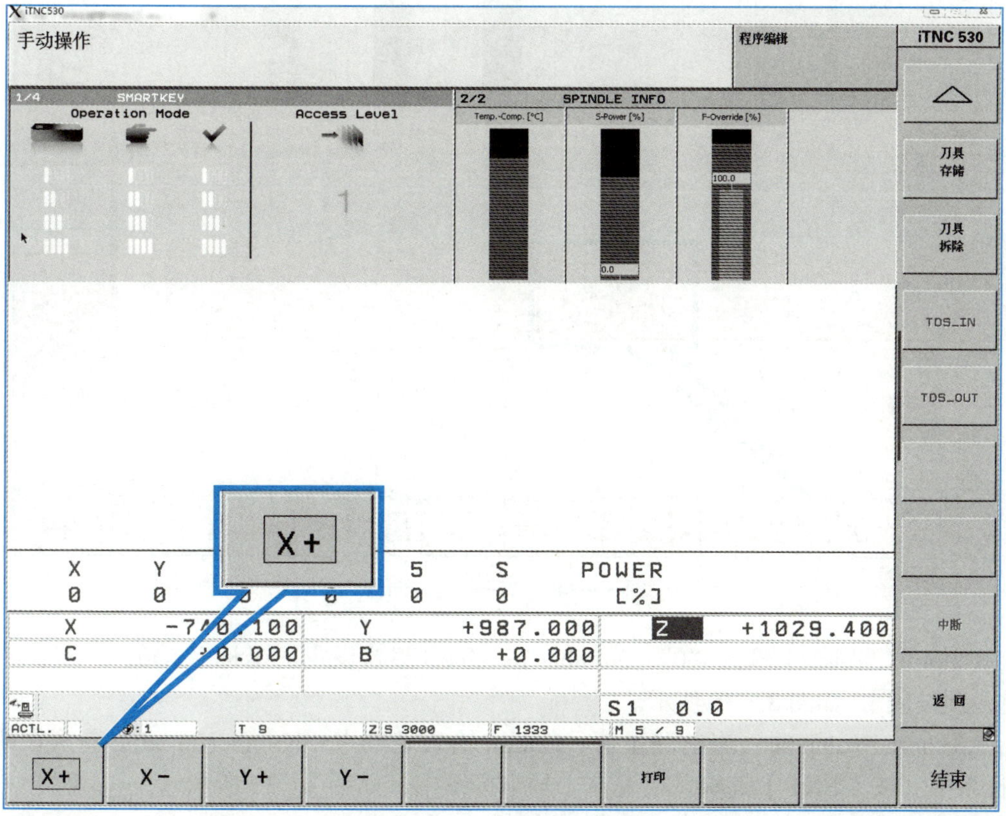

图 3-32 [X+] 测方向键

图 3－33　测头在 +*X* 方向

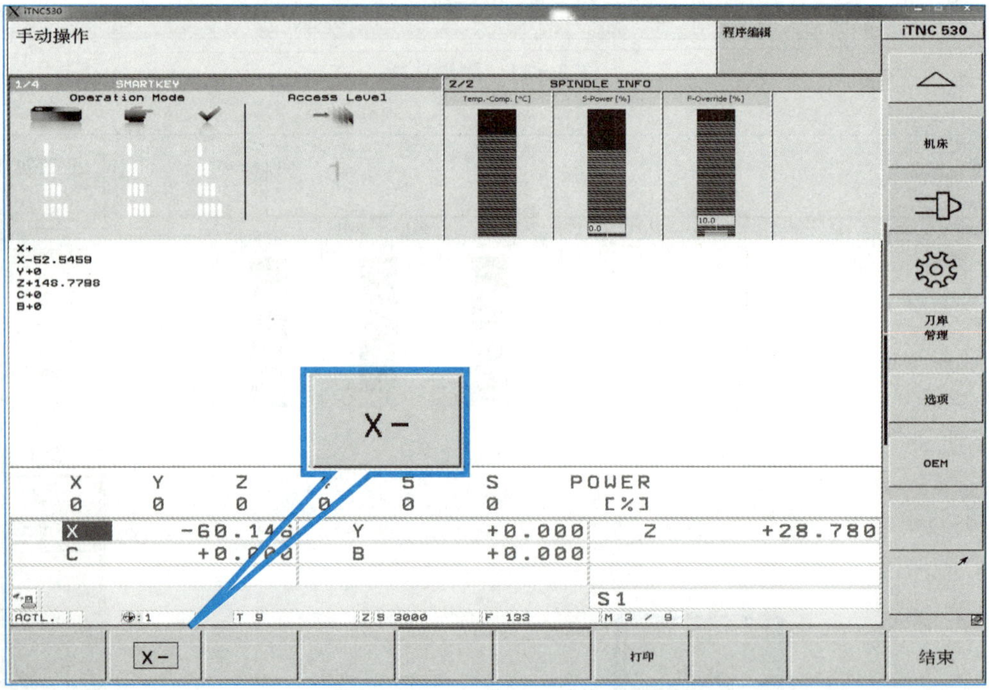

图 3－34　［ X－ ］测方向键

Datum（当前值）输入“0”，Number in table（想要设定的坐标系）输入“1”，点击【键入预设表】，如图 3－35 所示。

Measured value 输入当前测量值；Datum 输入基准点；Number in table 输入在哪个坐标系中。按【ENT】键确认放置在 1 号坐标系中，如图 3－36 所示。

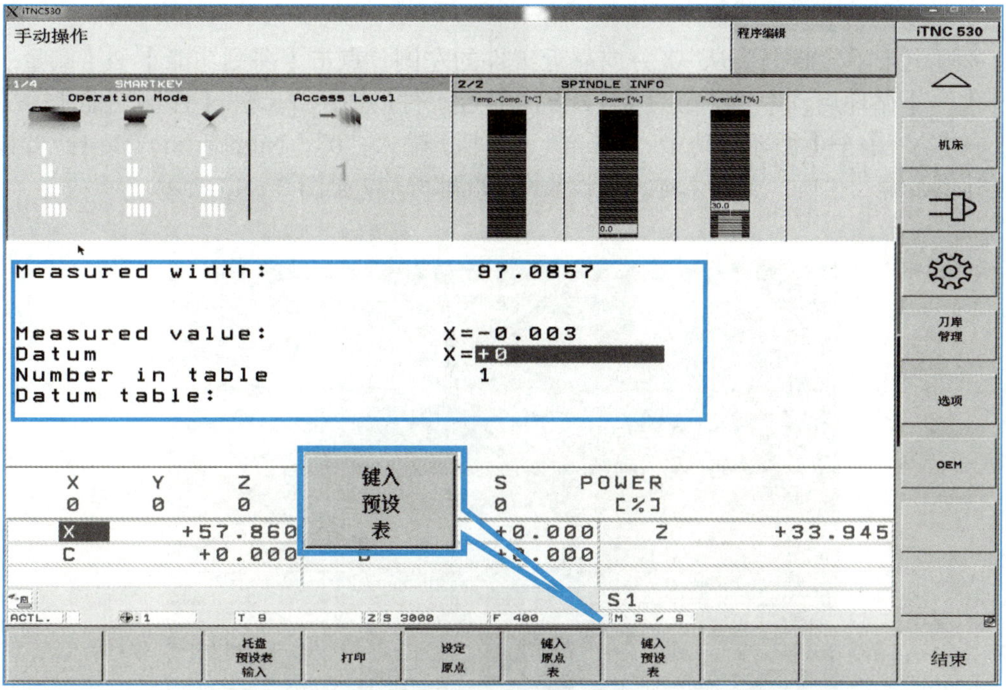

图 3-35　键入预设表

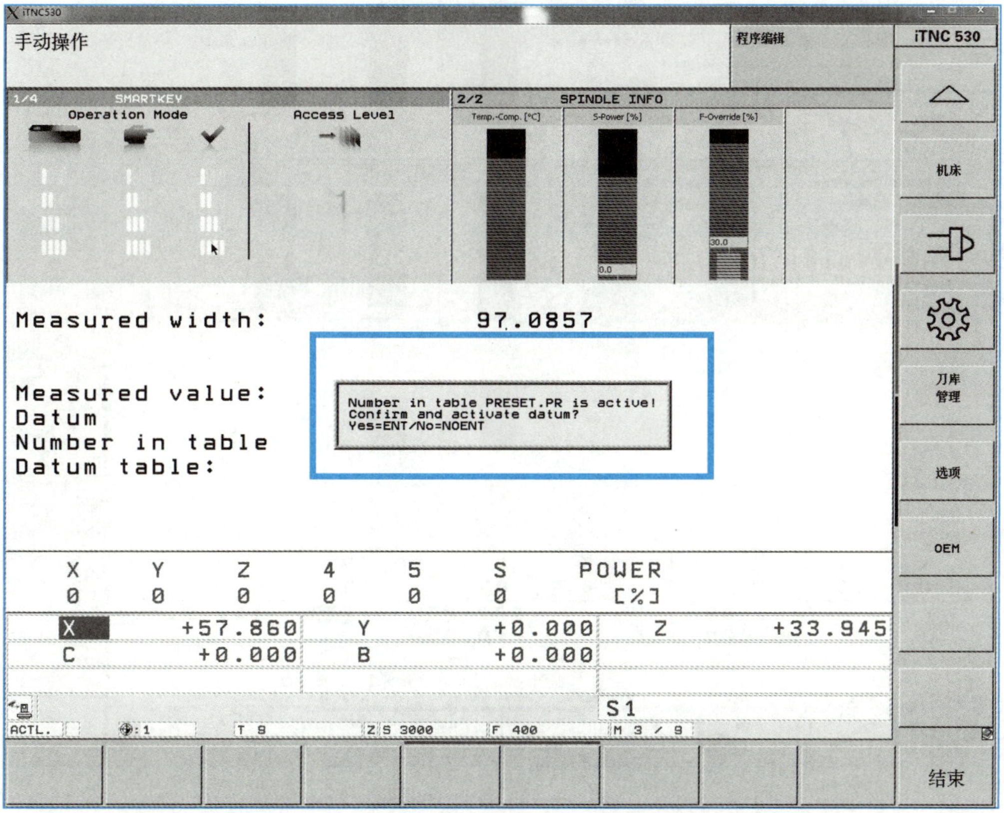

图 3-36　放置在 1 号坐标系中

（2）对 Y 中心。

通过电子手轮将测头从 -*Y* 方向靠近工件的左侧，点击【探测功能】→【测量】→【 Y+ 】→【循环启动】；将测头从 +*Y* 方向靠近工件的右侧，点击【探测功能】→【测量】→【 Y- 】→【循环启动】。Datum（当前值）输入“0”，Number in table（想要设定的坐标系）输入“1”，点击【键入预设表】，如图 3 - 37 至图 3 - 43 所示。

图 3 - 37　测头在 -*Y* 方向

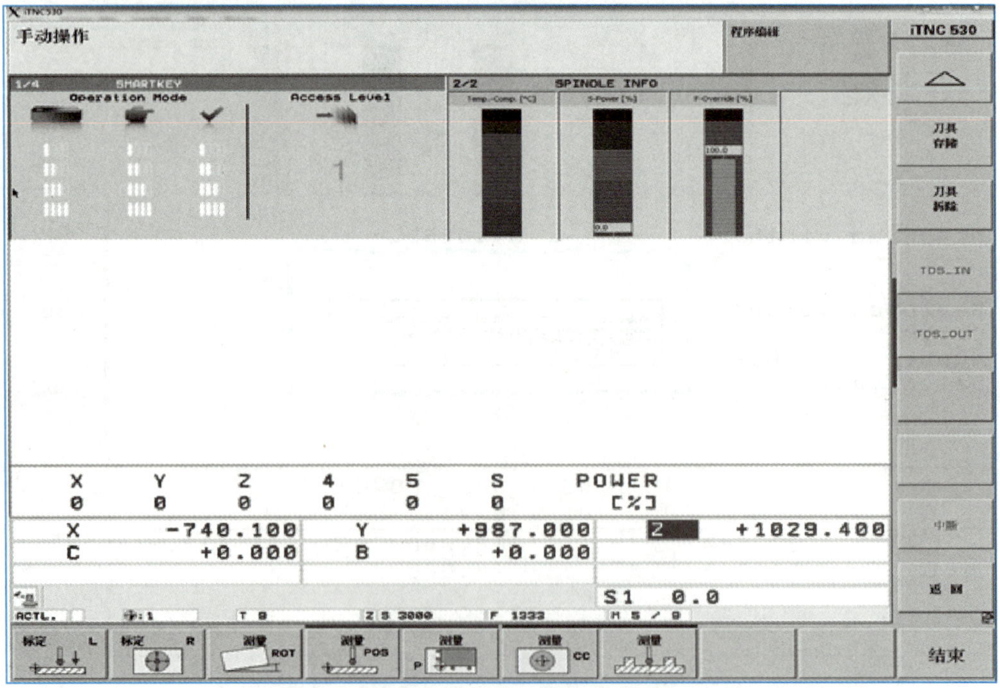

图 3 - 38　探测功能

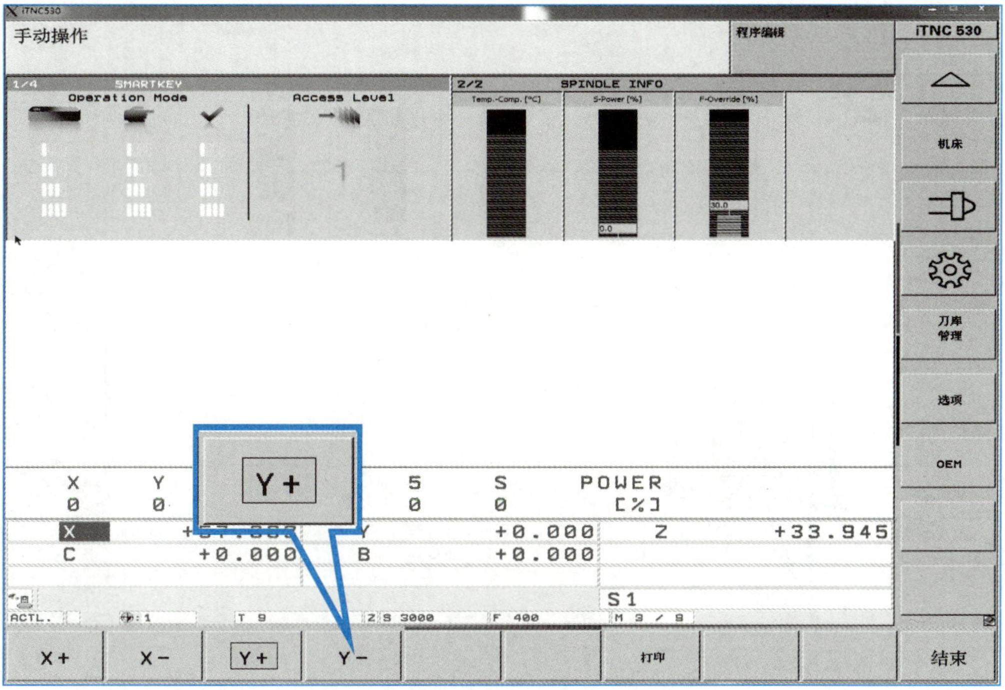

图 3－39　[Y+] 测方向键

图 3－40　测头在 +*Y* 方向

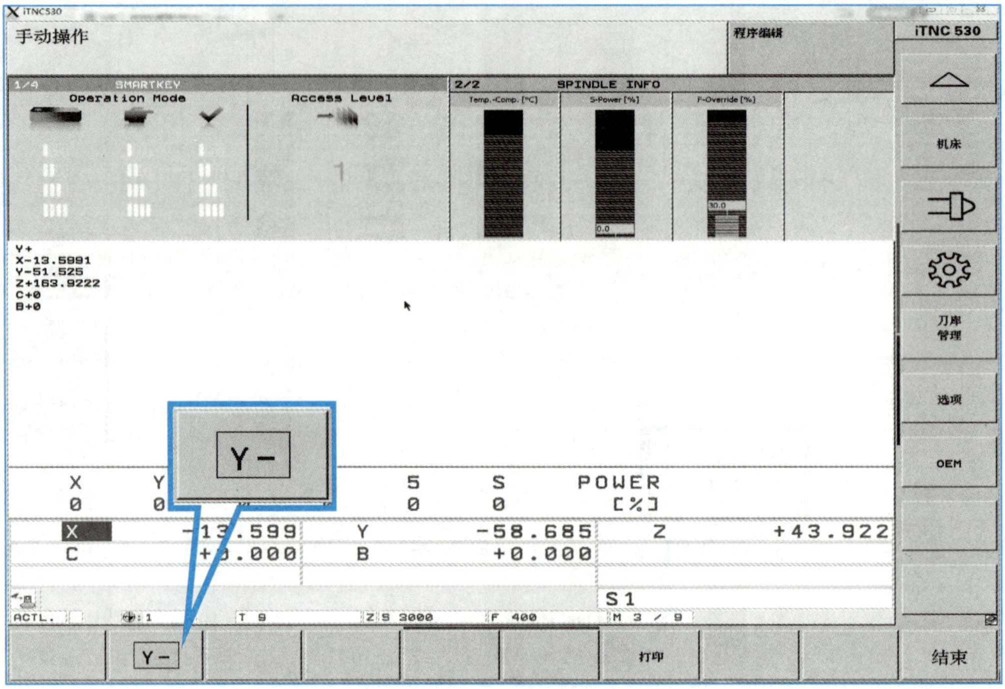

图 3－41 ［Y－］测方向键

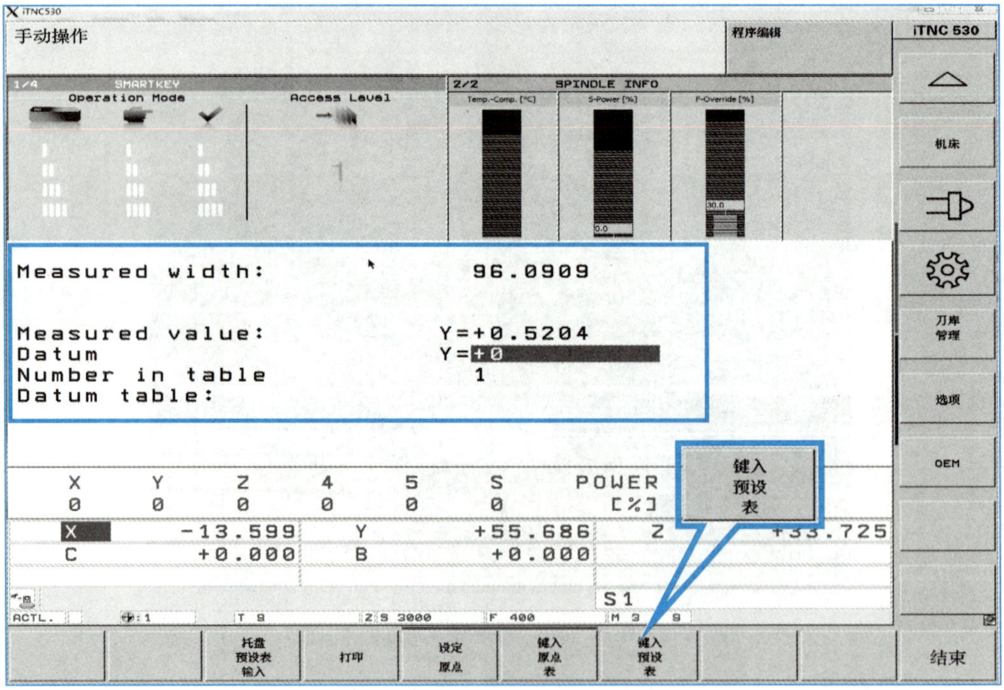

图 3－42 键入预设表

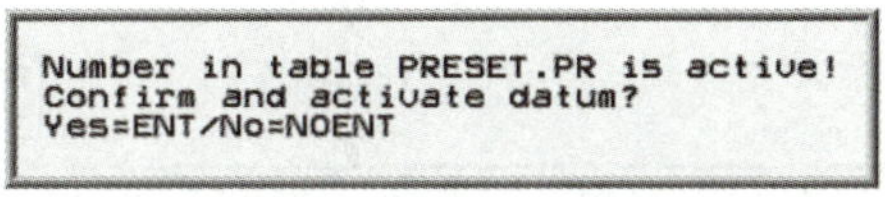

图 3－43　放置在 1 号坐标系中

（3）用测头对工作表面零点坐标的步骤。

通过电子手轮将测头移至工件正上方，点击【探测功能】→【测量 POS】→【Z-】→【循环启动】，Datum（当前值）输入“0”，Number in table（想要设定的坐标系）输入“1”，点击【设定原点】，如图 3－44 至图 3－47 所示。

图 3－44　测头在 +*Z* 方向

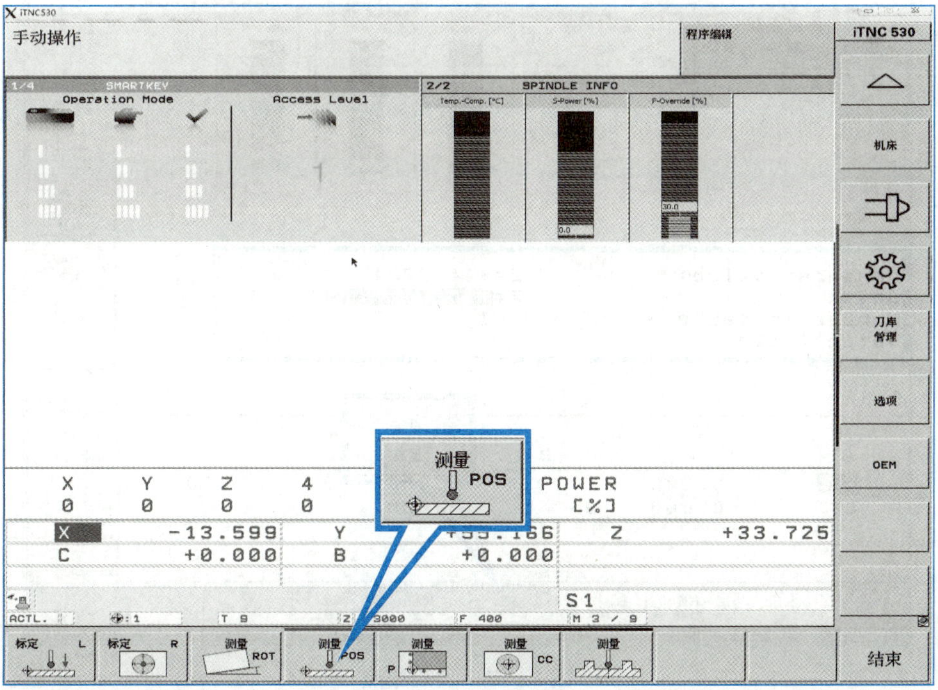

图 3－45　测量 POS

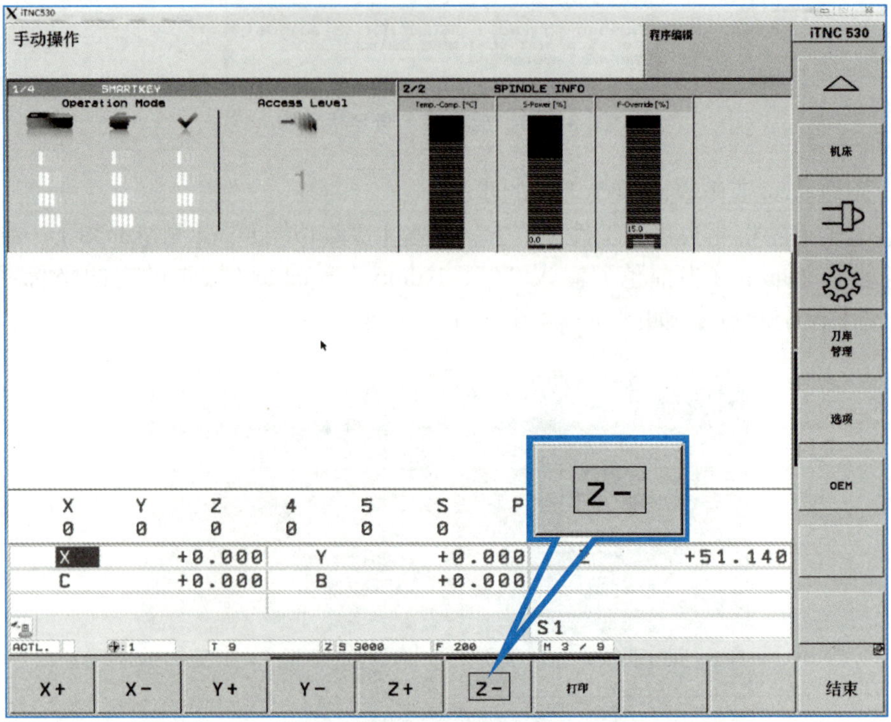

图 3－46 ［Z－］测方向键

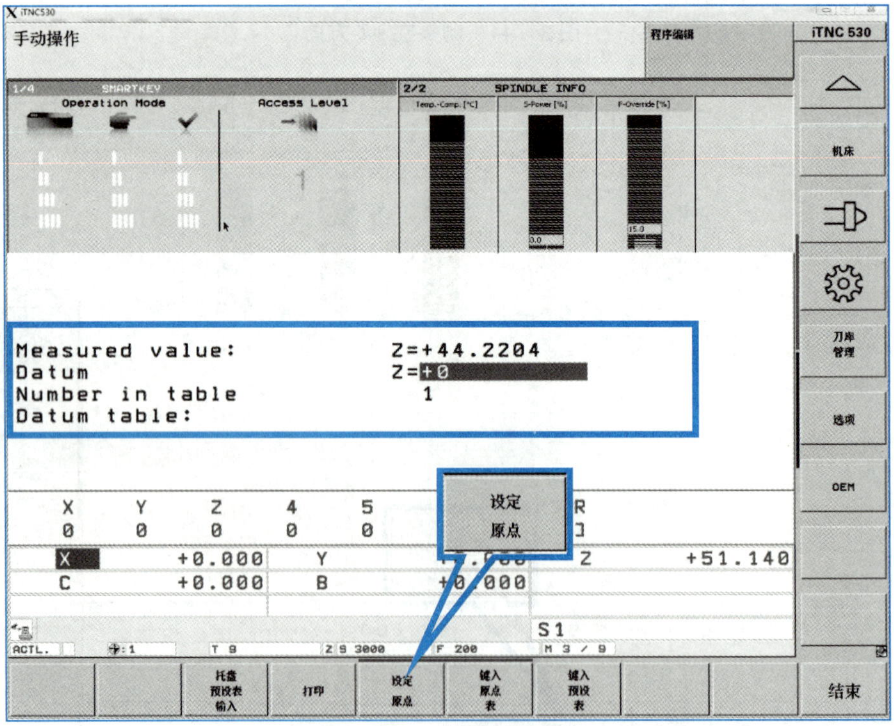

图 3－47 设定原点

2. 用机床激光测量仪对刀长的步骤

刀长校正

（1）在 MDI 下，调用第一把 D16R0 立铣刀 TOOL CALL　1　Z　S2000;，将 *B*、*C* 轴回零 L　B+0　C+0 R0　FMAX;。

（2）点击 →【TOUCH PROBE】→【BLUIM】→【583 TOOL LEN】→【循环启动】，如图 3－48 至图 3－50 所示。

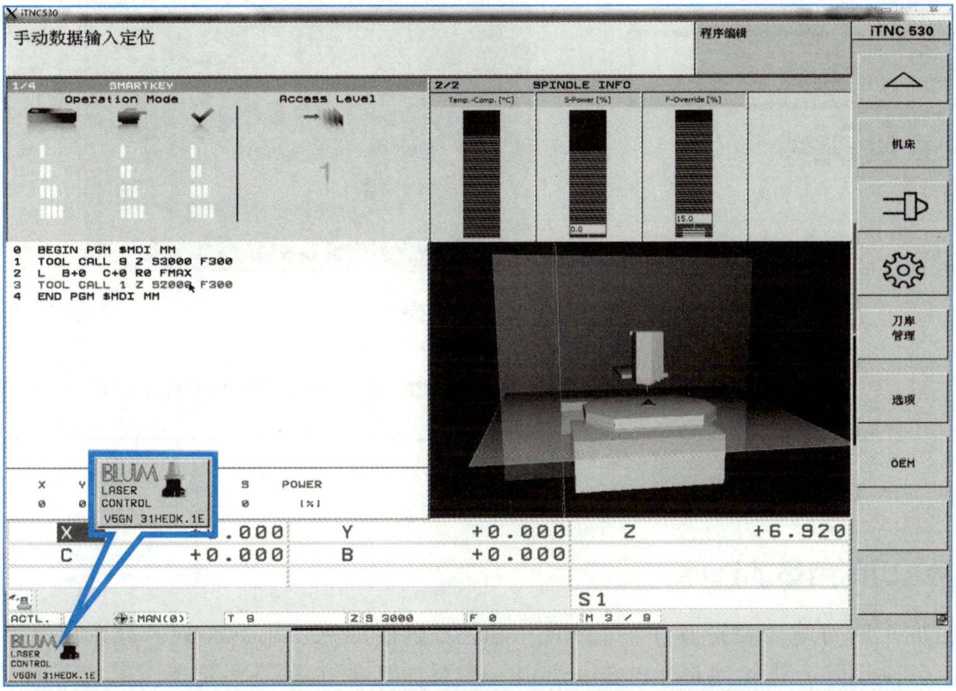

图 3－48　BLUIM

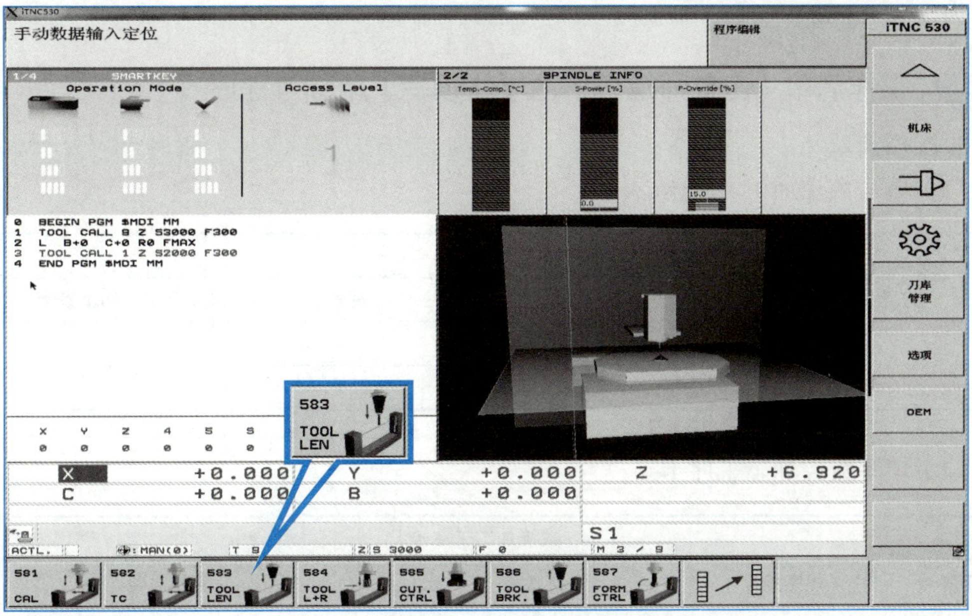

图 3－49　583 TOOL LEN 对刀方式

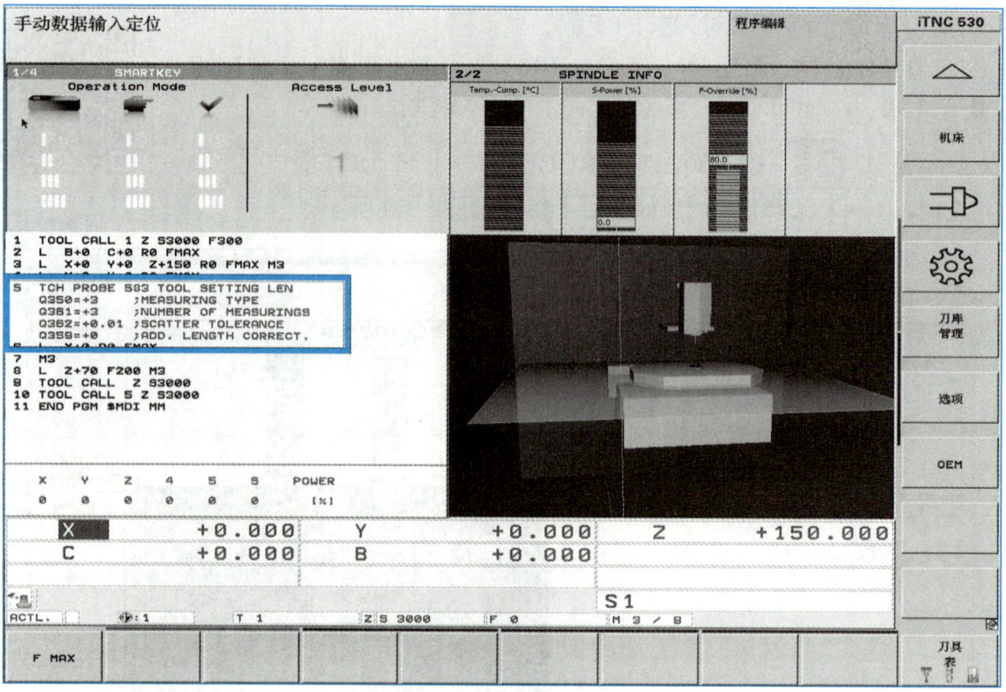

图 3－50　执行程序

七　切削用量的选择

粗加工时背吃刀量选择 1 ～ 2mm，侧吃刀量精加工留出 0.2mm，其余轮廓余量由粗加工分次切除，进给速率 1 000mm/min，具体加工时依靠倍率调整，粗加工时倍率调大一些，精加工时倍率调小一些。粗加工时主轴转速设为 3 500r/min，精加工时主轴转速设为 5 000r/min。

八　工作清单（在教师指导下由学生填写）及参考程序

1. 工作清单

（1）填写数控加工刀具卡。

数控加工刀具卡			
刀具号	刀具规格 / 名称	数量	加工表面

（2）填写数控加工工序卡。

数控加工工序卡			
工序号	程序编号	夹具名称	使用设备

续表

工步	工步内容	刀具号	刀具规格	主轴转速	进给速率	背吃刀量

（3）填写量具使用卡。

量具使用卡		
量具名称	尺寸范围	数量

2. 参考程序

（1）粗加工程序。

```
0  BEGIN PGM renwu3cjgmm
1  BLK FORM 0.1 Z   X-50   Y-50   Z-25
2  BLK FORM 0.2   X+50   Y+50   Z+0
3  CYCL DEF 247 DATUM SETTING ~
     Q339=+1        ;DATUM NUMBER
4  TOOL CALL 1 Z S3500              粗加工用 1 号刀，半径输入 8.2mm，其中 0.2mm 为精加
                                    工余量
5  L   B+0   C+0 R0 FMAX
6  M13
7  L   X+60   Y+0   Z+50 R0 FMAX
8  L   Z+2 FMAX
9  L   Z+0 F500
10 LBL 1                            1 号子程序开始，粗加工外圆轮廓部分
11 L IZ-2 R0 F200                   Z 向下刀，每次 2mm 深
12 L   X+54   Y+0 RL F1000          RL 为定义刀具半径左补偿
13 CC   X+0   Y+0
14 CR   X-54   Y+0 R+54 DR-        定义圆弧，终点坐标 X-54，Y0，半径 54mm，顺时针圆弧
15 CR   X+54   Y+0 R+54 DR-        定义圆弧，终点坐标 X+54，Y0，半径 54mm，顺时针圆弧
16 L   X+60   Y+0 R0 F1000
17 L   X+47.5   Y+0 RL F1000
18 CC   X+0   Y+0
19 CR   X-47.5   Y+0 R+47.5 DR-F1000
20 CR   X+47.5   Y+0 R+47.5 DR-F1000
```

21 L X+60 Y+0 R0	R0 为取消半径补偿
22 LBL 0	子程序结束
23 CALL LBL 1 REP4	轮廓深度 10mm，每次切深 2mm，子程序重复执行 5 次，由于子程序在 M30 之前已经执行 1 次，所以这里重复调用 4 次
24 L Z+0 R0 FMAX	
25 LBL 2	2 号子程序开始，粗加工正方形轮廓部分
26 L IZ−1 R0 F200	*Z* 向下刀，每次 1mm 深
27 L X+47.5 Y+0 RR F1000	
28 L Y+47.5 X+0	
29 L X−47.5 Y+0	
30 L Y−47.5 X+0	
31 L X+47.5 Y+0	
32 L X+60 R0 F1000	
33 LBL 0	子程序结束
34 CALL LBL 2 REP4	调用子程序 2，重复执行 4 次
35 L Z+2 F200	
36 L X+0 Y+0 R0 FMAX	
37 L Z+0 R0 F200	
38 LBL 3	3 号子程序开始，粗加工长方形带圆角型腔
39 L IZ−1 R0 F100	
40 L X+7 Y+0 R0 F1000	
41 L Y+7	
42 L X−7	
43 L Y−7	
44 L X+7	
45 L Y+0	
46 L X+0	
47 L X+17.5 RL F1000	
48 L Y+22.5	
49 RND R10	
50 L X−17.5	
51 RND R10	
52 L Y−22.5	
53 RND R10	
54 L X+17.5	
55 RND R10	
56 L Y+0	
57 L X+0 R0	
58 LBL 0	

```
59 CALL LBL 3 REP4                  调用子程序 3，重复执行 4 次
60 L Z+100 R0 FMAX M30
61 END PGM renwu3cjgmm
```

（2）精加工程序。

```
0  BEGIN PGM renwu3jjgmm
1  BLK FORM 0.1 Z   X-50   Y-50   Z-25
2  BLK FORM 0.2   X+50   Y+50   Z+0
3  TOOL CALL 2 Z S5000                                  精加工刀具为 2 号刀，半径输入 8mm
4  L   B+0   C+0 FMAX
5  CYCL DEF 247 DATUM SETTING ~
     Q339=+1          ;DATUM NUMBER
6  M13
7  L   X+100   Y+0   Z+50 R0 FMAX
8  L   Z+2 F500
9  L   Z-10 F200
10 APPR CT   X+47.5   Y+0   CCA90 R+15 RL F500           圆弧相切切入进刀方式
11 CC   X+0   Y+0
12 CR   X-47.5   Y+0 R+47.5 DR-
13 CR   X+47.5   Y+0 R+47.5 DR-
14 DEP CT   CCA90 R+15                                   圆弧相切切出退刀方式
15 L   X+100
16 L   Z-5 R0 F200
17 APPR LT   X+47.5   Y+0 LEN15 RL F500                  直线相切切入进刀方式
18 L   X+0   Y-47.5
19 L   X-47.5   Y+0
20 L   X+0   Y+47.5
21 L   X+47.5   Y+0
22 DEP LT LEN15                                          直线相切切出退刀方式
23 L   X+100   Y+0
24 L   Z+2 R0 FMAX
25 L   X+0   Y+0 R0 FMAX
26 L   Z-5 F100
27 APPR LN   X+17.5   Y+0 LEN+15 RL F500                 直线法向切入进刀方式
28 L   Y+22.5
29 RND R10
30 L   X-17.5
31 RND R10
32 L   Y-22.5
```

```
33 RND R10
34 L   X+17.5
35 RND R10
36 L   Y+0
37 DEP LN LEN+15                                  直线法向切出退刀方式
38 L   X+0   Y+0
39 L Z+100 R0 FMAX M30
40 END PGM renwu3jjgmm
```

3. 加工结果

加工结果如图 3－51 所示。

仿真加工（三）

图 3－51　加工结果

任务 4　具有平移旋转特征的零件的铣削

任务描述

根据图 4－1 所示的图纸，分析尺寸精度及技术要求，制定零件加工工艺方案，编制加工程序，模拟仿真，最终在数控铣床上完成加工。

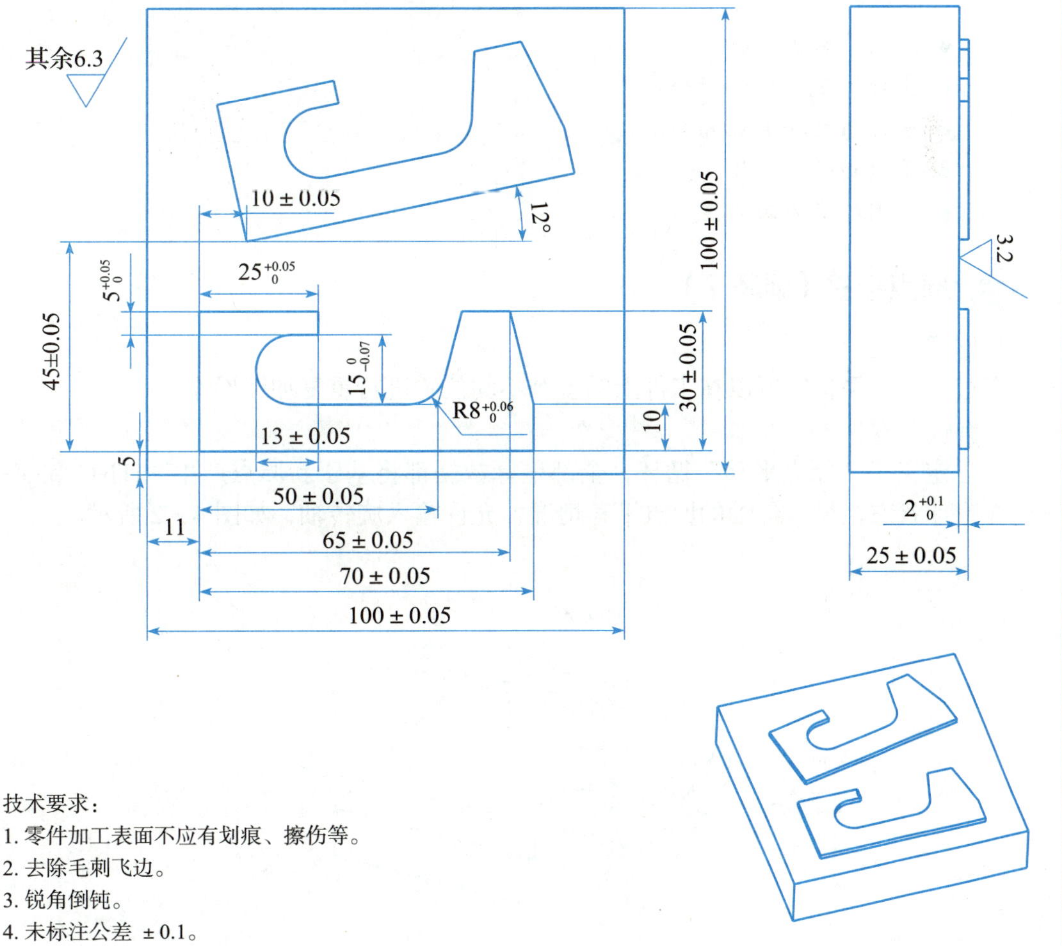

技术要求：
1. 零件加工表面不应有划痕、擦伤等。
2. 去除毛刺飞边。
3. 锐角倒钝。
4. 未标注公差 ±0.1。

轮廓加工	比例	数量	材料	图号：04
	1∶1	1	铝合金	

图 4－1　具有平移旋转特征的零件

任务目标

知识目标

- 掌握坐标变换循环的常用方法。
- 掌握夹具的选择与使用方法。
- 掌握标准刀具的使用方法。
- 选定合适的装夹方式和刀具、辅具。

素养提升

- 了解我校优秀毕业生的事迹，营造崇尚技能、钻研技能的氛围，为我国从制造大国向制造强国迈进贡献力量。

知识学习

- 原点平移循环指令。
- 坐标系镜像循环指令。
- 坐标系旋转循环指令。
- 平口钳的正确使用。
- 使用标准刀对刀。

一 原点平移（循环 7）

1. 作用

通过“原点平移”可以在工件上的多个不同位置进行重复加工操作。

2. 有效范围

一旦定义了“原点平移”循环，全部坐标数据都将基于新原点产生。iTNC 数控系统将在附加状态栏显示各轴的原点平移情况，允许输入旋转轴，如图 4－2 所示。

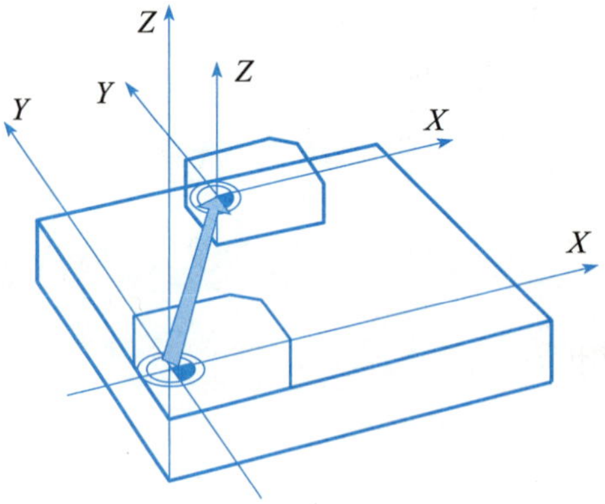

图 4－2　原点平移

3. 启用和取消原点平移

（1）启用原点平移：点击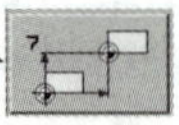，输入新的原点坐标。绝对值是以手动设置的工件

原点为参考；增量值是以上一个有效的原点为参考，这个点可以是已平移的原点。

```
输入：
CYCL DEF 7.0 DATUM SHIFT
CYCL DEF 7.1 X...
CYCL DEF 7.1 Y...
CYCL DEF 7.1 Z...
CALL LBL...
```

（2）取消原点平移：点击，输入原点平移坐标 X=0、Y=0 和 Z=0 可取消原点平移。

```
复位：
CYCL DEF 7.0 DATUM SHIFT
CYCL DEF 7.1 X+0
CYCL DEF 7.2 Y+0
CYCL DEF 7.3 Z+0
```

4. 程序示例

如图 4－3 所示，以图形左下角为编程零点。

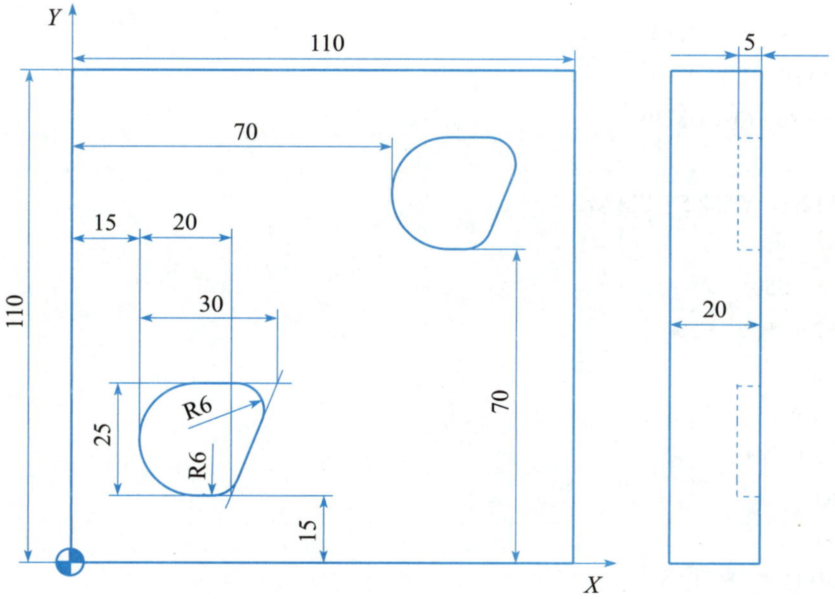

图 4－3　平移编程图例

```
0   BEGIN PGM 4-1mm
1   BLK FORM   0.1   Z   X+0   Y+0   Z-20
2   BLK FORM   0.2   X+110   Y+110   Z+0
```

```
3  CYCL DEF 247 DATUM SETTING ~
     Q339=+1          ;DATUM NUMBER
4  TOOL CALL   3   Z   S4000   F1000
5  L   B+0   C+0   FMAX
6  M13
7  L   Z+100   FMAX
8  CYCL DEF   7.0   DATUM SHIFT
9  CYCL DEF   7.1   X+15
10 CYCL DEF   7.2   Y+15
11 CALL LBL 1
12 L   Z+5   FMAX
13 CYCL DEF   7.0   DATUM SHIFT
14 CYCL DEF   7.1   X+0
15 CYCL DEF   7.2   Y+0
16 CYCL DEF   7.0   DATUM SHIFT
17 CYCL DEF   7.1   X+70
18 CYCL DEF   7.2   Y+70
19 CALL LBL   1
20 CYCL DEF   7.0   DATUM SHIFT
21 CYCL DEF   7.1   X+0
22 CYCL DEF   7.2   Y+0
23 L Z+100 R0 FMAX M30
24 LBL 1
25 L   X+12.5   Y+12.5   FMAX
26 L   Z+2
27 L   Z-5   F50
28 L   Y+25   RR   F500
29 L   X+30
30 RND   R6
31 L   X+20   Y+0
32 RND R6
33 L   X+12.5
34 CC   X+12.5   Y+12.5
35 CR   X+12.5   Y+25   R+12.5   DR-
36 L   X+12.5   Y+12.5   R0
37 LBL 0
23 END PGM   4-1 mm
```

二　坐标系镜像（循环 8）

1. 作用

iTNC 数控系统可以对加工面上的轮廓进行镜像加工。

2. 有效范围

一旦在程序中定义好镜像循环，它将立即生效，该功能在“手动数据输入定位”操作模式下同样起作用。镜像轴将在附加状态栏显示，如果仅镜像一个轴，刀具的加工方向将反向（固定循环除外）；如果镜像两个轴，刀具的加工方向保持不变，如图 4－4 所示。

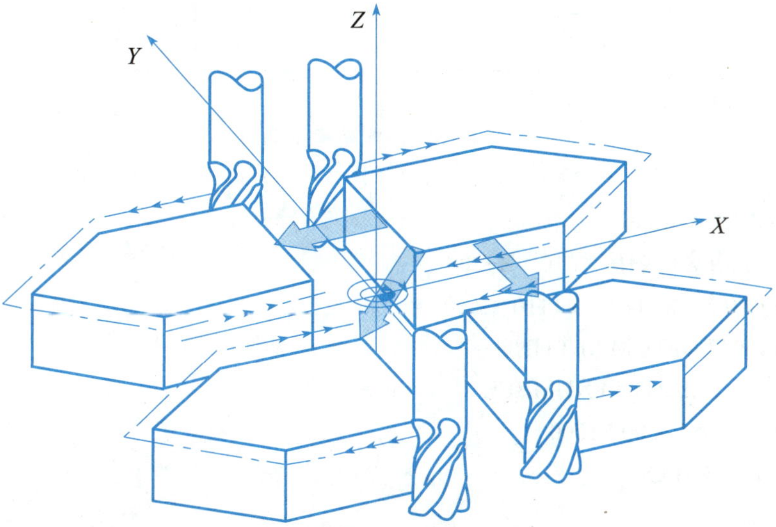

图 4－4　镜像

3. 启用和取消镜像

（1）启用镜像：点击 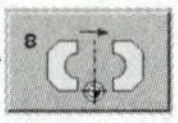，输入要被镜像的轴。可以镜像全部轴，包括旋转轴，但不包括主轴坐标轴及其次要轴，最多可以输入 3 个轴。

输入：

```
CYCL DEF    8.0    MIRROR    IMAGE
CYCL DEF    8.1    X...    Y...
```

（2）取消镜像：点击 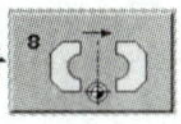，不必输入坐标轴。

复位：

```
CYCL DEF    8.0    MIRROR IMAGE
CYCL DEF    8.1
```

4. 程序示例

如图 4－5 所示，以图形左下角为编程零点。

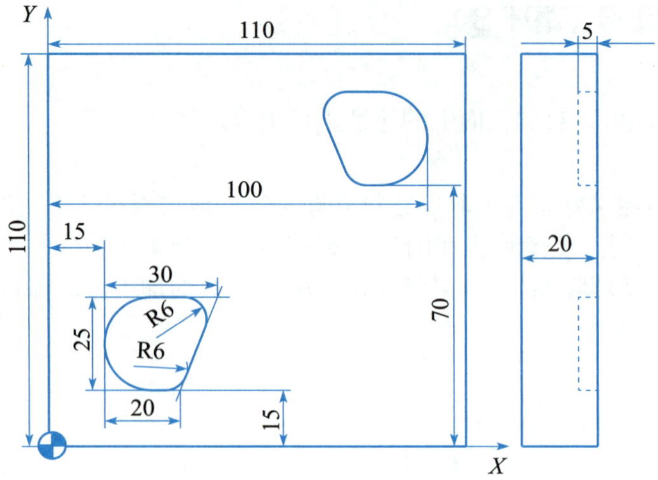

图 4－5　镜像编程图例

```
0  BEGIN PGM 4-1-2mm
1  BLK FORM 0.1 Z   X+0   Y+0   Z-20
2  BLK FORM 0.2   X+110   Y+110   Z+0
3  CYCL DEF 247 DATUM SETTING ~
     Q339=+1          ;DATUM NUMBER
4  TOOL CALL 3 Z S4000 F1000
5  L   B+0   C+0 FMAX
6  M13
7  L   Z+100 FMAX
8  CYCL DEF 7.0 DATUM SHIFT
9  CYCL DEF 7.1    X+15
10 CYCL DEF 7.2    Y+15
11 CALL LBL 1
12 L   Z+5 FMAX
13 CYCL DEF 7.0 DATUM SHIFT
14 CYCL DEF 7.1    X+0
15 CYCL DEF 7.2    Y+0
16 CYCL DEF 7.0 DATUM SHIFT
17 CYCL DEF 7.1    X+70
18 CYCL DEF 7.2    Y+70
19 CYCL DEF 8.0 MIRROR IMAGE
20 CYCL DEF 8.1 X
21 CALL LBL 1
22 CYCL DEF 8.0 MIRROR IMAGE
23 CYCL DEF 8.1
```

```
24 CYCL DEF 7.0 DATUM SHIFT
25 CYCL DEF 7.1    X+0
26 CYCL DEF 7.2    Y+0
27 L Z+100 R0 FMAX M30
28 LBL 1
29 L    X+12.5    Y+12.5 FMAX
30 L    Z+2
31 L    Z-5 F50
32 L    Y+25 RR F500
33 L    X+30
34 RND R6
35 L    X+20    Y+0
36 RND R6
37 L    X+12.5
38 CC    X+12.5    Y+12.5
39 CR    X+12.5    Y+25 R+12.5 DR-
40 L    X+12.5    Y+12.5 R0
41 LBL 0
42 END PGM 4-1-2mm
```

三 坐标系旋转（循环 10）

1. 作用

iTNC 数控系统可以在程序内围绕当前加工面的原点旋转坐标系，如图 4－6 所示。

2. 有效范围

一旦在程序中定义好旋转循环，它将立即生效，该功能在“手动数据输入定位”操作模式下同样起作用。当前旋转角将在附加状态栏显示。

旋转角的参考轴如下：

X/*Y* 平面的 *X* 轴；

Y/*Z* 平面的 *Y* 轴；

Z/*X* 平面的 *Z* 轴。

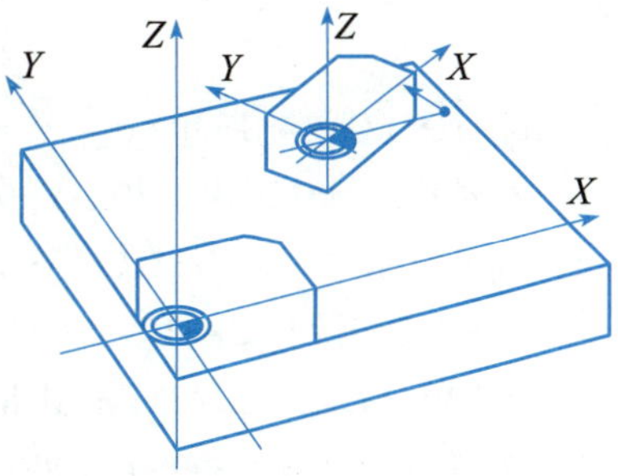

图 4－6　坐标系旋转

3. 编程前的注意事项

循环 10 的定义将取消当前半径补偿，因此必须在必要时重新编程。定义循环 10 后，必须移动加工面上的两个轴以启动全部轴的旋转。

4. 启用和取消旋转

（1）启用旋转指令：点击 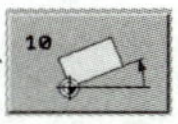，输入旋转角。输入范围为 -360° ～ +360°（绝对值或增量值），逆时针为正，顺时针为负。

输入：
CYCL DEF 10.0 ROTATION
CYCL DEF 10.1 ROT+45

（2）取消旋转指令：点击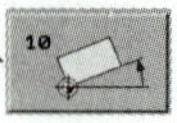，旋转角输入“0°”。

复位循环：
CYCL DEF 10.0 ROTATION
CYCL DEF 10.1 ROT+0

5. 编程示例

如图 4－7 所示，以图形左下角为编程零点。

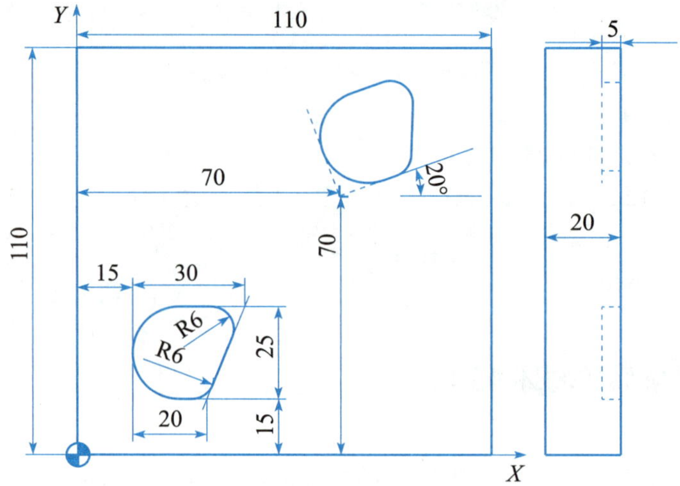

图 4－7 旋转编程图例

```
0   BEGIN PGM 4-1-3mm
1   BLK FORM 0.1 Z   X+0   Y+0   Z-20
2   BLK FORM 0.2   X+110   Y+110   Z+0
3   CYCL DEF 247 DATUM SETTING ~
     Q339=+1          ;DATUM NUMBER
4   TOOL CALL 3 Z S4000 F1000
5   L   B+0   C+0 FMAX
6   M13
7   L   Z+100 FMAX
8   CYCL DEF 7.0 DATUM SHIFT
9   CYCL DEF 7.1   X+15
10 CYCL DEF 7.2   Y+15
11 CALL LBL 1
```

```
12 L   Z+5 FMAX
13 CYCL DEF 7.0 DATUM SHIFT
14 CYCL DEF 7.1   X+0
15 CYCL DEF 7.2   Y+0
16 CYCL DEF 7.0 DATUM SHIFT
17 CYCL DEF 7.1   X+70
18 CYCL DEF 7.2   Y+70
19 CYCL DEF 10.0 ROTATION
20 CYCL DEF 10.1   ROT+20
21 CALL LBL 1
22 CYCL DEF 10.0 ROTATION
23 CYCL DEF 10.1   ROT+0
24 CYCL DEF 7.0 DATUM SHIFT
25 CYCL DEF 7.1   X+0
26 CYCL DEF 7.2   Y+0
27 L Z+100 R0 FMAX M30
28 LBL 1
29 L   X+12.5   Y+12.5 FMAX
30 L   Z+2
31 L   Z-5 F50
32 L   Y+25 RR F500
33 L   X+30
34 RND R6
35 L   X+20   Y+0
36 RND R6
37 L   X+12.5
38 CC   X+12.5   Y+12.5
39 CR   X+12.5   Y+25 R+12.5 DR-
40 L   X+12.5   Y+12.5 R0
41 LBL 0
42 END PGM 4-1-3mm
```

四　原点设置（循环 247）

1. 作用

用循环 247（原点设置）可以启动预设表中预设的原点，并将其作为新原点。

2. 有效范围

定义好原点设置循环后，全部坐标值输入和原点平移（绝对值和增量值）均将相对新原点进行。

3. 启用原点

点击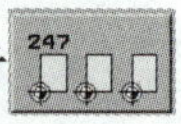，输入要启动的预设表中的原点号。

4. 注意事项

激活预设表中的原点时，iTNC 数控系统将通过如下循环复位所有坐标变换：循环7 原点平移、循环 8 镜像、循环 10 旋转、循环 11 缩放、循环 26 特定轴的缩放，但循环 19（倾斜加工面）的坐标变换保持有效。iTNC 数控系统只设置预设表中已定义坐标轴的预设原点。如果坐标轴的原点标有“-”，原点将保持不变。如果要启动预设原点号 0（行 0），那么将启动上一次手动操作模式中设置的原点。在测试运行操作模式下，循环 247 不起作用。

5. 坐标变换综合示例

如图 4-8 所示，以图形上表面对称中心为编程原点。

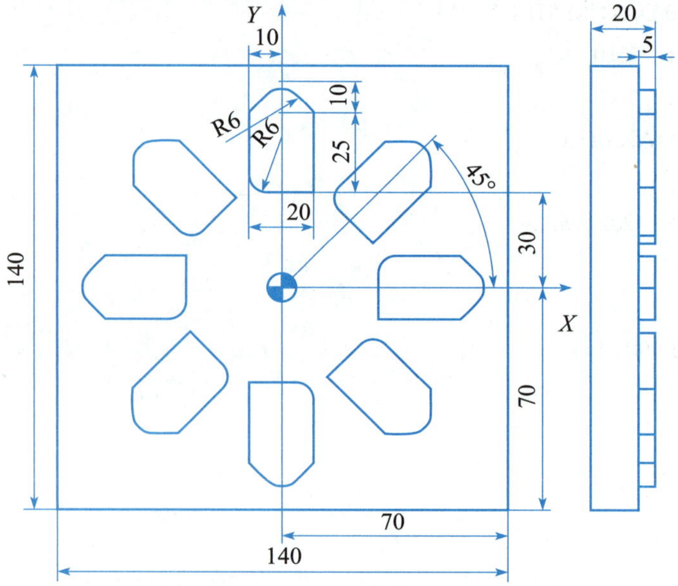

图 4-8　坐标变换综合图例

```
0  BEGIN PGM 4-4-4mm
1  BLK FORM 0.1 Z   X+0   Y+0   Z-20
2  BLK FORM 0.2   X+140   Y+140   Z+0
3  CYCL DEF 247 DATUM SETTING ~
     Q339=+1          ;DATUM NUMBER
4  TOOL CALL 3 Z S4000 F1000
5  L   B+0   C+0 FMAX
6  M13
7  CYCL DEF 7.0 DATUM SHIFT
8  CYCL DEF 7.1   X+70
9  CYCL DEF 7.2   Y+70
```

```
10 L   X+0   Y+0   Z+50 FMAX
11         Z+2
12 L   Z-5 F50
13 LBL 1
14 L   X+0   Y+30 RL F500
15 L   X-10
16 RND R6
17 L   IY+25
18 L   X+0 IY+10
19 RND R6
20 L   X+10 IY-10
21 L   IY-25
22 L   X+0
23 L   Y+0 R0
24 LBL 0
25 LBL 10
26 CYCL DEF 10.0 ROTATION
27 CYCL DEF 10.1 IROT+45
28 CALL LBL 1
29 LBL 0
30 CALL LBL 10 REP6
31 CYCL DEF 10.0 ROTATION
32 CYCL DEF 10.1   ROT+0
33 CYCL DEF 7.0 DATUM SHIFT
34 CYCL DEF 7.1   X+0
35 CYCL DEF 7.2   Y+0
36 L Z+100 R0 FMAX M30
37 END PGM 4-4-4mm
```

五　夹具的选择与使用

1. 平口钳的种类与结构组成

平口钳（又名机用虎钳）是机械加工时用于夹持工件的一种常用夹具，平口钳的种类如图 4－9 所示。固定钳身 1 安装在工作台上，螺杆 6 固定在钳身 1 上，转动螺杆 6 可带动螺母 7 作直线移动。螺母 7 与活动钳身 3 通过螺钉 4 连成整体，如图 4－10 所示。当螺杆 6 转动时，活动钳身 3 就会沿固定钳身 1 移动，使钳口闭合或开启，达到夹紧或松开工件的目的。

2. 平口钳的用途

平口钳常用于安装、切削小型工件，是铣床、钻床的随机附件。

（a）精密平口钳　（b）矩形基座台钳　（c）圆形基座台钳1　（d）圆形基座台钳2

图 4－9　平口钳的种类

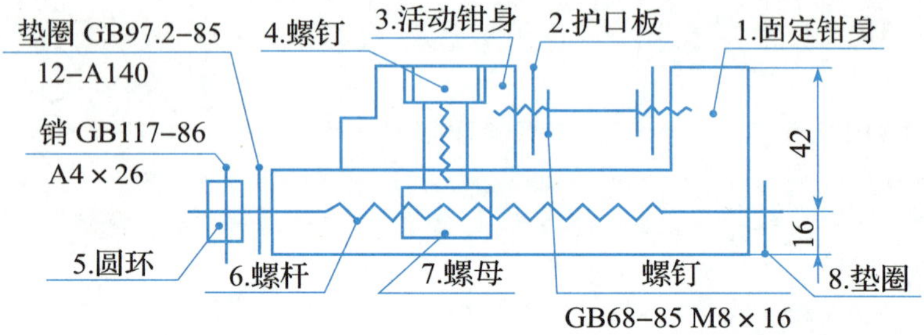

图 4－10　平口钳的结构

3. 平口钳装夹工件的注意事项

（1）工件的被加工面必须高出钳口，否则要用平行垫铁垫高工件。

（2）为了装夹得牢固，防止加工时工件松动，必须把工件比较平整的平面紧贴在垫铁和钳口上。具体方法是一边夹紧工件，一边用手锤轻击工件的表面，对于光洁的平面要用铜棒进行敲击以防止损伤工件表面。

（3）为了不使钳口损坏并确保加紧，可在钳口处垫上铜片。用手挪动垫铁以检查夹紧程度，如有松动，说明工件与垫铁之间贴合不好，应该松开平口钳重新夹紧。

（4）对于刚性不足的工件，需要添加支撑，以免夹紧力使工件变形。

4. 专用夹具

专用夹具是为某一特定零件的某一道工序专门设计制造的夹具，如图 4－11 所示。这种夹具的功能单一，且具有针对性，用于产品相对稳定且批量较大的生产情况。专用夹具由定位元件、夹紧装置、夹具体、连接元件、对刀、导向元件、其他元件或装置组成。

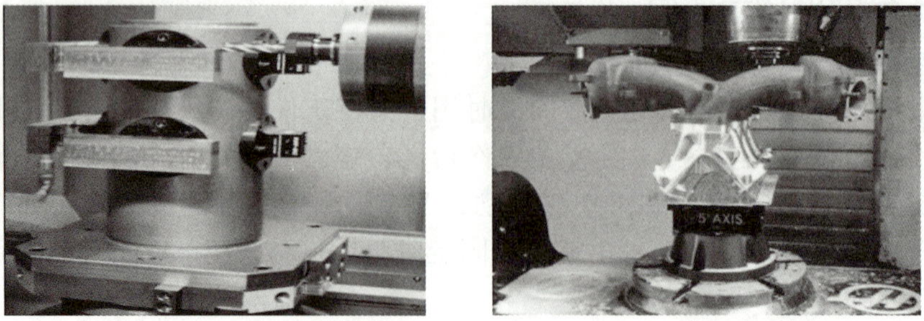

（a）五轴刚性支架配合燕尾夹具　（b）五轴快换专用装夹

图 4－11　专用夹具

5. 平口钳的维护保养

（1）使用前必须将平口钳底部以及工作台清理干净。

（2）将键槽对准槽沟放置在工作台上。

（3）固定钳口在校正校准后用螺钉锁禁。

（4）严禁用铁锤等敲打把手。

（5）不要过度开启平口钳口。

6. 常见的组合压板

组合压板（见图 4－12）的主要作用是在普通铣床加工、CNC 加工及各类金属加工时锁紧零件，具有夹紧力大、结构简单、使用方便、安全性能好的特点，应用范围较广。每套组合压板包含 T 型槽螺母、法兰螺母、连接螺母、阶梯压规、三角垫铁、双端螺栓等零件。

图 4－12　组合压板

（1）适用于各型机械工作台面 T 型槽，专供模具、治具板等固定使用。

（2）材质为 S45C，表面染黑皮膜处理。

（3）硬度：螺钉为 HRC25，螺帽及压板为 HRC35 ～ HRC38。

（4）组合压板产品规格（公制）：M10、M12、M14、M16、M18、M20。

组合压板中常见的零件如图 4－13 所示。

图 4－13　组合压板中常见的零件

任务实施

一　图纸分析

看懂工件图样，了解图样上各加工部位的尺寸标注和精度要求等。

二 检测毛坯

确定工件的加工余量：毛坯为 100mm × 100mm × 25mm 的六面体，六个面均为精加工表面，材料为铝合金。

三 工件装夹

根据工件的形状特点，采用平口虎钳装夹工件。选毛坯的侧面和底面为精基准，工件上表面轮廓的角点为工件坐标系原点，如图 4 - 14 所示。

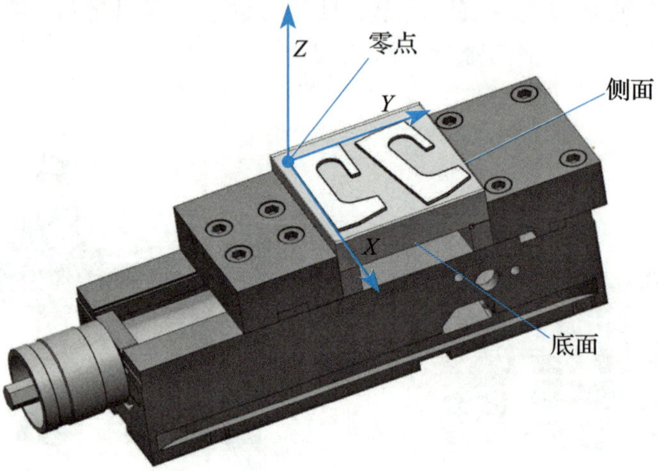

图 4 - 14　工件的装夹

四 刀具的选择

根据工件轮廓形状，选取整体铣铝专用硬质合金两刃直柄立铣刀，直径 ϕ 14mm。

五 刀具的建立

1. 刀具表

根据任务分析，加工该零件需要一把 D14R0 立铣刀，由于采用标准刀对刀长和机用测头对坐标的方式加工，因此共需建立 3 把刀具。点击【手动操作模式】→【刀具表】→【编辑】→【开】，用光标键依次选择 1 号刀位、2 号刀位、9 号刀位，然后按顺序填充 D16R0 立铣刀、标准刀、测头对应刀位的信息。Name 为刀具名字、PTVP 为刀具类型、L 为刀具长度、R 为刀具半径，如图 4 - 15 所示。

2. 装刀

建立好 3 把刀具之后，将光标移至第一把刀具 D14R0 立铣刀处，点击【刀具存储】

，进入该界面后点击【刀具位置自动】

；系统会自动提示刀具的安装位置，将安装好刀具的刀柄装入刀库，如图 4 - 16 所示。

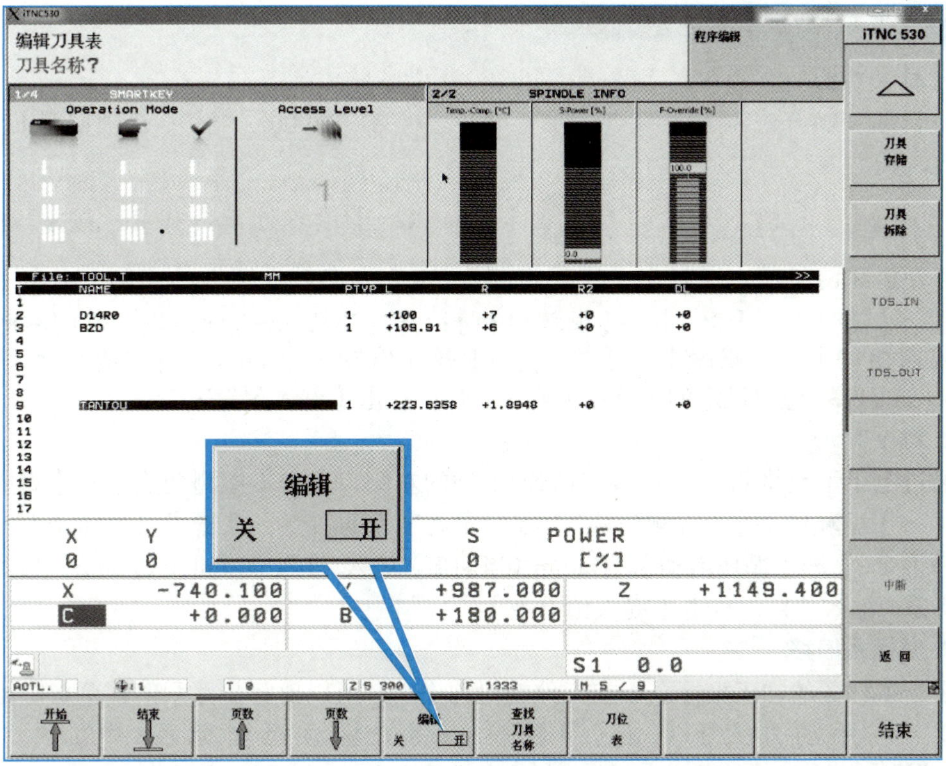

图 4－15　刀具表的编辑

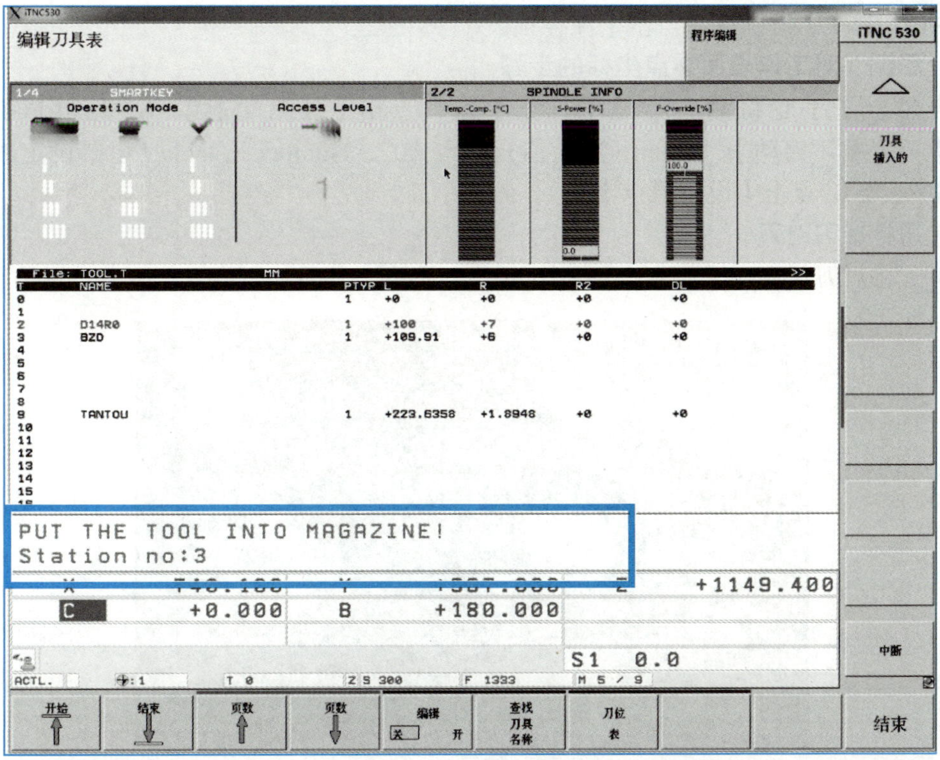

图 4－16　将刀具装入 2 号刀库

六 对刀与工件坐标系的建立

1. 对 X 中心

（1）在 MDI 下，调用测头 TOOL CALL　9　Z　S2000;，将 *B*、*C* 轴回零 L　B+0 C+0 R0　FMAX;。

（2）按【手轮激活开关键】,【 SmartKey 】设置处于方式Ⅱ，按【开门键】打开机床防护门。通过电子手轮将测头从 -*X* 方向靠近工件的左侧，点击【探测功能】→【测量】→【 X+ 】→【循环启动】；将测头从 +*X* 方向靠近工件的右侧，点击【探测功能】→【测量】→【 X- 】→【循环启动】。Datum（当前值）输入“0”，Number in table（想要设定的坐标系）输入“1”，点击【键入预设表】。

2. 对 Y 中心

通过电子手轮将测头从 -*Y* 方向靠近工件的左侧，点击【探测功能】→【测量】→【 Y+ 】→【循环启动】；将测头从 +*Y* 方向靠近工件的右侧，点击【探测功能】→【测量】→【 Y- 】→【循环启动】。Datum（当前值）输入“0”，Number in table（想要设定的坐标系）输入“1”，点击【键入预设表】。

3. 坐标系偏移

由于本任务的加工坐标系不在工件的对称中心，所以要将坐标系偏移至指定位置。

（1）在手动方式下点击【预设表】，将光标移至坐标系 1 中的 X，点击【改变预设】→【正确的预设】，输入“X-39”，按【 ENT 】键确认。

（2）将光标移至坐标系 1 中的 Y，点击【改变预设】→【正确的预设】，输入“Y-45”，按【 ENT 】键确认，点击【保存预设】。

4. 用测头对工作表面零点坐标的步骤

通过电子手轮将测头移至工件正上方，点击【探测功能】→【测量 POS 】→【 Z- 】→【循环启动】，Datum（当前值）输入“0”，Number in table（想要设定的坐标系）输入“1”，点击【设为原点】。

5. 用标准刀对刀

（1）将对刀仪放在工作台上，如图 4 - 17 所示。

图 4 - 17　对刀仪

（2）调用标准刀。

1）在 MDI 下，调用标准刀 TOOL CALL　2　Z　S300;，将 *B*、*C* 轴回零 L　B+0　C+0 R0　FMAX;，如图 4－18 所示。

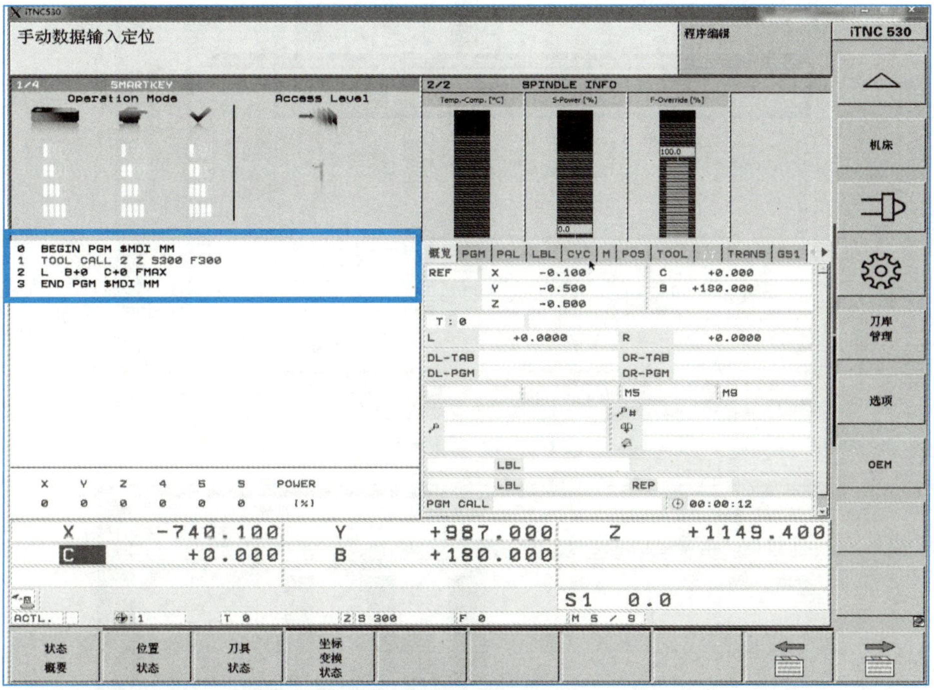

图 4－18　调用标准刀

2）按【手轮激活开关键】，【SmartKey】设置处于方式 Ⅱ，按【开门键】打开机床防护门。

3）调节电子手轮，将标准刀压在对刀仪上表面，使其指针旋转一圈至 0 处，如图 4－19 所示。

图 4－19　将标准刀压在对刀仪上表面

（3）打开【预设表】，改变预设值，将 Z 的当前点设为零点，然后启用预设值，最后保存预设。

（4）进入刀具表，点击【编辑】→【开】，将 1 号刀具的刀长清零，如图 4－20 所示。

（5）调用 1 号刀具，如图 4－21 所示。

（6）调节电子手轮，将 1 号刀具压在对刀仪上表面，使其指针旋转一圈至 0 处，如图 4－22 所示。

（7）TNC 显示 *Z* 轴的当前位置 +122.767，如图 4－23 所示。

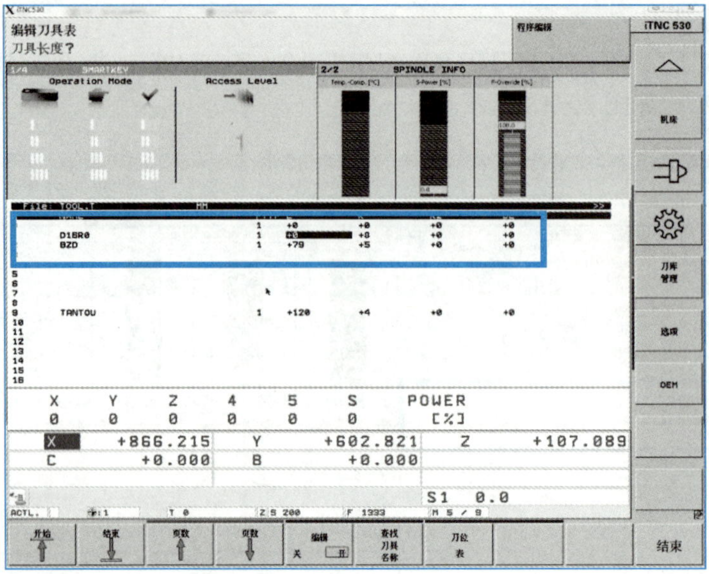

图 4-20　刀长清零

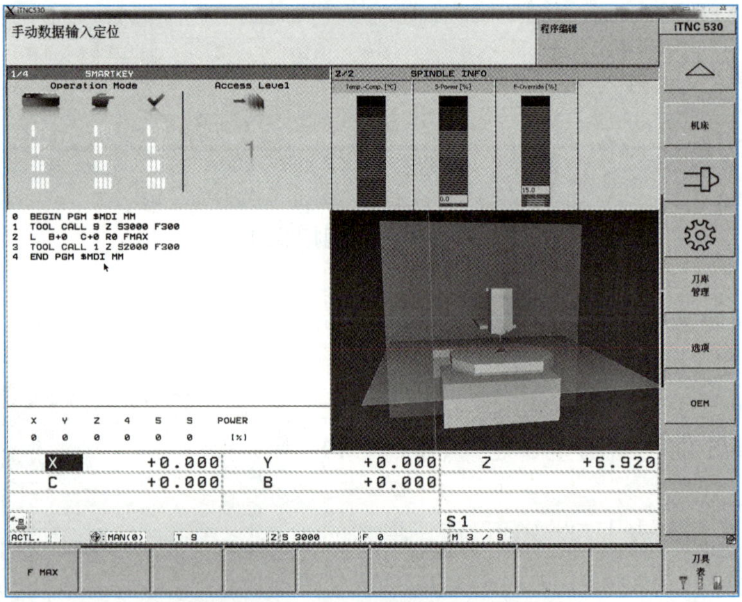

图 4-21　调用 1 号刀具

标准刀校刀长

图 4-22　将 1 号刀具压在对刀仪上表面

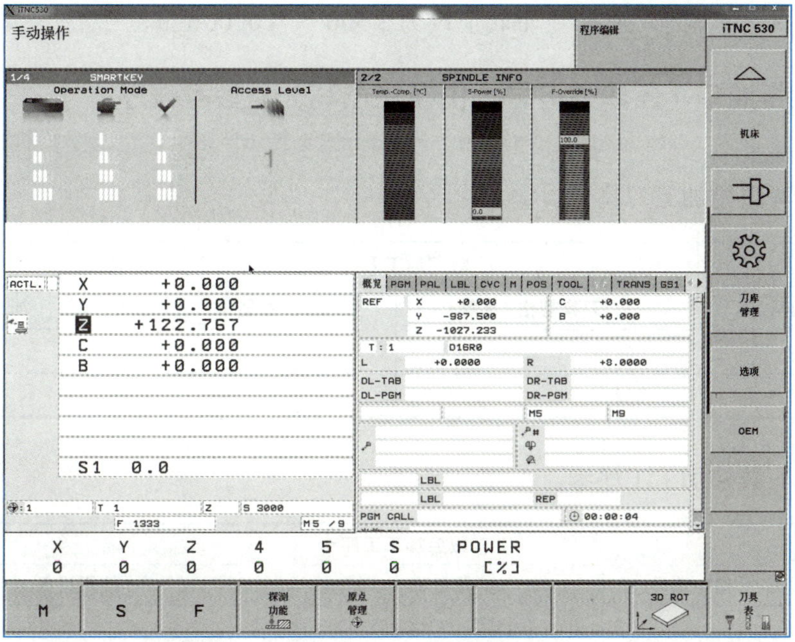

图 4－23　Z 当前位置

（8）打开刀具表，找到 1 号刀具，点击【编辑】→【开】，将 1 号刀具的长度 L 设为 +122.767，此时刀长测量完成，如图 4－24 所示。

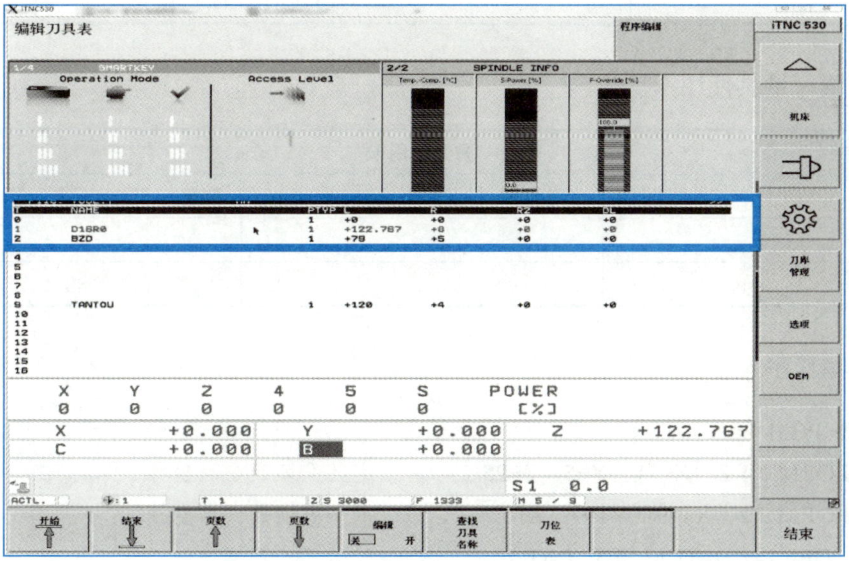

图 4－24　输入刀具的长度

七　切削用量的选择

背吃刀量选择 1.5 ～ 2mm，侧吃刀量精加工留出 0.5mm，其余轮廓余量由粗加工一次切除，进给速率 1 000mm/min，具体加工时依靠倍率调整，粗加工时倍率调大一些，精加工时倍率调小一些。主轴转速设为 3 500 ～ 4 000r/min。

八 工作清单（在教师指导下由学生填写）及参考程序

1. 工作清单

（1）填写数控加工刀具卡。

数控加工刀具卡			
刀具号	刀具规格 / 名称	数量	加工表面

（2）填写数控加工工序卡。

数控加工工序卡						
工序号	程序编号	夹具名称		使用设备		
工步	工步内容	刀具号	刀具规格	主轴转速	进给速率	背吃刀量

（3）填写量具使用卡。

量具使用卡		
量具名称	尺寸范围	数量

2. 参考程序

```
0  BEGIN PGM 4mm
1  BLK FORM 0.1 Z   X-11   Y-5   Z-25          定义毛坯最小点坐标
2  BLK FORM 0.2   X+89   Y+95   Z+0            定义毛坯最大点坐标
3  CYCL DEF 247 DATUM SETTING ~
     Q339=+1        ;DATUM NUMBER
4  TOOL CALL 1 Z S4000 F1000
5  L   B+0   C+0 FMAX
6  M13
7  L   X-8   Y-20 F1000                        去余量程序开始
```

```
8  L   Z-2
9  L   Y+90 F1000
10 L   X+34
11 L   X+38   Y+74
12 L   X+48   Y+77
13 L   X+45   Y+91
14 L   X+73   Y+97
15 L   X+75   Y+98
16 L   X+82   Y+86
17 L   X+88   Y+66
18 L   X+81   Y+42
19 L   X+39
20 L   Y+20
21 L   X+45   Y+23
22 L   Y+38
23 L   X+83
24 L   Y-20
25 L   X+89
26 L   Y+95
27 L   X-10   Y+75                 去余量程序结束
28 L   Z+2
29 L   X+100   Y+0 FMAX
30 L   Z-2 F200
31 LBL 1                            子程序 1 开始，加工工件外轮廓
32 L   X+90   Y+0 RL F1000
33 L   X+0
34 L   Y+25
35 L   X+25
36 L IY-5
37 L IX-5.5
38 CC IX+0 IY-7.5
39 CR IX+0 IY-15 R+7.5 DR+
40 L   X+50
41 RND R8
42 L IX+5 IY+20
43 L IX+10
44 L IX+5 IY-20
45 L   Y-15
46 L   Y-25 R0
```

```
47 LBL 0                              子程序结束
48 CYCL DEF 7.0 DATUM SHIFT
49 CYCL DEF 7.1    X+10
50 CYCL DEF 7.2    Y+45               坐标系平移 X+10，Y+45
51 CYCL DEF 10.0 ROTATION
52 CYCL DEF 10.1    ROT+12            坐标系绕 Z 轴旋转 12°
53 L    Z+2
54 L    X+100    Y+0
55 L    Z-2 F100
56 CALL LBL 1                         调用子程序 1，加工倾斜轮廓
57 CYCL DEF 10.0 ROTATION
58 CYCL DEF 10.1    ROT+0             坐标系旋转复位
59 CYCL DEF 7.0 DATUM SHIFT
60 CYCL DEF 7.1    X+0
61 CYCL DEF 7.2    Y+0                坐标系平移复位
62 L Z+100 R0 FMAX M30
63 END PGM 4mm
```

3. 加工结果

加工结果如图 4－25 所示。

仿真加工（四）

图 4－25　加工结果

任务 5　具有孔类特征的零件的铣削

任务描述

根据图 5－1 所示的图纸，分析尺寸精度及技术要求，制定零件加工工艺方案，编制加工程序，模拟仿真，最终在数控铣床上完成加工。

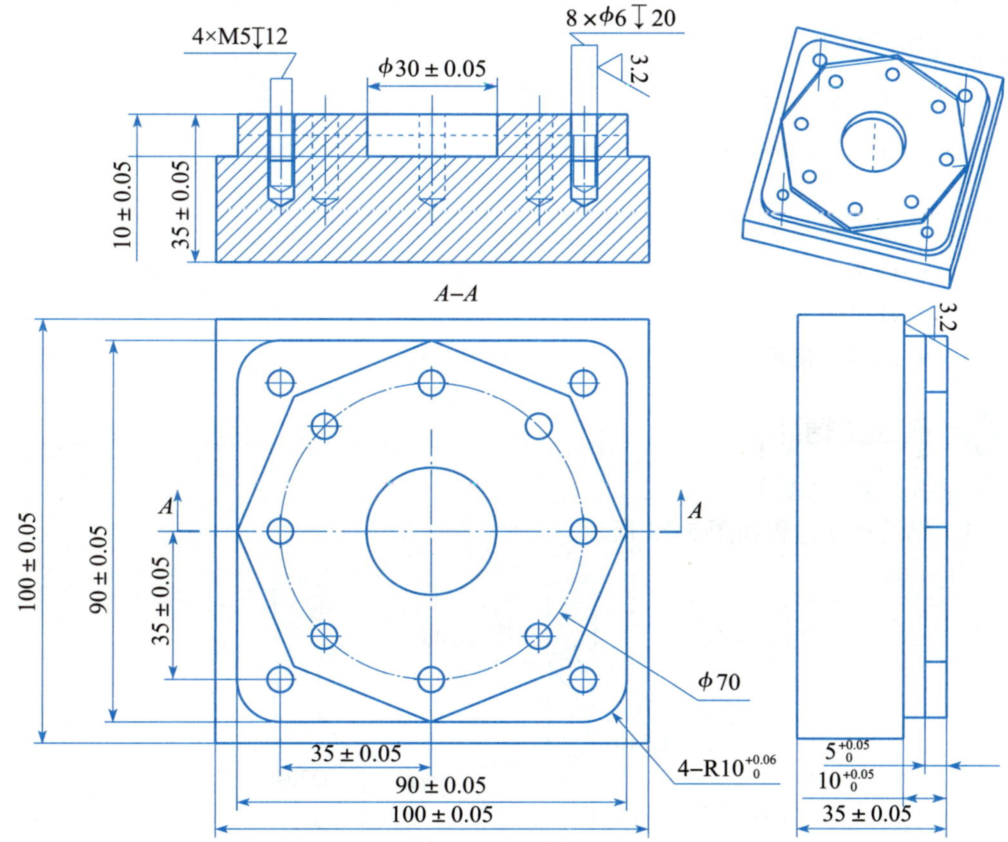

技术要求：
1. 零件加工表面不应有划痕、擦伤等。
2. 去除毛刺飞边。
3. 锐角倒钝。
4. 未标注公差 ±0.1。

轮廓加工	比例	数量	材料	图号：05
	1 : 1	1	铝合金	

图 5－1　具有孔类特征的零件

任务目标

知识目标

- 掌握孔类循环常用代码的使用方法。
- 掌握阵列孔的方法。
- 能正确调用循环指令。
- 掌握极坐标指令的使用方法。
- 能够根据零件图纸编写加工程序。

素养提升

- 了解大国工匠李凯军在鸡蛋上刻字的精湛技艺，学习大国工匠精益求精、一丝不苟的精神，激发报国热情。

知识学习

- 孔加工循环指令。
- 阵列孔循环指令。
- 调用循环指令。
- 极坐标指令。
- 钻头的使用。
- 铰刀的使用。
- 丝锥的使用。

一 孔加工循环

1. 钻孔（循环 200）

（1）钻孔动作过程如图 5－2 所示。

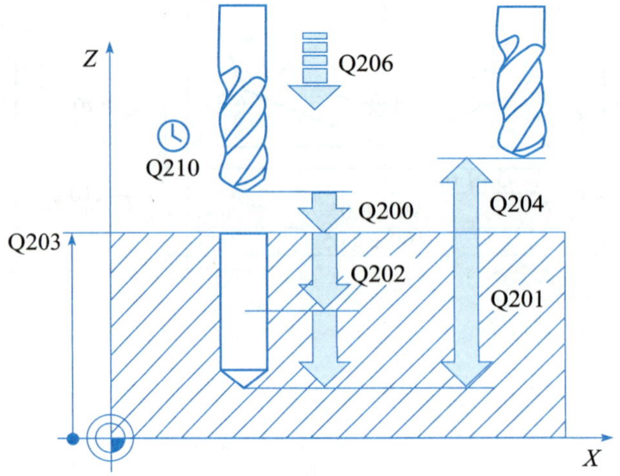

图 5－2 钻孔动作过程

1）iTNC 530 数控系统以快速移动速率 FMAX 将刀具沿刀具轴向移至工件表面之上的安全高度处。

2）刀具以编程进给速率 F 钻至第一切入深度。

3）iTNC 530 数控系统以快速移动速率 FMAX 将刀具退至安全高度处并停顿（如已定义停顿时间），然后以快速移动速率 FMAX 将刀具移至第一切入深度之上的安全高度处。

4）刀具以编程进给速率 F 再次进刀，钻至下一个深度。

5）iTNC 530 数控系统重复上述过程（步骤 2 ～ 4），直至达到编程深度为止。

6）iTNC 530 数控系统以快速移动速率 FMAX 将刀具由孔底退至安全高度处，或退至第一切入深度处。

（2）钻孔（循环 200）参数见表 5－1。

表 5－1　钻孔（循环 200）参数

参数名称	参数说明
安全高度 Q200（增量值）	刀尖与工件表面的距离。输入正值
深度 Q201（增量值）	工件表面与孔底（钻头尖）的距离
切入进给速率 Q206	钻孔时刀具的移动速度，单位为 mm/min
切入深度 Q202（增量值）	每刀进给量。孔深度不必是切入深度的倍数。若切入深度大于或等于整个孔深度，整个孔深将一次完成
顶部停顿时间 Q210	刀具自孔内退出进行排屑时，在安全高度处的停留时间，单位为 s
工件表面坐标 Q203（绝对值）	工件表面的坐标
第二安全高度 Q204（增量值）	刀具轴坐标，在此坐标位置下，刀具与工件（卡具）不会发生碰撞
在孔底处的停顿时间 Q211	刀具在孔底的停留时间，单位为 s

（3）编程举例：编写如图 5－3 所示的孔的加工程序。

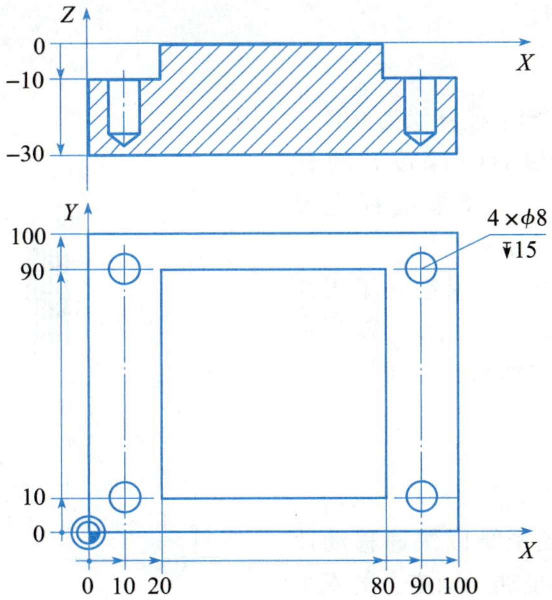

图 5－3　孔加工

```
0   BEGIN PGM ZK1mm
1   BLK FORM 0.1 Z    X0    Y0 Z-30
2   BLK FORM 0.2    X+100    Y+100    Z+0
3   TOOL CALL 2 Z S5000
4   L    B+0    C+0 FMAX
5   CYCL DEF 247 DATUM SETTING ~
      Q339=+1          ;DATUM NUMBER
6   M13
10  L Z+100 R0 FMAX
11  CYCL DEF 200 DRILLING                    定义钻孔循环
Q200=2 ;                                     设置安全高度
Q201=-15 ;                                   深度
Q206=250 ;                                   切入进给速率
Q202=5 ;                                     切入深度
Q210=0 ;                                     顶部停顿时间
Q203=-10 ;                                   表面坐标
Q204=100 ;                                   第二安全高度
Q211=0.1 ;                                   底部停顿时间
12  L X+10 Y+10 FMAX
13  CYCL CALL
14  L X+90 Y+10 FMAX    M99                  在钻孔位置调用循环
15  L X+90 Y+90 FMAX M99
16  L X+10 Y+90 FMAX M99
17  L Z+200 FMAX M2
18  END PGM ZK1 MM
```

（4）注意事项。

1）编程时定位坐标半径补偿为 R0。

2）循环参数 DEPTH（深度）的代数符号决定加工方向。如果编程定义 DEPTH=0，这个循环将不被执行。

3）注意避免碰撞。如果输入了正深度，iTNC 530 数控系统将反向计算预定位，即刀具沿刀具轴快速移至低于工件表面的安全高度处。

2. 铰孔（循环 201）

（1）铰孔动作过程如图 5－4 所示。

1）iTNC 530 数控系统以快速移动速率 FMAX 将刀具定位至加工面之上的安全高度处。

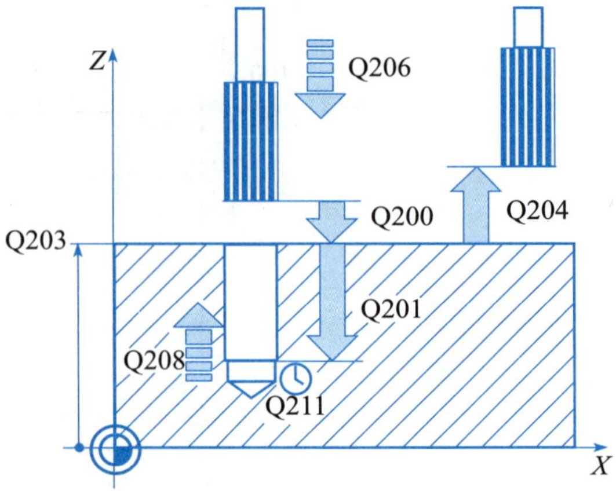

图 5－4　铰孔动作过程

2）刀具以编程进给速率 F 铰孔至定义的深度。

3）如果程序中已定义停顿时间，刀具将在孔底处停顿相应的时间。

4）刀具以编程进给速率 F 退至安全高度，并从安全高度处以快速移动速率 FMAX 移至第二安全高度处（如已定义高度值）。

（2）铰孔（循环 201）参数见表 5－2。

表 5－2　铰孔（循环 201）参数

参数名称	参数说明
安全高度 Q200（增量值）	刀尖与工件表面的距离。输入正值
深度 Q201（增量值）	工件表面与孔底（钻头尖）的距离
切入进给速率 Q206	钻孔时的刀具移动速度，单位为 mm/min
在孔底处的停顿时间 Q211	刀具在孔底的停留时间，单位为 s
退刀速度 Q208	刀具自孔中退出的移动速度。如果输入 Q208=0，刀具将以铰孔进给速率退刀
工件表面坐标 Q203（绝对值）	工件表面的坐标
第二安全高度 Q204（增量值）	刀具轴坐标，在此坐标位置下，刀具与工件（卡具）不会发生碰撞

（3）编程举例：编写如图 5－3 所示的铰孔的加工程序。

```
0   BEGIN PGM ZK1mm
1   BLK FORM   0.1   Z   X0   Y0   Z-30
2   BLK FORM 0.2   X+100   Y+100   Z+0
3   TOOL CALL   2   Z   S5000
4   L   B+0   C+0 FMAX
5   CYCL DEF 247 DATUM SETTING ~
      Q339=+1        ;DATUM NUMBER
6   M1310 L Z+100 R0 FMAX
11  CYCL DEF 201 REAMING   定义铰孔循环
Q200=2 ;                   设置安全高度
Q201=-15 ;                 深度
Q206=250 ;                 切入进给速率
Q211=1 ;                   刀具在孔底停留时间
Q208=250 ;                 退刀速度
Q203=-10 ;                 表面坐标
Q204=100 ;                 第二安全高度
12  L X+10 Y+10 FMAX
13  CYCL CALL
14  L X+90 Y+10 FMAX M99   在钻孔位置调用循环
15  L X+90 Y+90 FMAX M99
16  L X+10 Y+90 FMAX M99
17 L Z+200 FMAX M2
```

18 END PGM ZK1 MM

（4）注意事项。

1）编程时定位坐标半径补偿为 R0。

2）循环参数 DEPTH（深度）的代数符号决定加工方向。如果编程定义 DEPTH=0，这个循环将不被执行。

3）注意避免碰撞。如果输入了正深度，iTNC 530 数控系统将反向计算预定位，即刀具沿刀具轴快速移至低于工件表面的安全高度处。

3. 万能钻（循环 203）

（1）万能钻动作过程如图 5-5 所示。

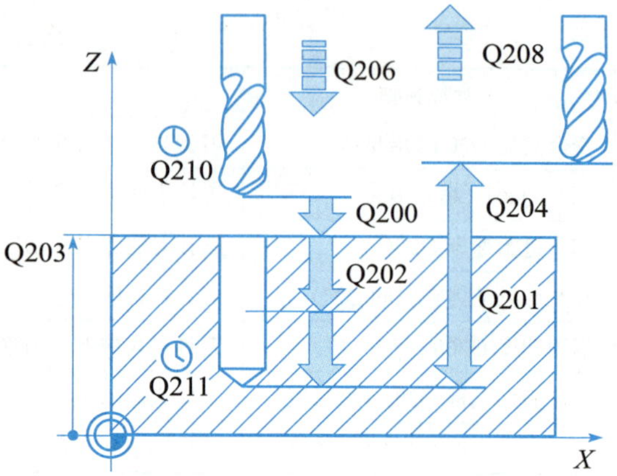

图 5-5　万能钻动作过程

1）iTNC 530 数控系统以快速移动速率 FMAX 将刀具定位至加工面之上的安全高度处。

2）刀具以编程进给速率 F 钻至第一切入深度。

3）如果编写了断屑程序，刀具将按输入的退刀速率退刀；如果无断屑程序，刀具以编程进给速率退至安全高度处，并停顿相应的时间（如已定义停顿时间）。之后刀具由安全高度处以快速移动速率 FMAX 移至第一切入深度之上的安全高度处。

4）刀具以编程进给速率再次进刀钻至下一个深度。如果进行了相应的编程，刀具每次进给的切入深度将递减。

5）iTNC 530 数控系统重复上述过程（步骤 2 ～ 4）直至达到编程孔深为止。

6）刀具将在孔底停顿相应的时间（如已定义停顿时间），空转，然后以编程进给速率退至安全高度处。如果程序中已定义第二安全高度，则刀具以快速移动速率 FMAX 移至第二安全高度处。

（2）万能钻（循环 203）参数见表 5-3。

表 5-3　万能钻（循环 203）参数

参数名称	参数说明
安全高度 Q200（增量值）	刀尖与工件表面的距离。输入正值
深度 Q201（增量值）	工件表面与孔底（钻头尖）的距离
切入进给速率 Q206	钻孔时的刀具移动速度，单位为 mm/min
切入深度 Q202（增量值）	每刀进给量。孔深度不必是切入深度的倍数。若切入深度大于或等于整个孔深度，整个孔深将一次完成
顶部停顿时间 Q210	刀具自孔内退出进行排屑时，刀具在安全高度处的停留时间，单位为 s
工件表面坐标 Q203（绝对值）	工件表面的坐标
第二安全高度 Q204（增量值）	刀具轴坐标，在此坐标位置下，刀具与工件（卡具）不会发生碰撞
减量 Q212（增量值）	每次进给后，TNC 将减小的切入深度 Q202 的值

续表

参数名称	参数说明
退刀前断屑次数 Q213	在此之后 TNC 将从孔中退出，以便排屑。为了断屑，TNC 每次都用 Q256 的值把刀具退出
最小切入深度 Q205（增量值）	如果输入了减量值，TNC 将把切入的深度限制为 Q205 输入的值
在孔底处的停顿时间 Q211	刀具在孔底的停留时间，单位为 s
退刀速度 Q208	刀具自孔中退出的移动速度。如果输入 Q208=0，刀具将以铰孔进给速率退刀
断屑进给深度 Q256（增量值）	断屑时 TNC 的退刀值

（3）编程举例：编写如图 5－3 所示的深孔的加工程序。

```
0  BEGIN PGM ZK1mm
1  BLK FORM   0.1   Z   X0   Y0   Z-30
2  BLK FORM   0.2   X+100   Y+100   Z+0
3  TOOL CALL 2 Z S5000
4  L   B+0   C+0   FMAX
5  CYCL DEF 247 DATUM SETTING ~
    Q339=+1          ;DATUM NUMBER
6  M1310   L   Z+100   R0   FMAX
11 CYCL DEF 203 UNIVERSAL DRILLING
Q200=2 ;                    设置安全高度
Q201=-15 ;                  深度
Q206=150 ;                  切入进给速率
Q202=5 ;                    切入深度
Q210=0 ;                    顶部停顿时间
Q203=-10 ;                  表面坐标
Q204=50 ;                   第二安全高度
Q212=0.2 ;                  减量
Q213=3 ;                    断屑
Q205=3 ;                    最小切入深度
Q211=0.25 ;                 底部停顿时间
Q208=500 ;                  退刀速度
Q256=0.2 ;                  断屑距离
12 L X+10 Y+10 FMAX
13 CYCL CALL
14 L X+90 Y+10 FMAX M99     在钻孔位置调用循环
15 L X+90 Y+90 FMAX M99
16 L X+10 Y+90 FMAX M99
 17 L Z+200 FMAX M2
18 END PGM ZK1 MM
```

4. 浮动夹头攻丝（循环 206）

（1）浮动夹头攻丝动作过程如图 5－6 所示。

1）iTNC 530 数控系统沿刀具轴以快速移动速率 FMAX 将刀具定位至加工面之上的安全高度处。

2）刀具一次性钻到孔底。

3）刀具到达孔底后，主轴将反向旋转，在停顿时间结束后退刀至安全高度处。如果程序中已定义第二安全高度，刀具将以快速移动速率 FMAX 移至第二安全高度处。

4）在安全高度处，主轴再次反转。

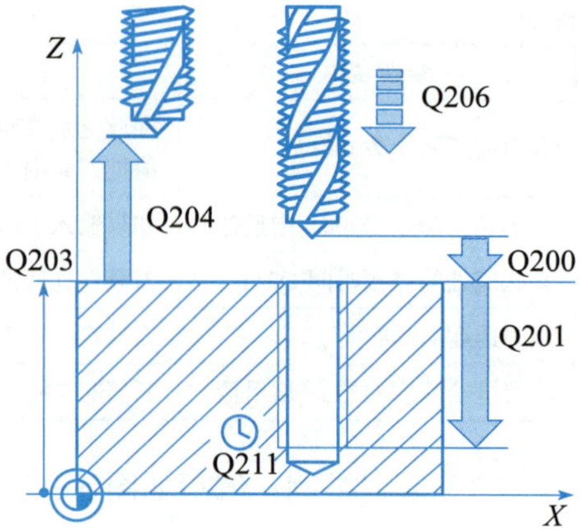

图 5－6　浮动夹头攻丝动作过程

（2）浮动夹头攻丝（循环 206）参数见表 5－4。

表 5－4　浮动夹头攻丝（循环 206）参数

参数名称	参数说明
安全高度 Q200（增量值）	刀尖（起点位置）与工件表面的距离。标准值约为螺距的 4 倍
孔总深度 Q201（螺纹长度，增量值）	工件表面与螺纹末端的距离
切入进给速率 Q206	攻丝中的刀具进给速率
在孔底处的停顿时间 Q211	输入数值（范围为 0 ～ 0.5s），以避免退刀时卡刀
工件表面坐标 Q203（绝对值）	工件表面的坐标
第二安全高度 Q204（增量值）	刀具轴坐标，在此坐标位置下，刀具与工件（卡具）不会发生碰撞
进给速率计算方法	F=Sxp F：进给速率（mm/min） S：主轴转速（r/min） P：螺距（mm）
程序中断后退刀	如果在攻丝过程中用机床停止按钮中断了程序，TNC 将显示 MANUAL OPERATION（手动操作）软键，可利用软键退刀

（3）编程举例：NC 程序段。

```
0  BEGIN PGM 1 MM
...
10  CYCL DEF 206 TAPPING NEW
Q200=2          安全高度
Q201=-25        深度
Q206=200        切入进给速率
Q211=0          在孔底部的停顿时间
Q203=+0         表面坐标
Q204=50         第二安全高度
...
END PGM 1 MM
```

（4）注意事项。

1）编程时定位坐标半径补偿为 R0。

2）循环参数 DEPTH（深度）的代数符号决定加工方向。如果编程定义 DEPTH=0，这个循环将不被执行。

3）注意避免碰撞。如果输入了正深度，iTNC 530 数控系统将反向计算预定位，即刀具沿刀具轴快速移至低于工件表面的安全高度处。

4）浮动夹头攻丝的过程中，必须补偿进给速率与主轴转速之差。

5）循环运行时，主轴转速倍率调节旋钮将被禁用。进给速率倍率调节旋钮仅在有限的范围内起作用，其范围由机床制造商确定（参见机床操作手册）。

6）加工右旋螺纹时，用 M3 启动主轴旋转；加工左旋螺纹时，用 M4 启动主轴旋转。

5. 断屑攻丝（循环 209）

（1）断屑攻丝动作过程如图 5－7 所示。

断屑攻丝过程中，刀具将多次进给加工螺纹，直至达到编程孔深为止。可以通过参数来定义是否需要将刀具从孔中全部退出以进行排屑。

1）iTNC 530 数控系统以快速移动速率 FMAX 将刀具定位至加工面之上的安全高度处。在此高度处，执行主轴定向停止。

2）刀具移至编程进给深度，主轴反向旋转并按参数设定退刀至特定距离处，或完全退出以进行排屑。

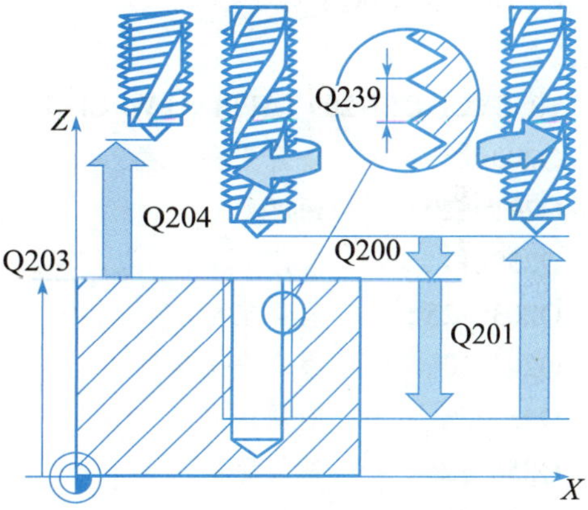

图 5－7　断屑攻丝动作过程

3）主轴恢复正转并进刀至下一个进给深度。

4）iTNC 530 数控系统重复上述过程（步骤 2 ～ 3），直至达到编程螺纹深度为止。

5）退刀至安全高度处。如果程序中已定义第二安全高度，则刀具以快速移动速率 FMAX 移至第二安全高度处。

6）iTNC 530 数控系统在最终安全高度处停止主轴转动。

（2）断屑攻丝（循环 209）参数见表 5－5。

表 5－5　断屑攻丝（循环 209）参数

参数名称	参数说明
安全高度 Q200（增量值）	刀尖（起点位置）与工件表面的距离
孔总深度 Q201（螺纹长度，增量值）	工件表面与螺纹末端的距离
螺距 Q239	螺距 Q239：螺距。右旋螺纹和左旋螺纹由代数符号加以区分，“+”代表右旋螺纹，“－”代表左旋螺纹
在孔底处的停顿时间 Q211	输入数值（范围为 0 ～ 0.5s），以避免退刀时卡刀
工件表面坐标 Q203（绝对值）	工件表面的坐标
第二安全高度 Q204（增量值）	刀具轴坐标，在此坐标位置下，刀具与工件（卡具）不会发生碰撞

续表

参数名称	参数说明
断屑进给深度 Q257（增量值）	TNC 执行断屑时的深度
断屑退刀速度 Q256	TNC 将螺距 Q239 与编程值相乘，并在断屑时按计算值退刀。如果输入 Q256=0，TNC 将刀具由孔中完全退出（至安全高度）以进行排屑
主轴定向角 Q336（绝对值）	加工螺纹前 TNC 定位刀具所用的角度。这样可以在需要时重新加工螺纹
程序中断后退刀	如果在攻丝过程中用机床停止按钮中断了程序，TNC 将显示 MANUAL OPERATION（手动操作）软键，可利用软键退刀。只需按当前刀具轴的正轴向按钮即可

（3）编程举例：NC 程序段。

```
0   BEGIN PGM 1 MM
...
10  CYCL DEF 209 TAPPING W/ CHIP BRKG
Q200=2 ;        设置安全高度
Q201=-20 ;      深度
Q239=+1 ;       螺距
Q203=+25 ;      表面坐标
Q204=50 ;       第二安全高度
Q257=5 ;        断屑深度
Q256=+25 ;      断屑距离
Q336=50 ;       主轴定向角
...
END PGM 1 MM
```

（4）注意事项。

1）编程时定位坐标半径补偿为 R0。

2）循环参数 DEPTH（深度）的代数符号决定加工方向。如果编程定义 DEPTH=0，这个循环将不被执行。

3）注意避免碰撞。如果输入了正深度，iTNC 530 数控系统将反向计算预定位，即刀具沿刀具轴快速移至低于工件表面的安全高度处。

4）循环运行时，主轴转速倍率调节旋钮将被禁用。进给速率倍率调节旋钮仅在有限的范围内起作用，其范围由机床制造商确定（参见机床操作手册）。

5）加工右旋螺纹时，用 M3 启动主轴旋转；加工左旋螺纹时，用 M4 启动主轴旋转。

6. 螺纹铣削

（1）螺纹铣削的前提条件。

1）机床应具有主轴内冷系统（冷却液压力至少为 3MPa，压缩空气压力至少为 0.6MPa）。

2）铣削螺纹时常会导致螺牙变形。为避免这种情况，需要用到刀库或刀具制造商提供的相关刀具补偿值。即编程中调用刀具时需要用刀具半径的 DR 差值进行补偿。

3）循环功能 262、263、264 和 267 仅用于右旋刀具，循环功能 265 可用于右旋和左旋刀具。

4）加工方向由以下参数确定：代数符号 Q239（右旋螺纹 / 左旋螺纹）和铣削方法 Q351（顺铣 / 逆铣）。

（2）注意事项。

1）对各进给操作编程时一定要用相同的代数符号。循环由相互独立的多个加工步骤组成，需确定好加工方向的优先顺序并在各个循环中说明。例如，如果只想重复运行循环中的沉孔加工步骤，那么就将螺纹深度设为 0，这样加工方向将由沉孔深度决定。螺纹铣削参数设置见表 5－6。

表 5－6 螺纹铣削参数设置

螺纹铣削参数	旋向符号	铣削方法符号	加工方向符号
右旋、顺铣	+	+1（RL）	Z+
左旋、逆铣	−	−1（RR）	Z+
右旋、逆铣	+	−1（RR）	Z−
左旋、顺铣	−	+1（RL）	Z−

2）断刀的处理方法：如果在螺纹加工过程中发生断刀，那么应先停止程序运行，切换到【手动输入数据定位操作模式】，并将刀具沿线性路径移至孔的中心位置，然后沿进给轴退刀并更换刀具。

（3）内螺纹铣削（循环 262）。

1）内螺纹铣削动作过程如图 5－8 所示。

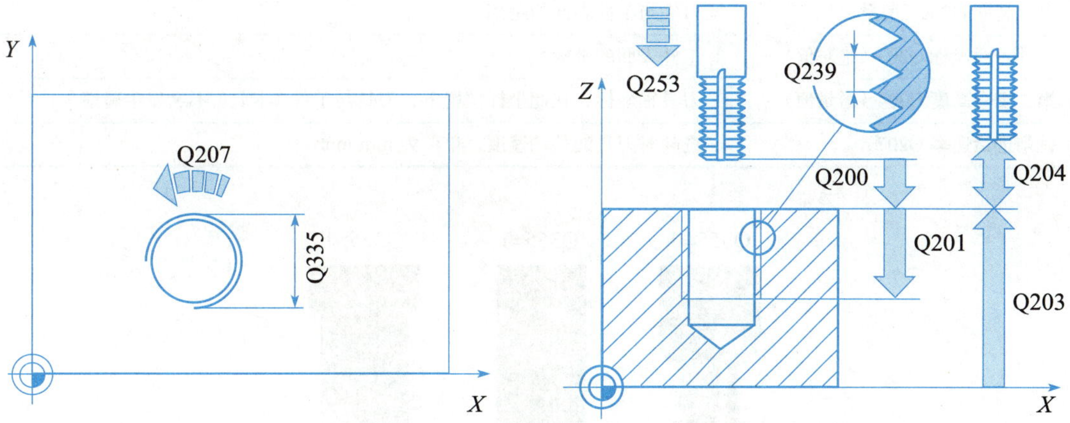

图 5－8 内螺纹铣削动作过程

① iTNC 530 数控系统以快速移动速率 FMAX 将刀具定位至加工面之上的安全高度处。

②刀具以预定位编程进给速率移至起始面。起始面由螺距代数符号、铣削方式（顺铣 / 逆铣）及每步加工的螺纹扣数决定。

③刀具沿螺旋线运动相切接近螺纹直径。接近螺旋线前，执行刀具轴补偿运动，以便在编程的起始面处开始螺纹铣削。

④根据螺纹扣数的参数设置情况，刀具以一种速度、多种速度或一个连续的螺旋运动来铣削螺纹。

⑤螺纹铣削完成后，刀具沿切线方向退离轮廓并返回至加工面的起点。

⑥循环结束时，iTNC 530 数控系统以快速移动速率 FMAX 退刀至安全高度处，或按编程要求退至第二安全高度处。

2）螺纹铣削参数见表 5－7，刀具类型如图 5－9 所示。

表 5－7　螺纹铣削参数

参数名称	参数说明
名义直径 Q335	螺纹名义直径
螺距 Q239	螺距。右旋和左旋螺纹由代数符号加以区分： += 右旋螺纹； −= 左旋螺纹
螺纹深度 Q201（增量值）	工件表面与螺纹根部的距离
每步加工的螺纹扣数 Q355	偏置刀具的扣数： 0= 一个 360° 螺旋线路径，即一个螺距深度； 1= 螺纹总长范围内一个连续的螺旋线路径； >1= 接近和退离的多个螺旋线路径； 在螺旋线路径间，TNC 将按 Q355 与螺距的积偏置刀具
预定位进给速率 Q253	刀具移入、移出工件的速度，单位为 mm/min
顺铣或逆铣 Q351	用 M03 铣削的加工类型： +1= 顺铣； −1= 逆铣
安全高度 Q200（增量值）	刀尖与工件表面的距离
工件表面坐标 Q203（绝对值）	工件表面的坐标
第二安全高度 Q204（增量值）	刀具轴坐标，在此坐标位置下，刀具与工件（卡具）不会发生碰撞
铣削进给速率 Q207	铣削时刀具的移动速度，单位为 mm/min

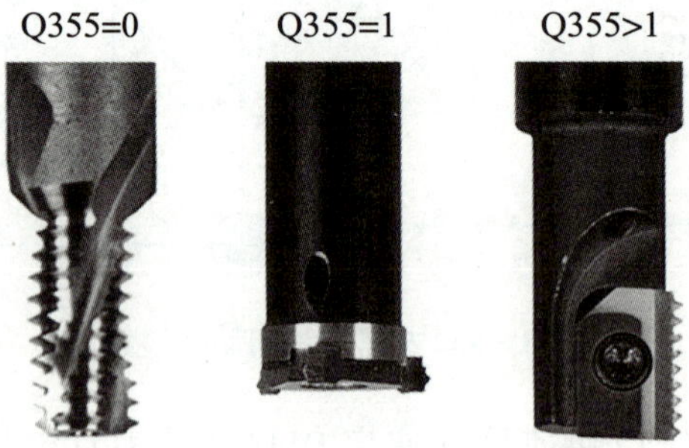

图 5－9　螺纹铣削刀具类型

3）编程举例：NC 程序段。

```
0  BEGIN PGM 1 MM
...
```

```
25 CYCL DEF 262 THREAD MILLING
Q335=10 ;          名义直径
Q239=+1.5 ;        螺距
Q201=-20 ;         螺纹深度
Q355=0 ;           每步加工螺纹数
Q253=750 ;         预定位进给速率
Q351=+1 ;          顺铣或逆铣
Q200=2 ;           设置安全高度
Q203=+30 ;         表面坐标
Q204=50 ;          第二安全高度
Q207=500 ;         铣削进给速率
...
END PGM 1 MM
```

4）注意事项。

①以半径补偿 R0，在加工面的起点（孔圆心）编写一个定位程序段。

②螺纹深度循环参数的代数符号决定加工方向。如果将螺距编程为 DEPTH=0，这个循环将不被执行。

③螺纹铣刀加工时，应按内切方向切入。若刀具运动轨迹形成的圆弧直径小于螺纹直径的 1/4，则较难实现内切方向切入加工，因此应设置预定位置，适当避让工件螺纹内径部位，以免发生干涉。

④ iTNC 530 数控系统控制刀具在接近工件前沿刀具轴做补偿运动。补偿运动的长度取决于螺距，同时必须要保证孔内有足够的空间。

二　阵列孔的循环指令

1. 圆周阵列孔（循环 220）

（1）圆周阵列孔动作过程如图 5－10 所示。

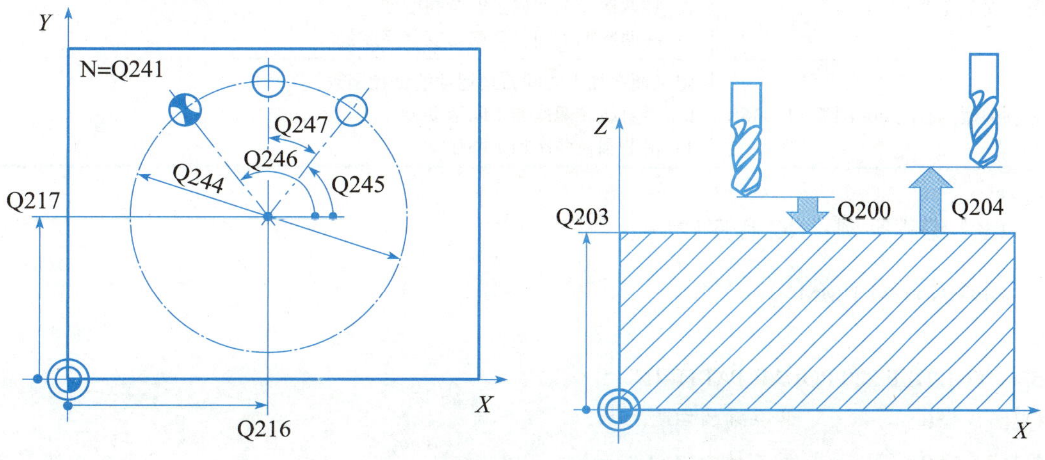

图 5－10　圆周阵列孔动作过程

1）iTNC 530 数控系统以快速移动速率 FMAX 将刀具由当前位置移至起点位置进行第一次加工。加工顺序为：

移至第二安全高度（主轴坐标轴）；

沿主轴方向接近起点；

移至工件表面之上的安全高度处（主轴坐标轴）。

2）iTNC 530 数控系统由该位置开始执行最后一个定义的固定循环。

3）刀具沿直线或圆弧接近下一个加工位置。刀具停在安全高度处（或第二安全高度）。

4）重复上述过程（步骤 1 ～ 3）直到全部加工完成。

（2）圆周阵列孔（循环 220）参数见表 5－8。

表 5－8　圆周阵列孔（循环 220）参数

参数名称	参数说明
第一轴的中心 Q216（绝对值）	相对加工面参考轴的节圆圆心
第二轴的中心 Q217（绝对值）	加工面次要轴上的节圆圆心
节圆直径 Q244	节圆直径
起始角度 Q245（绝对值）	加工面参考轴与节圆上第一次加工起点位置的角度
停止角度 Q246（绝对值）	加工面参考轴与节圆上最后一次加工起点位置的角度（不适用于整圆）。不能将停止角度与起始角度输入为相同的值。如果输入的停止角度大于起始角度，将按逆时针方向加工；否则按顺时针方向加工
步距角度 Q247（增量值）	节圆上两次加工位置间的角度。如果输入的角度步长为 0，TNC 将根据起始角和停止角计算步距角度以及阵列孔的重复次数。如果输入非 0 值，TNC 将不考虑停止角度。角度步长的代数符号决定加工方向（-= 顺时针）
重复次数 Q241	在节圆上的加工次数
安全高度 Q200（增量值）	刀尖与工件表面的距离。输入正值
工件表面坐标 Q203（绝对值）	工件表面的坐标
第二安全高度 Q204（增量值）	刀具轴坐标，在此坐标位置下，刀具与工件（卡具）不会发生碰撞
移至安全高度 Q301	定义刀具在两次加工中的运动方式： 0：在两次加工间移至安全高度处； 1：在两次加工间移至第二安全高度处
移动类型？直线 =0/ 圆弧 =1 Q365	定义两次加工之间刀具运动的路径函数： 0：沿直线在两次加工间运动； 1：沿节圆在两次加工间运动

（3）编程举例：NC 程序段。

```
0   BEGIN PGM 1 MM
...
53  CYCL DEF 220 POLAR PATTERN
Q216 = +50 ;            第一轴的中心
Q217 = +50 ;            第二轴的中心
```

```
Q244 = 80 ;          节圆直径
Q245 = +0 ;          起始角
Q246 = +360 ;        停止角度
Q247 = +0 ;          步距角度
Q241 = 8 ;           重复次数
Q200 = 2 ;           设置安全高度
Q203 = +30 ;         表面坐标
Q204 = 50 ;          第二安全高度
Q301 = 1 ;           移至安全高度
Q365 = 0 ;           移动类型
...
END PGM 1 MM
```

（4）注意事项。

循环 220 是由 DEF 激活的，这意味着循环 220 将自动调用最后定义的固定循环。如果循环 220 与 循 环 200 至 209、212 至 215、251 至 265 或 267 中的任何一个固定循环组合，循环 220 中定义的安全高度、工件表面和第二安全高度对所选定的循环均有效。

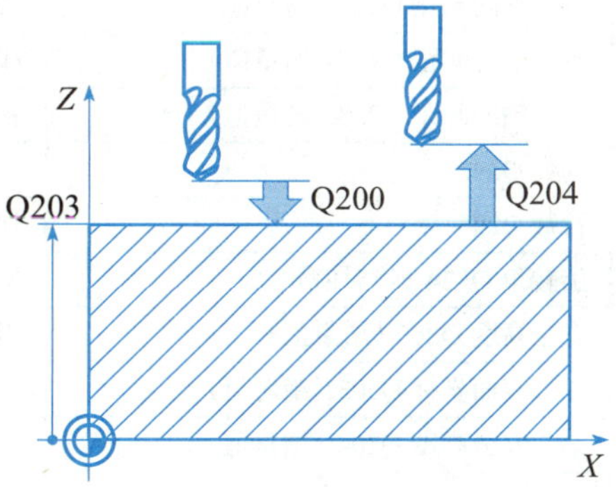

图 5－11　线性阵列孔动作过程（1）

2. 线性阵列孔（循环 221）

（1）线 性 阵 列 孔 动 作 过 程 如 图 5－11、图 5－12 所示。

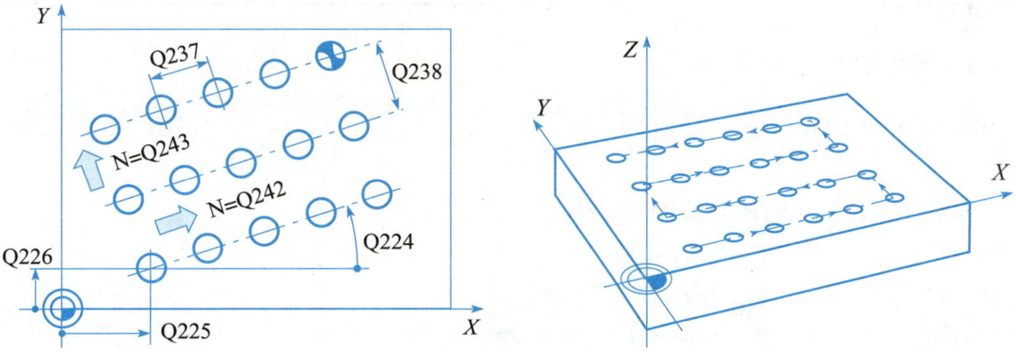

图 5－12　线性阵列孔动作过程（2）

1）iTNC 530 数控系统以快速移动速率 FMAX 将刀具由当前位置移至第一个加工的起点位置。加工顺序为：

移至第二安全高度（主轴坐标轴）；

沿主轴方向接近起点；

移至工件表面之上的安全高度处（主轴坐标轴）。

2）TNC 由该位置开始执行最后一个定义的固定循环。

3）刀具在安全高度处（或第二安全高度）沿正参考轴接近下一次加工的起点位置。

4）重复上述过程（步骤 1 ～ 3），直到完成第一行的全部加工操作为止。刀具定位在第一行的最后一点上。

5）刀具移至要进行加工的第二行的最后一点上。

6）刀具由该位置沿负参考轴方向接近下一次加工的起点。

7）重复步骤 6，直到完成第二行的全部加工操作为止。

8）刀具移至下一行的起点。

9）后续所有行均按往复式运动方式完成加工。

（2）线性阵列孔（循环 220）参数见表 5 - 9。

表 5 - 9　线性阵列孔（循环 220）参数

参数名称	参数说明
第一轴的起点 Q225（绝对值）	加工面上参考轴的起点坐标
第二轴的起点 Q226（绝对值）	加工面上次要轴的起点坐标
第一轴的间距 Q237（增量值）	线上各点间的距离
第二轴的间距 Q238（增量值）	各条线间的距离
列数 Q242	一条线上的加工次数
行数 Q243	加工的路径数
旋转角 Q224（绝对值）	旋转整个阵列的角度。旋转中心在起点上
安全高度 Q200（增量值）	刀尖与工件表面的距离
工件表面坐标 Q203（绝对值）	工件表面的坐标
第二安全高度 Q204（增量值）	刀具轴坐标，在此坐标位置下，刀具与工件（卡具）不会发生碰撞
移至安全高度 Q301	定义刀具在两次加工中的运动方式： 0：在两次加工间移至安全高度处； 1：移至两测量点间的第二安全高度处

（3）编程举例：NC 程序段。

```
0   BEGIN PGM 1 MM
...
10  CYCL DEF 221 CARTESIAN PATTERN
Q225=+15 ;          第一轴的起点
Q226=+15 ;          第二轴的起点
Q237=+10 ;          第一轴的间距
Q238=+8 ;           第二轴的间距
Q242=6 ;            列数
Q243=4 ;            行数
Q224=+15 ;          旋转角度
Q200=2 ;            设置安全高度
Q203=+30 ;          表面坐标
Q204=50 ;           第二安全高度
```

```
Q301=1 ;                移至安全高度
...
END PGM 1 MM
```

三　循环调用

1. 循环调用的前提条件

（1）必须定义用于图形显示的 BLK FORM（毛坯形状），仅用于测试图形。

（2）必须先进行刀具调用并定义主轴旋转方向（M 功能：M3/M4）。

（3）必须定义循环（CYCL DEF）。

2. 循环调用指令

（1）CYCL CALL（循环调用）。

CYCL CALL（循环调用）功能用于调用上一个定义的固定循环。循环起点位于 CYCL CALL（循环调用）程序段之前最后一个编程位置处。输入指令时，按机床操作面板上的【CYCL CALL】(循环调用）键。

（2）用 CYCL CALL POS 调用一个循环。

CYCL CALL POS 功能用于调用最后一个定义的固定循环。循环起点位于 CYCL CALL POS 程序段中定义的位置。iTNC 530 数控系统采用定位逻辑移动至 CYCL CALL POS 程序段定义的位置处。如果刀具轴的当前位置高于工件顶面（Q203），iTNC 会先将刀具移至加工面上的编程位置，再沿刀具轴运动。如果刀具轴的刀具当前位置低于工件顶面（Q203），iTNC 530 数控系统会先将刀具沿刀具轴移至编程的安全高度处，再在加工面上移至编程位置。

（3）用 M99/M89 调用循环。

M99 功能仅在其所在的程序段中有作用，用于调用最后定义的固定循环一次。可以将 M99 编在定位程序段的结束处，iTNC 530 数控系统移至该位置后，再调用最后定义的固定循环。如果需要 TNC 在每个定位程序段之后自动执行循环，可用 M89 编写第一个循环调用（取决于机床参数 7440）。要取消 M89 的作用，可以在移至最后一个起点的定位程序段中使用 M99；或者用 CYCL DEF 定义一个新固定循环。

四　极坐标指令

如果工件图的尺寸是用笛卡尔坐标标注的，那么可以用笛卡尔坐标编写零件程序。如果零件有圆弧或角度，用极坐标标注尺寸会更方便。笛卡尔坐标 X、Y 和 Z 是三维的，可用来描述空间中的点；极坐标是二维的，可用来描述平面中的点。

1. 极点

如图 5－13 所示，极坐标的圆心（CC）为原点（又称极点）。

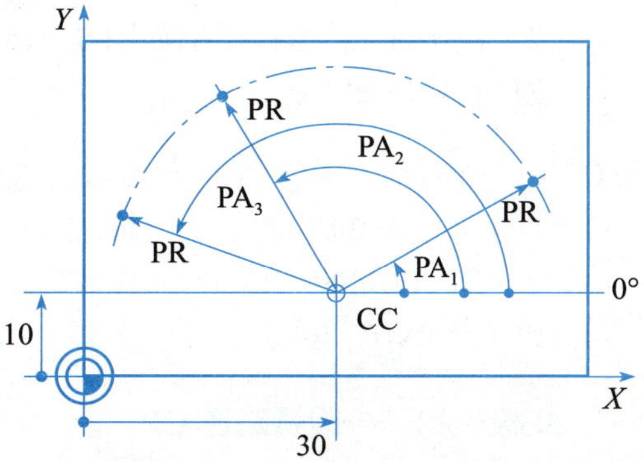

图 5－13　极坐标的圆心

平面中的位置可被准确地表述如下：

（1）极半径 PR：从圆心 CC 到极点的距离。

（2）极角 PA：圆心 CC 和极点的连线与参考轴之间的夹角。

（3）极点和角度参考轴定义。

如图 5－14 所示，在一个平面中输入两个笛卡尔坐标来设置极点，其坐标可确定极角 PA 的参考轴。

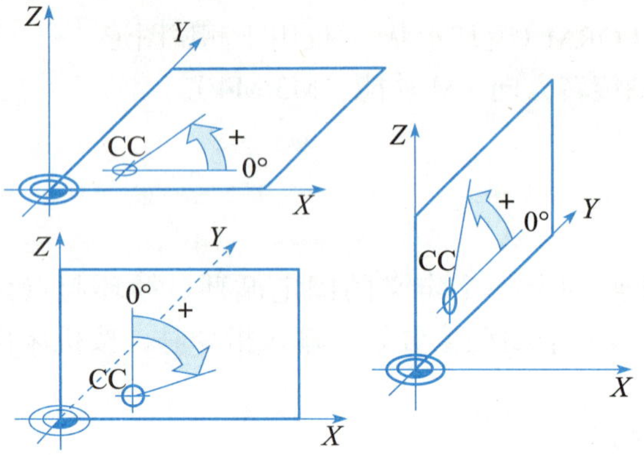

极点坐标（平面）	角度的参考轴
X/Y	+X
Y/Z	+Y
Z/X	+Z

图 5－14　极点和角度参考轴

（4）点击【极坐标圆心 / 极点】定义极坐标原点，格式如下：

```
CC X... Y...
```

（5）注意事项。

对极点的编程不会导致轴向运动，输入相对极点的极坐标尺寸数据，只能在直角坐标中定义极点 CC。定义新极点 CC 之前，现极点 CC 始终有效。

2. 极坐标——直线 LP

（1）点击【直线】、【极坐标】，输入极半径 PR 和极角 PA。输入路径之前先确定极点。数控程序段如下：

```
LP PR... PA...
```

（2）极坐标 LP 编程图例如图 5－15 所示。

数控程序段如下：

```
CC X+30 Y+25              设置极点
LP   PR+50   PA+30   R0   接近孔 1
LP   PR+30   PA+100  R0   接近孔 2
LP   PR+0    PA+0    R0   接近孔 3
```

3. 极坐标——圆弧路径 CP

点击【已知圆心的圆弧】、【极坐标】，输入圆弧终点极角 PA，旋转方向

DR ±，极坐标 CP 编程图例如图 5 - 16 所示。

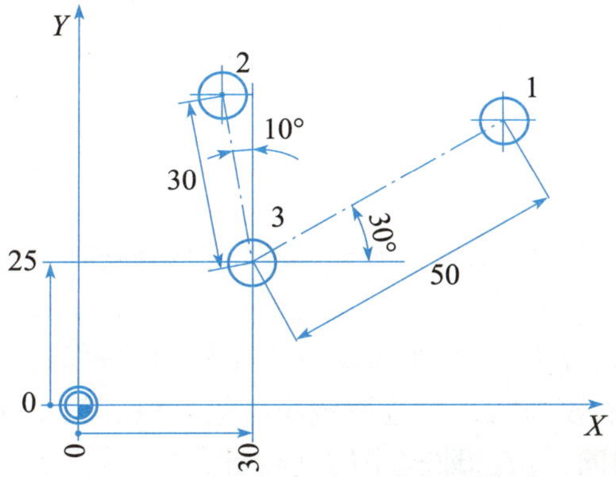

图 5 - 15　极坐标 LP 编程图例

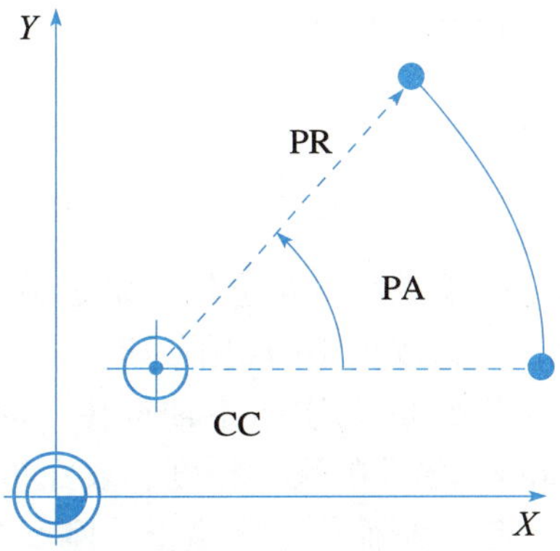

图 5 - 16　极坐标 CP 编程图例

数控程序段如下：

```
CP PA... DR...
```

在螺旋线编程中，可以将圆弧运动（极坐标的）叠加在垂直的直线运动上。

五　孔加工类操作及注意事项

1. 钻孔刀具

常用的钻孔刀具包括麻花钻、中心钻、深孔钻等，其中最常用的是麻花钻。

由于构造方面的限制，钻头的弯曲刚度和扭转刚度均较低，加之定心性不好，钻孔加工的精度较低，一般只能达到 IT13 ～ IT11；表面粗糙度也较大，*Ra* 一般为 50 ～ 12.5 μm；但钻孔的金属切除率大，切削效率高。钻孔刀具主要用于加工质量要求不高的孔，如螺栓孔、螺纹底孔、油孔等。对于精度和表面质量要求较高的孔，则应在后续加工中通过扩孔、铰孔、镗孔或磨孔来达到要求。

2. 麻花钻

麻花钻用于在实体材料上加工孔，因其容屑槽（2 槽、3 槽、多槽）呈螺旋状形似麻花而得名。麻花钻由柄部、颈部和工作部组成，工作部又分为切削部分和导向部分。麻花钻一般用高速钢（WI8Cr4V 或 W9Cr4V2）制成，淬火后硬度达 HRC62 ～ HRC68。麻花钻可被夹持在手持式钻孔工具或钻床、铣床、车床以及加工中心上使用。

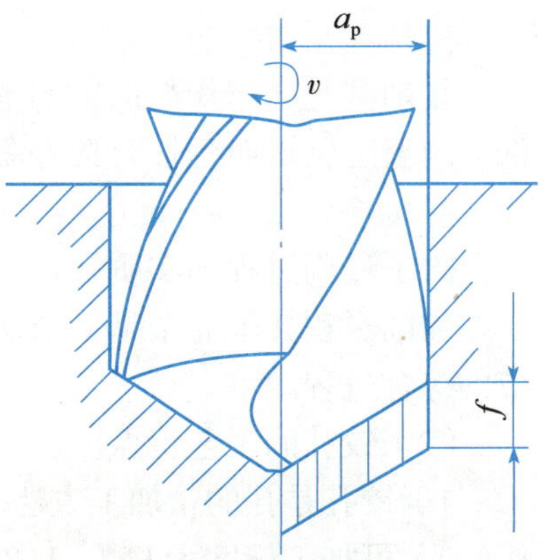

图 5 - 17　钻削用量三要素

3. 钻削用量定义及计算

钻削用量是指在钻削过程中，切削速度（v）、进给量（f）和背吃刀量（a_p）的总称，也称为钻削用量三要素（见图 5 - 17），是调整刀具与工件间的相对运动速度和相对位置时所需的工艺参数。

切削速度（v）指钻削时钻头切削刃上最大直径处

的线速度，可由下式计算：

$$v=\pi Dn/1\ 000$$

式中：D—— 钻头直径，mm；

n—— 钻头转速，r/min。

4. 钻削用量的选择

（1）钻头的直径和进给量确定后，切削速度应按钻头的寿命选取，根据经验，孔深较大时，应选取较小的切削速度。

（2）进给量（f）指主轴每转一周，钻头对工件沿主轴轴线的相对移动的距离，单位是 mm/r。当孔的尺寸精度、表面粗糙度要求较高时，应选取较小的进给量；钻小孔、深孔时，钻头细而长、强度低、刚度差、易扭断，应选取较小的进给量。

实际生产过程中，钻削用量一般根据经验并结合查表的方式来选取，常用钻削用量推荐值见表 5－10。

表 5－10　常用钻削用量推荐值

工件材料	加工内容	背吃刀量 a_p（mm）	切削速度 v（m/min）	进给量 f（mm/r）	刀具材料
碳素钢 σ_b>600MPa	粗加工	5～7	60～80	0.2～0.4	YT 类
	粗加工	2～3	80～120	0.2～0.4	
	精加工	2～6	120～150	0.1～0.2	
碳素钢 σ_b>600MPa	钻中心孔		500～800r/min		W18Cr4V
	钻孔		25～30	0.1～0.2	
	切断（宽度 <5mm）		70～110	0.1～0.2	YT 类
铸铁 HBS<200	粗加工		50～70	0.2～0.4	YG 类
	精加工		70～100	0.1～0.2	
	切断（宽度 <5mm）		50～70	0.1～0.2	

5. 钻孔用切削液

切削液是金属切削加工的重要配套材料，合理使用切削液将有效地减少切削力、降低切削温度，从而延长刀具寿命、防止工件热变形、改善已加工表面的质量。

6. 铰孔

（1）铰削过程的实质。

铰削过程并不完全是一个切削过程，而是包含切削、刮削、挤压、熨平和摩擦等效应的综合过程。

（2）铰孔的工艺特点。

1）铰孔是孔的精加工方法。

2）可加工精度为 IT7、IT8、IT9 的孔。

3）孔的表面粗糙度可控制在 $Ra3.2$ ～ 0.2。

4）铰刀是定尺寸刀具。

5）切削液在铰削过程中起着重要的作用。

6）对于精度要求不高的孔，如螺栓的贯穿孔、油孔以及螺纹底孔，可直接钻孔。

（3）铰孔工艺及其应用。

1）铰孔余量对铰孔质量的影响很大，余量太大，铰刀的负荷大，切削刃会很快被磨钝，不易获得光洁的加工表面，尺寸公差也不易保证；余量太小，不能去掉前工序留下的刀痕，自然也就没有起到改善孔加工质量的作用。

2）为避免产生积屑瘤，铰孔时通常采用较低的切削速度（高速钢铰刀加工钢和铸铁时，v<8m/min）。进给量的取值与被加工孔径有关，孔径越大，进给量取值越大（高速钢铰刀加工钢和铸铁时，进给量取 0.3 ～ 1mm/r）。

3）铰孔时必须用切削液进行冷却、润滑和清洗，以防止产生积屑瘤并及时清除切屑。与磨孔和镗孔相比，铰孔的生产率高，容易保证孔的精度；但铰孔不能校正孔轴线的位置误差，孔的位置精度应由前工序保证。铰孔不宜加工阶梯孔和盲孔。

4）铰孔的尺寸精度一般为 IT9 ～ IT7 级，表面粗糙度一般为 $Ra3.2$ ～ 0.2。对于中等尺寸、精度要求较高的孔（如 IT7 级），钻—扩—铰是典型加工方案。

（4）铰削用量。

1）铰削余量。

粗铰余量为 0.10 ～ 0.35mm；精铰余量为 0.04 ～ 0.06mm。

2）切削速度和进给量。

切削速度为 1.5 ～ 5m/min；铰削钢件时，进给量为 0.3 ～ 2mm/r；铰削铸铁件时，进给量为 0.5 ～ 3mm/r。

7. 攻丝

（1）工件的螺纹底孔的孔口要倒角，通孔螺纹的两端都要倒角。

（2）工件的装夹位置要正确，尽量使螺纹孔中心线置于水平或竖直位置，这样攻丝时容易判断丝锥轴线是否垂直于工件的平面。

（3）攻丝开始时，要尽量把丝锥放正，然后对丝锥施加压力并转动绞手。当切入 1、2 圈时，仔细检查和校正丝锥的位置；切入 3、4 圈时，应确保丝锥位置正确无误；后续只需转动绞手，而不应再对丝锥施加压力，否则螺纹牙形将被损坏。

（4）攻丝时，每转动绞手 1/2 ～ 1 圈，就应倒转约 1/2 圈，使切屑碎断，容易排出，并可减少因切削刃粘屑而导致丝锥轧住的情况的发生。

（5）遇到攻不通的螺孔时，要经常退出丝锥，排除孔中的切屑。

（6）攻塑性材料的螺孔时，要加切削液冷却。对于钢料，一般用机油或浓度较大的乳化液，切削质量要求较高时可用菜油或二硫化钼等；对于不锈钢，可用 30 号机油或硫化油。

（7）攻丝过程中，换用后一支丝锥时，要先用手将丝锥旋入已攻出的螺纹，至不能旋进时再用绞手转动。末锥攻完退出时，要避免快速转动绞手，以确保攻好的螺纹不受影响。

（8）机攻时，丝锥与螺孔要保持同轴性。

（9）机攻时，丝锥的校准部分不能全部出头，否则在反车退出丝锥时会产生乱牙。

（10）机攻时的切削速度，一般钢料为 6 ~ 15m/min；调质钢或较硬的钢料为 5 ~ 10m/min；不锈钢为 2 ~ 7m/min；铸铁为 8 ~ 10m/min。若材料相同，丝锥直径小时取较高值，丝锥直径大时取较低值。攻丝参考速度见表 5 - 11。

表 5 - 11　攻丝参考速度

被削材料		切削速度（m/min）				
		HT	SFT	POT	超硬丝攻	无满丝攻
低碳素钢	CO.2% 以下	8 ~ 13	8 ~ 13	15 ~ 25	—	8 ~ 13
中碳素钢	CO.25% ~ 0.40%	7 ~ 12	7 ~ 12	10 ~ 15	—	7 ~ 10
高碳素钢	c0.40%	6 ~ 9	6 ~ 9	8 ~ 13	—	5 ~ 8
合金钢	SCM	7 ~ 12	7 ~ 12	10 ~ 15	—	5 ~ 8
调质钢	HRC25 ~ 45	3 ~ 5	3 ~ 5	4 ~ 6	—	—
不锈钢	SUS	4 ~ 7	5 ~ 8	8 ~ 13	—	5 ~ 10
析出硬化型不锈钢	17-4PH.17-7PH	3 ~ 5	3 ~ 5	4 ~ 6	—	—
工具钢	SKD	6 ~ 9	6 ~ 9	7 ~ 10	—	—
铸钢	SC	6 ~ 11	6 ~ 11	10 ~ 15	—	—
铸铁	FC	10 ~ 15	—	—	10 ~ 20	—
	FCD	7 ~ 12	7 ~ 12	10 ~ 20	10 ~ 20	—
铜	Cu	6 ~ 9	6 ~ 11	7 ~ 12	10 ~ 20	7 ~ 12
黄铜 . 黄铜铸物	Bs.BsC	10 ~ 15	10 ~ 20	15 ~ 25	15 ~ 25	7 ~ 12
青铜 . 青铜铸物	PB.PBC	6 ~ 11	6 ~ 11	10 ~ 20	10 ~ 20	7 ~ 12
铝压延材	AL	10 ~ 20	10 ~ 20	15 ~ 20	—	10 ~ 20
铝合金铸物	AC.ADC	10 ~ 15	10 ~ 15	15 ~ 20	10 ~ 20	10 ~ 15
镁合金铸物	MC	7 ~ 12	7 ~ 12	10 ~ 15	10 ~ 20	—
热硬化性塑料		10 ~ 20	—	—	15 ~ 25	—
热可塑性塑料		10 ~ 20	10 ~ 15	10 ~ 20	10 ~ 20	—

任务实施

一　图纸分析

看懂工件图样，了解图样上各加工部位的尺寸标注和精度要求等。

二 检测毛坯

确定工件的加工余量：毛坯为 100mm × 100mm × 35mm 的六面体，六个面均为精加工表面，材料为铝合金。

三 工件装夹

根据工件的形状特点，采用平口虎钳装夹工件。选毛坯的侧面和底面为精基准，工件的编程坐标系选在工件上表面的对称中心，如图 5 - 18 所示。

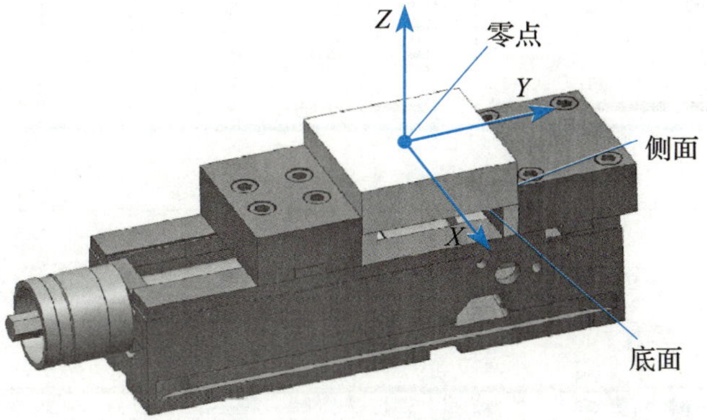

图 5 - 18　工件的装夹

四 刀具的选择

根据工件轮廓形状，选取整体铣铝专用硬质合金两刃直柄立铣刀，包括 ϕ16 立铣刀、ϕ6 铰刀、M5 机用丝锥、ϕ5.8 麻花钻、ϕ4.2 麻花钻。

五 刀具的建立

1. 刀具表

建立 7 个刀具。

（1）选择【手动操作模式】。

（2）选择【刀具表】。

（3）将【编辑】软键设置在【开】位置。

由于本任务要求对工件进行粗、精加工，因此要建立两把 D16R0 立铣刀，将 R（刀具半径）分别设置为 R8.2（粗加工刀具）与 R8（精加工刀具），并建立在 1 号、2 号刀具上，钻头 ZT5.8 与 ZT4.2 分别建立在 3 号、5 号刀具上，铰刀 D6 与丝锥 M5 分别建立在 4 号、6 号刀具上，测头建立在 9 号刀具上，如图 5 - 19 所示。

2. 装刀

在手动状下，将光标移至要存储的刀具号上，点击【刀库管理】→【刀具存储】，选择【刀具位置手动】，将装好刀具的刀柄装在刀库中并关好刀库安全门，按【确认】按钮。同理，将其余刀具依次装入刀库，如图 5 - 20 所示。

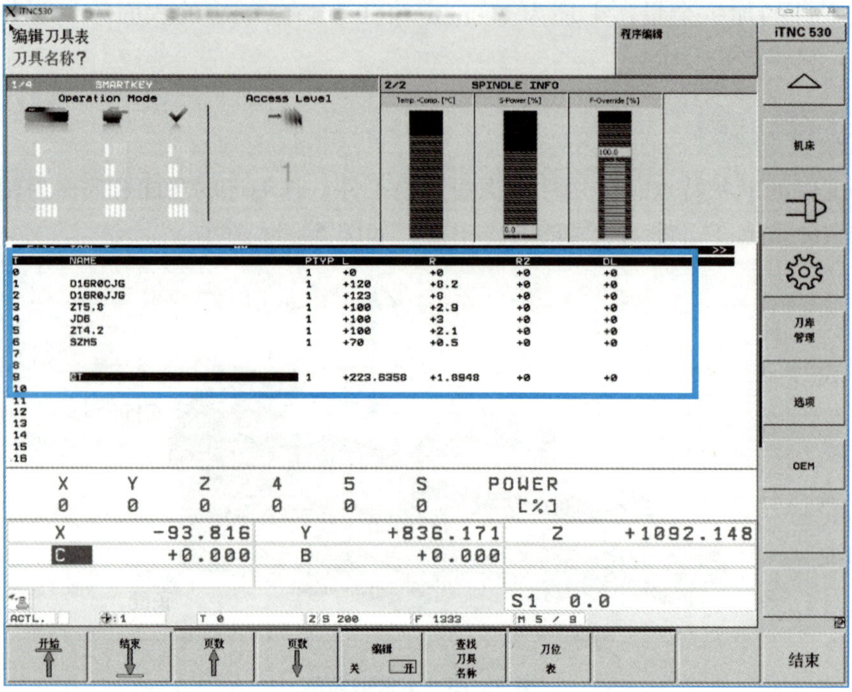

图 5-19　刀具建立

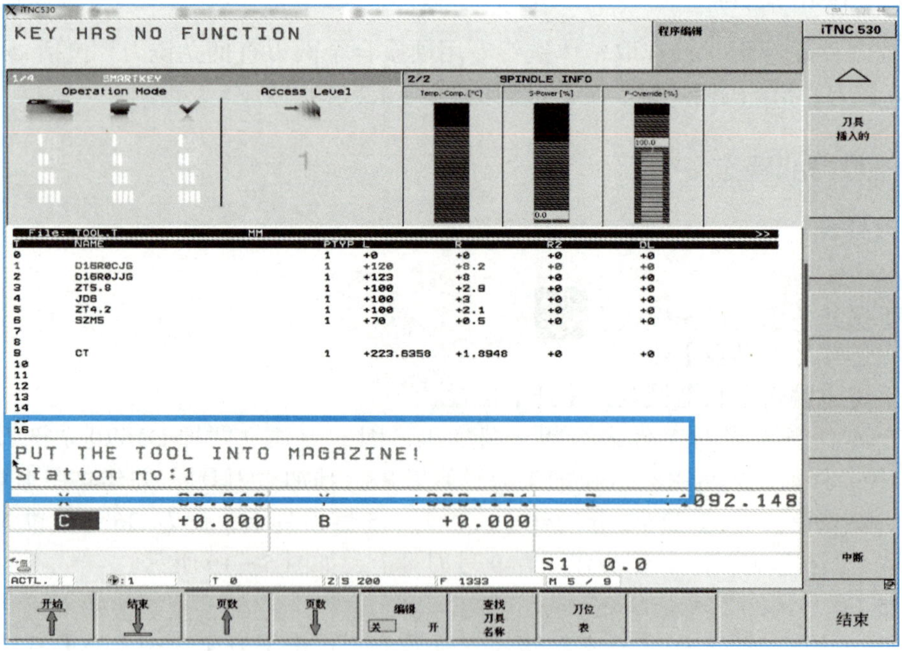

图 5-20　刀具安装

六　对刀与工件坐标系的建立

1. 对 X 中心

（1）在 MDI 下，调用测头 TOOL CALL　9　Z　S2000;，将 B、C 轴回零 L　B+0　C+0 R0　FMAX;。

（2）按【手轮激活开关键】，【SmartKey】设置处于方式Ⅱ，按【开门键】打开机床防护门。

（3）通过电子手轮将测头从 $-X$ 方向靠近工件的左侧，点击【探测功能】→【测量】→【X+】→【循环启动】；将测头从 $+X$ 方向靠近工件的右侧，点击【探测功能】→【测量】→【X-】→【循环启动】。Datum（当前值）输入“0”，Number in table（想要设定的坐标系）输入“1”，点击【键入预设表】。

2. 对 Y 中心

通过电子手轮将测头从 $-Y$ 方向靠近工件的左侧，点击【探测功能】→【测量】→【Y+】→【循环启动】；将测头从 $+Y$ 方向靠近工件的右侧，点击【探测功能】→【测量】→【Y-】→【循环启动】。Datum（当前值）输入“0”，Number in table（想要设定的坐标系）输入“1”，点击【键入预设表】。

3. 用机床激光测量仪对刀

由于本任务使用的刀具较多，因此我们选用激光测量仪对刀。

（1）在 MDI 下，调用第一把 D16R0 立铣刀 TOOL CALL　1　Z　S2000;，将 B、C 轴回零 L　B+0　C+0 R0　FMAX;。

（2）点击→【TOUCH PROBE】→【BLUIM】→【583 TOOL LEN】→【循环启动】，如图 5－21 至图 5－23 所示。

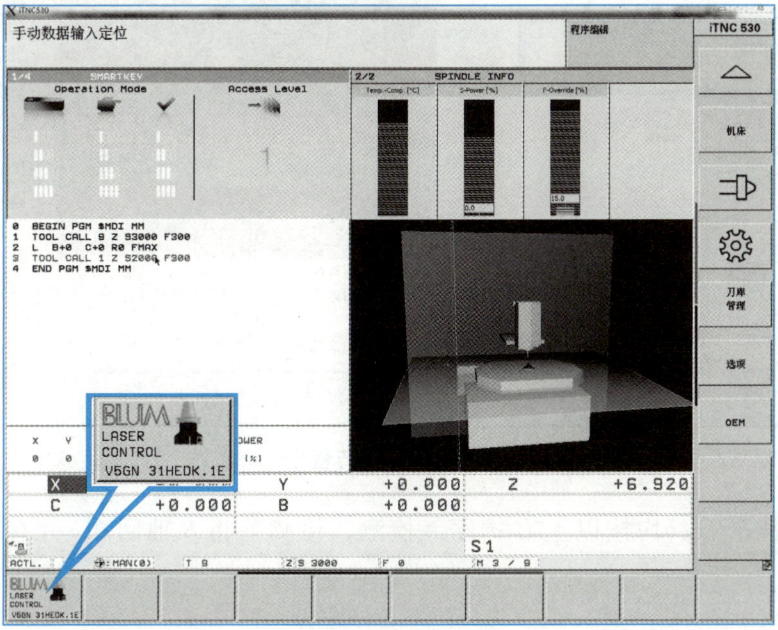

图 5－21　BLUIM

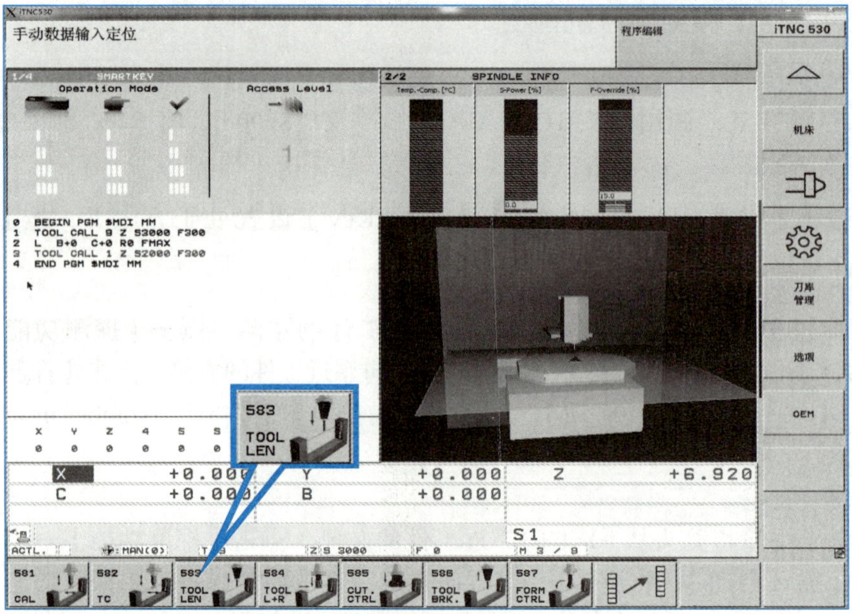

图 5－22　583 TOOL LEN 对刀方式

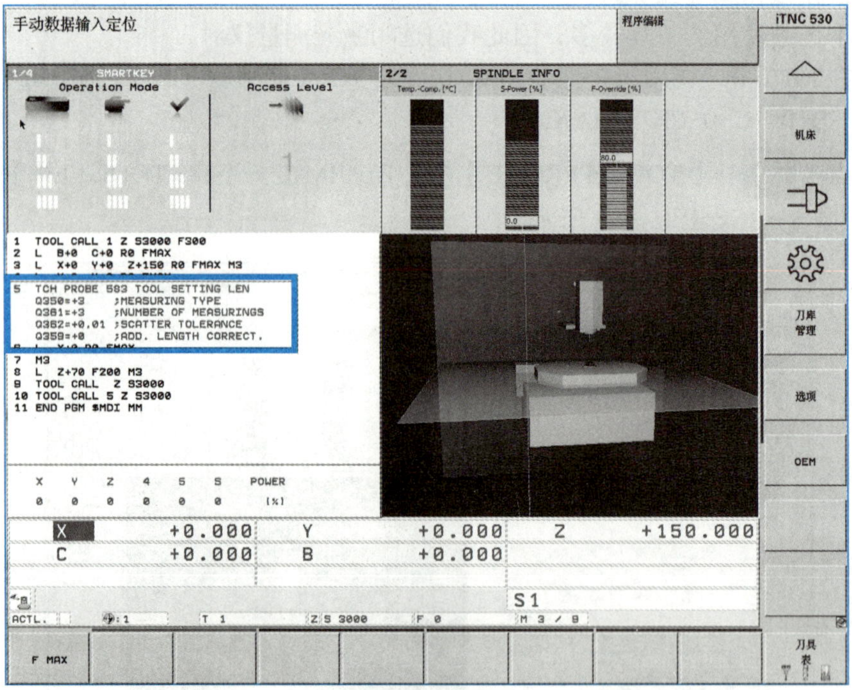

图 5－23　执行程序

注意：其余刀具均按以上方式逐一检测，检测前将 *B* 轴回 0，并在调刀时输入转速。

七　切削用量的选择

背吃刀量选择 1.5 ～ 2mm，侧吃刀量精加工留出 0.2mm，其余轮廓余量由粗加工一次切除，进给速率 1 000mm/min，具体加工时依靠倍率调整，粗加工时倍率调大一些，精加工时倍率调小一些。主轴转速设为 3 500 ～ 4 500r/min；孔加工时，主轴转速设为 800r/min，进给速率设为 80mm/min。

八　工作清单（在教师指导下由学生填写）及参考程序

1. 工作清单

（1）填写数控加工刀具卡。

数控加工刀具卡			
刀具号	刀具规格 / 名称	数量	加工表面

（2）填写数控加工工序卡。

数控加工工序卡						
工序号	程序编号	夹具名称		使用设备		
工步	工步内容	刀具号	刀具规格	主轴转速	进给速率	背吃刀量

（3）填写量具使用卡。

量具使用卡		
量具名称	尺寸范围	数量

2. 参考程序

（1）粗加工程序：调用 1 号刀切出外形及内孔轮廓。

```
0   BEGIN PGM renwu5mm
1   BLK FORM   0.1   Z   X-50   Y-50   Z-30
2   BLK FORM   0.2   X+50   Y+50   Z+0
```

```
3 TOOL CALL  1  Z  S3500  F1000
4 L  B+0  C+0  R0  FMAX
5 CYCL DEF 247 DATUM SETTING ~
   Q339=+1        ;DATUM NUMBER
6 M13
7 L  X+0  Y-70  Z+50  R0  FMAX
8       Z+2
9 L  Z+0 F200
10 LBL 1                      1号子程序加工正方形带倒圆轮廓
11 L  IZ-2  R0  F500          Z向下刀，每次2mm深
12 L  Y-45  RL  F1000
13 L  X-45
14 RND R10
15 L  Y+45
16 RND R10
17 L  X+45
18 RND R10
19 L  Y-45
20 RND R10
21 L  X+0
22 L  Y-70 R0 F1000
23 LBL 0
24 CALL LBL 1 REP4            轮廓深度10mm，每次切深2mm，子程序重复执行5次，由
                              于子程序在M30之前已经执行1次，所以这里重复调用4次
25 L  Z+0  R0  F500
26 LBL 2                      2号子程序加工8边形轮廓
27 L  IZ-1  R0  F200          Z向下刀，每次1mm深
28 L  Y-45  RL  F1000
29 CC  X+0  Y+0               定义极坐标原点
30 LP  PR+45  PA-135          定义极半径和极角
31 L  X-45  Y+0
32 LP  PR+45  PA+135
33 L  X+0  Y+45
34 LP  PR+45  PA+45
35 L  X+45  Y+0
36 LP  PR+45  PA-45
37 L  X+0  Y-45
38 L  Y-70  R0
39 LBL 0
```

```
40 CALL LBL 2 REP4                轮廓深度 5mm，每次切深 1mm，子程序重复执行 5 次，由
                                  于子程序在 M30 之前已经执行 1 次，所以这里重复调用 4 次
41 L   Z+10   FMAX
42 L   X+0   Y+0   FMAX
43 L   Z+0   F100
44 LBL 3                          3 号子程序加工内圆型腔
45 L   IZ-1   F50
46 L   X+15   Y+0   RL   F1000
47 CC   X+0   Y+0
48 CR   X-15   Y+0   R+15   DR+
49 CR   X+15   Y+0   R+15   DR+
50 L   X+0   Y+0   R0
51 LBL 0
52 CALL LBL 3 REP4
53 L Z+100 R0 FMAX M30
54 END PGM renwu5mm
```

（2）精加工程序：精加工内外轮廓及钻孔、铰孔和攻丝。

```
0   BEGIN PGM RENWU5jjgmm
1   BLK FORM 0.1 Z   X-50   Y-50   Z-30
2   BLK FORM 0.2   X+50   Y+50   Z+0
3   TOOL CALL 2 Z S4500 F1000
4   L   B+0   C+0 R0 FMAX
5   CYCL DEF 247 DATUM SETTING ~
      Q339=+1         ;DATUM NUMBER
6   M13
7   L   X+0   Y-70   Z+50 FMAX
8       Z+2
9   L   Z-10 F500
10  APPR CT   X+0   Y-45   CCA90 R+15 RL F1000
11  L   X-45
12  RND R10
13  L   Y+45
14  RND R10
15  L   X+45
16  RND R10
17  L   Y-45
18  RND R10
19  L   X+0
```

```
20 DEP CT    CCA90 R+15 F1000
21 L    X+0    Y-70
22 L    Z-5
23 L    Y-45 RL F1000
24 CC    X+0    Y+0
25 LP    PR+45    PA-135
26 L    X-45    Y+0
27 LP    PR+45    PA+135
28 L    X+0    Y+45
29 LP    PR+45    PA+45
30 L    X+45    Y+0
31 LP    PR+45    PA-45
32 L    X+0    Y-45
33 L    Y-70 R0
34 L    Z+2 FMAX
35 L    X+0    Y+0
36 L    Z-5 F500
37 L    X+15    Y+0 RL F1000
38 CC    X+0    Y+0
39 CR    X-15    Y+0 R+15 DR+
40 CR    X+15    Y+0 R+15 DR+
41 L    X+0    Y+0 R0
42 L    Z+100 FMAX
43 TOOL CALL 3 Z S800
44 L    B+0    C+0 FMAX
45 M13
46 L    X+45    Y+0    Z+100 FMAX
47 CYCL DEF 203 UNIVERSAL DRILLING ~
```

ϕ5.8 钻头采用万能钻循环方式钻削深度20mm 的孔

```
    Q200=+2         ;SET-UP CLEARANCE ~
    Q201=-20        ;DEPTH ~
    Q206=+150       ;FEED RATE FOR PLNGNG ~
    Q202=+5         ;PLUNGING DEPTH ~
    Q210=+0         ;DWELL TIME AT TOP ~
    Q203=+0         ;SURFACE COORDINATE ~
    Q204=+50        ;2ND SET-UP CLEARANCE ~
    Q212=+0.2       ;DECREMENT ~
    Q213=+3         ;NR OF BREAKS ~
    Q205=+3         ;MIN. PLUNGING DEPTH ~
```

```
    Q211=+0.25    ;DWELL TIME AT DEPTH ~
    Q208= MAX     ;RETRACTION FEED RATE ~
    Q256=+0.2     ;DIST FOR CHIP BRKNG
48 CYCL DEF 220 POLAR PATTERN ~ 圆周方向阵列 8 个孔
    Q216=+0       ;CENTER IN 1ST AXIS ~
    Q217=+0       ;CENTER IN 2ND AXIS ~
    Q244=+70      ;PITCH CIRCLE DIAMETR ~
    Q245=+0       ;STARTING ANGLE ~
    Q246=+360     ;STOPPING ANGLE ~
    Q247=+45      ;STEPPING ANGLE ~
    Q241=+8       ;NR OF REPETITIONS ~
    Q200=+2       ;SET-UP CLEARANCE ~
    Q203=+0       ;SURFACE COORDINATE ~
    Q204=+50      ;2ND SET-UP CLEARANCE ~
    Q301=+1       ;MOVE TO CLEARANCE ~
    Q365=+0       ;TYPE OF TRAVERSE
49 CYCL CALL                            调用万能钻及圆周阵列孔循环
50 TOOL CALL 4 Z S800
51 L  B+0  C+0 FMAX
52 M13
53 CYCL DEF 201 REAMING ~               φ6 铰刀采用铰孔循环方式铰削直径 φ6mm、深度
                                        20mm 的孔
    Q200=+2       ;SET-UP CLEARANCE ~
    Q201=-20      ;DEPTH ~
    Q206=+150     ;FEED RATE FOR PLNGNG ~
    Q211=+1       ;DWELL TIME AT DEPTH ~
    Q208= MAX     ;RETRACTION FEED RATE ~
    Q203=+0       ;SURFACE COORDINATE ~
    Q204=+50      ;2ND SET-UP CLEARANCE
54 CYCL DEF 220 POLAR PATTERN ~
    Q216=+0       ;CENTER IN 1ST AXIS ~
    Q217=+0       ;CENTER IN 2ND AXIS ~
    Q244=+70      ;PITCH CIRCLE DIAMETR ~
    Q245=+0       ;STARTING ANGLE ~
    Q246=+360     ;STOPPING ANGLE ~
    Q247=+45      ;STEPPING ANGLE ~
    Q241=+8       ;NR OF REPETITIONS ~
    Q200=+2       ;SET-UP CLEARANCE ~
    Q203=+0       ;SURFACE COORDINATE ~
```

```
    Q204=+50      ;2ND SET-UP CLEARANCE ~
    Q301=+1       ;MOVE TO CLEARANCE ~
    Q365=+0       ;TYPE OF TRAVERSE
55  CYCL CALL
56  TOOL CALL 5 Z S800
57  L   B+0   C+0 FMAX
58  M13
59  CYCL DEF 200 DRILLING ~            ϕ4.2 钻头钻削深度 12mm 的孔
    Q200=+2       ;SET-UP CLEARANCE ~
    Q201=-17      ;DEPTH ~             孔表面距离 Z 向零点 5mm，孔深 12mm，所以设置深
                                       度值为 17mm
    Q206=+150     ;FEED RATE FOR PLNGNG ~
    Q202=+5       ;PLUNGING DEPTH ~
    Q210=+0       ;DWELL TIME AT TOP ~
    Q203=+0       ;SURFACE COORDINATE ~
    Q204=+50      ;2ND SET-UP CLEARANCE ~
    Q211=+0       ;DWELL TIME AT DEPTH
60  CYCL DEF 221 CARTESIAN PATTERN ~           采用线性阵列孔循环方式阵列 4 个孔
    Q225=-35      ;STARTNG PNT 1ST AXIS ~
    Q226=-35      ;STARTNG PNT 2ND AXIS ~
    Q237=+70      ;SPACING IN 1ST AXIS ~
    Q238=+70      ;SPACING IN 2ND AXIS ~
    Q242=+2       ;NUMBER OF COLUMNS ~
    Q243=+2       ;NUMBER OF LINES ~
    Q224=+0       ;ANGLE OF ROTATION ~
    Q200=+2       ;SET-UP CLEARANCE ~
    Q203=+0       ;SURFACE COORDINATE ~
    Q204=+50      ;2ND SET-UP CLEARANCE ~
    Q301=+1       ;MOVE TO CLEARANCE
61  CYCL CALL                                  调用钻孔及线性阵列孔循环
62  TOOL CALL 6 Z S100
63  L   B+0   C+0 FMAX
64  M13
65  CYCL DEF 206 TAPPING NEW ~                 M5 丝锥攻螺纹
    Q200=+2       ;SET-UP CLEARANCE ~
    Q201=-15      ;DEPTH OF THREAD ~
    Q206=+150     ;FEED RATE FOR PLNGNG ~
    Q211=+0       ;DWELL TIME AT DEPTH ~
    Q203=+0       ;SURFACE COORDINATE ~
```

```
    Q204=+50        ;2ND SET-UP CLEARANCE
66 CYCL DEF 221 CARTESIAN PATTERN ~
    Q225=-35        ;STARTNG PNT 1ST AXIS ~
    Q226=-35        ;STARTNG PNT 2ND AXIS ~
    Q237=+70        ;SPACING IN 1ST AXIS ~
    Q238=+70        ;SPACING IN 2ND AXIS ~
    Q242=+2         ;NUMBER OF COLUMNS ~
    Q243=+2         ;NUMBER OF LINES ~
    Q224=+0         ;ANGLE OF ROTATION ~
    Q200=+2         ;SET-UP CLEARANCE ~
    Q203=+0         ;SURFACE COORDINATE ~
    Q204=+50        ;2ND SET-UP CLEARANCE ~
    Q301=+1         ;MOVE TO CLEARANCE
67 CYCL CALL                                        调用攻丝及线性阵列孔循环
68 L Z+100 R0 FMAX M30
69 END PGM RENWU5jjgmm
```

3. 加工结果

加工结果如图 5－24 所示。

图 5－24　加工结果

仿真加工（五）
——粗加工

仿真加工（五）
——精加工

具有型腔特征的零件的铣削

任务描述

根据图 6－1 所示的图纸，分析尺寸精度及技术要求，制定零件加工工艺方案，编制加工程序，模拟仿真，最终在数控铣床上完成加工。

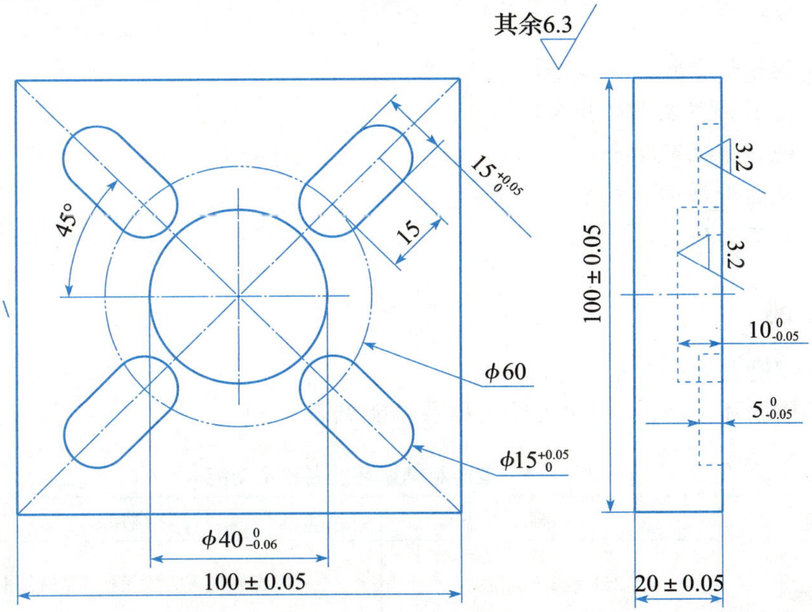

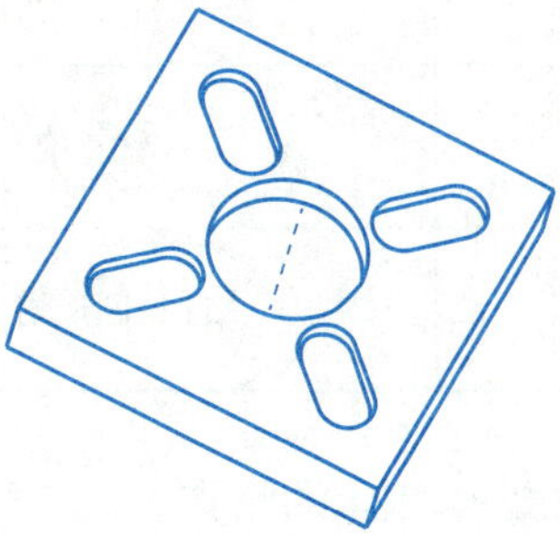

技术要求：
1. 零件加工表面不应有划痕、擦伤等。
2. 去除毛刺飞边。
3. 锐角倒钝。
4. 未标注公差 ±0.1。

型腔加工	比例	数量	材料	图号：06
	1 : 1	1	铝合金	

图 6－1　具有型腔特征的零件

任务目标

知识目标

- 掌握铣型腔循环的常用方法。
- 掌握铣槽循环的常用方法。
- 能够根据零件图纸编写加工程序。

素养提升

- 通过讨论“工匠精神在科技强国方面的意义”这一话题，坚信要实现中华民族伟大复兴，必须坚持走中国特色社会主义自主创新道路，建设科技强国。

知识学习

- 铣矩形型腔循环指令。
- 铣圆弧型腔循环指令。
- 铣直槽循环指令。
- 铣圆形槽循环指令。
- 刀库的使用。

一 概述

1. 型腔和槽循环

型腔和槽循环（251 ～ 254）的名称及功能见表 6－1。

表 6－1　型腔和槽循环的名称及功能

软键	名称	功能
	251 铣矩形型腔	以螺旋切入方式粗铣 / 精铣矩形型腔
	252 铣圆形型腔	以螺旋切入方式粗铣 / 精铣圆形型腔
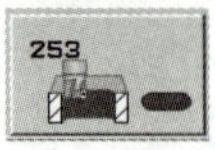	253 铣直槽	以往复切入方式粗铣 / 精铣直槽
	254 铣圆形槽	以往复切入方式粗铣 / 精铣圆形槽

2. 循环 251 ～ 254 的特点

（1）铣削循环 251 ～ 254 可以完整加工型腔和槽。根据循环参数的不同，分为以下加工方式：

1）完整加工：粗铣，底面精铣，侧面精铣。

2）仅粗铣。

3）底面精铣和侧面精铣。

4）仅底面精铣。

5）仅侧面精铣。

（2）粗铣。

1）刀具由型腔中心切入并进刀至第一切入深度。用参数 Q366 定义切入方式。

2）TNC 由内向外粗铣型腔。注意行距系数（参数 Q370）和精铣余量（参数 Q368）。

3）重复上述过程，直至达到编程的型腔深度。

（3）精铣。

1）如果定义了精铣余量并指定了进给次数，TNC 将按指定次数进给来精铣型腔壁。相切接近型腔壁。

2）TNC 由内向外精铣型腔底面。相切接近型腔底面。

（4）编程注意事项。

1）用半径补偿 R0 在加工面上将刀具预定位至起点位置。注意参数 Q367（型腔位置）。

2）TNC 沿接近起始位置的坐标轴（加工面）执行循环。如果程序为

CYCL CALL POS X... Y... Z...，则表示沿 *X* 轴和 *Y* 轴。

3）TNC 自动沿刀具轴预定位刀具。注意参数 Q204（第二安全高度）。

4）循环参数 DEPTH（深度）的代数符号决定加工方向。如果编程定义 DEPTH=0，这个循环将不被执行。

5）循环结束时，TNC 将刀具退至起始位置处。

6）如果输入了正深度，无论 TNC 显示出错信息（bit2=1）或不显示出错信息（bit2=0），都应对 MP7441 的 bit2 赋值。注意，输入正深度后，TNC 将反向计算预定位，也就是说刀具将沿刀具轴以快速移动速率 FMAX 移至低于工件表面的安全高度处。

二　循环指令

1. 循环 251（矩形型腔）

循环 251 参数说明见表 6－2，相关参数图例如图 6－2 至图 6－6 所示。

表 6－2　循环 251 参数说明

参数名称	参数说明
加工方式（0/1/2）Q215	0：粗铣和精铣； 1：仅粗铣； 2：仅精铣。 如果定义了精铣余量（Q368，Q369），将仅精铣侧面和底面。如果将加工方式定义为 2，则因为没有粗铣而只执行精铣加工
第一边长 Q218（增量值）	型腔长度，平行于加工面的参考轴
第二边长 Q219（增量值）	型腔宽度，平行于加工面的次要轴
角半径 Q220：型腔角的半径	如果不输入，TNC 将假定角半径等于刀具半径
精铣侧面余量 Q368（增量值）	精铣加工面上的余量
旋转角 Q224（绝对值）	旋转整个型腔的角度。旋转中心是调用循环时刀具所处的位置

续表

参数名称	参数说明
型腔位置 Q367	调用循环时，型腔相对刀具的位置： 0：刀具位置 = 型腔中心； 1：刀具位置 = 左下角； 2：刀具位置 = 右下角； 3：刀具位置 = 右上角； 4：刀具位置 = 左上角
铣削进给速率 Q207	铣削时刀具的移动速度，单位为 mm/min
顺铣或逆铣 Q351	用 M03 铣削的加工类型： +1= 顺铣； −1= 逆铣
深度 Q201（增量值）	工件表面与型腔底面的距离
切入深度 Q202（增量值）	每刀进给量。输入大于 0 的值
精铣底面余量 Q369（增量值）	沿刀具轴的精铣余量
切入进给速率 Q206	刀具移至加工深度处的移动速度，单位为 mm/min
精铣进给量 Q338（增量值）	每刀进给量。 Q338=0：一次进给精铣
安全高度 Q200（增量值）	刀尖与工件表面的距离
工件表面坐标 Q203（绝对值）	工件表面绝对坐标
第二安全高度 Q204（增量值）	刀具轴坐标，在此坐标位置下，刀具与工件（卡具）不会发生碰撞
路径重叠系数 Q370	Q370 × 刀具半径 = 行距系数 k
切入方式 Q366	切入方式： 0= 垂直切入。在刀具表中，必须将当前刀具的切入角 ANGLE（角）定义为 90°，否则 TNC 将显示出错信息； 1= 螺旋式切入。在刀具表中，必须将当前刀具的切入角 ANGLE（角）定义为非 0°，否则 TNC 将显示出错信息； 2= 往复式切入。在刀具表中，必须将当前刀具的切入角 ANGLE（角）定义为非 0°，否则 TNC 将显示出错信息。往复长度取决于切入角度。TNC 使用的最小值是刀具直径的两倍
精铣进给速率 Q385	精铣侧面和底面时的刀具移动速度，单位为 mm/min

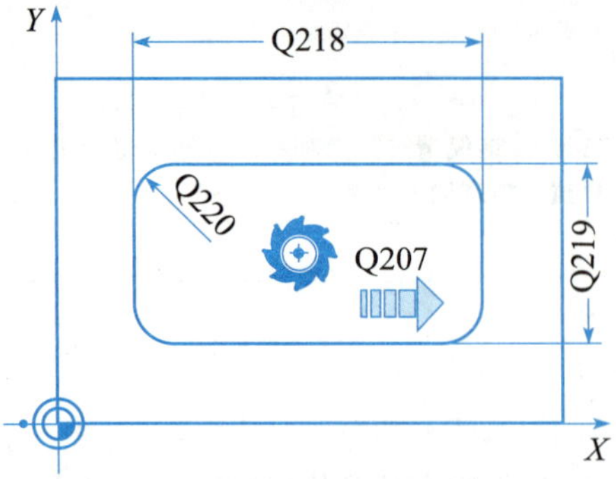

图 6－2　循环 251 参数（1）

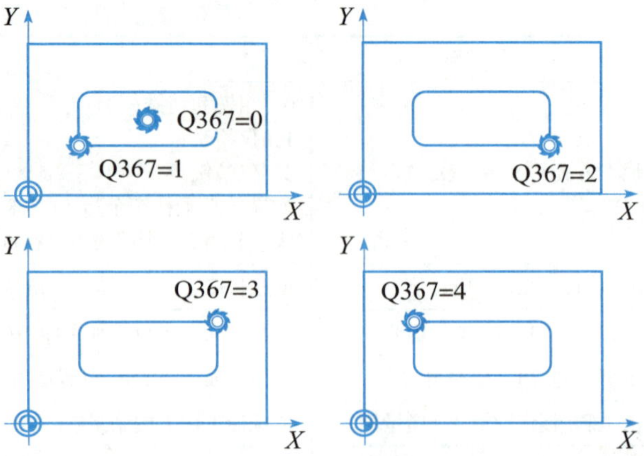

图 6－3　循环 251 参数（2）

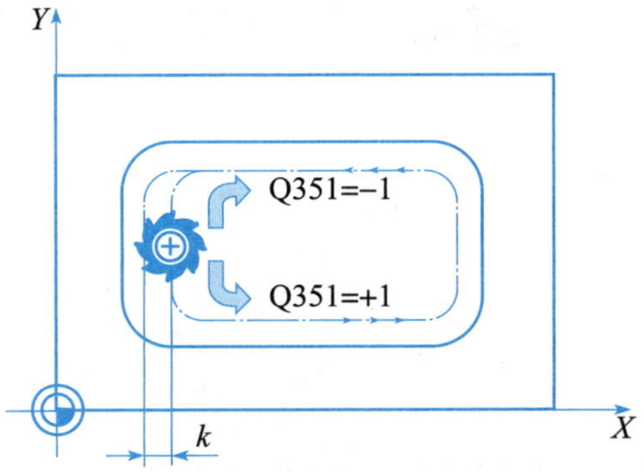

图 6－4　循环 251 参数（3）

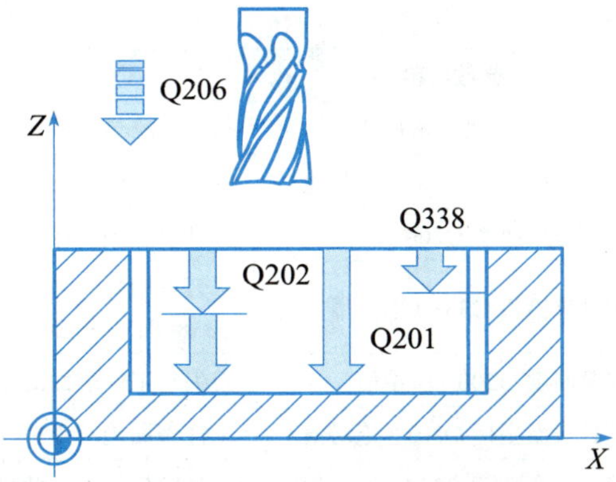

图 6－5　循环 251 参数（4）

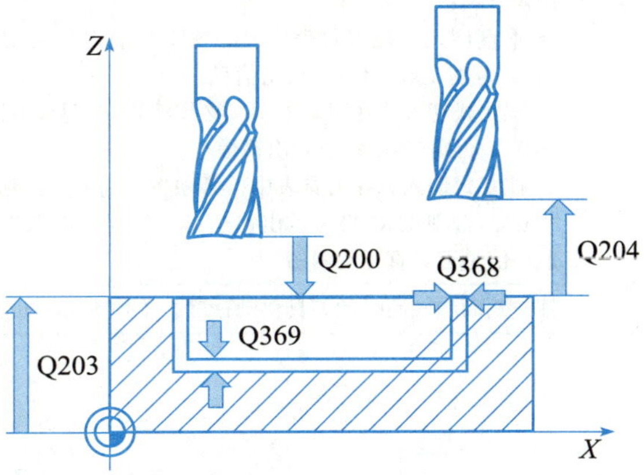

图 6－6　循环 251 参数（5）

2. 循环 252（圆弧型腔）

循环 252 参数说明见表 6－3，相关参数图例如图 6－7 至图 6－9 所示。

表 6－3　循环 252 参数说明

参数名称	参数说明
加工方式（0/1/2）Q215	定义加工方式： 0：粗铣和精铣； 1：仅粗铣； 2：仅精铣。 如果定义了精铣余量（Q368，Q369），将仅精铣侧面和底面。如果将加工方式定义为 2，则因为没有粗铣而只执行精铣加工
圆直径 Q223	精铣型腔的直径
精铣侧面余量 Q368（增量值）	精铣加工面上的余量
铣削进给速率 Q207	铣削时刀具的移动速度，单位为 mm/min
顺铣或逆铣 Q351	用 M03 铣削的加工类型： +1= 顺铣； −1= 逆铣
深度 Q201（增量值）	工件表面与型腔底面的距离

续表

参数名称	参数说明
切入深度 Q202（增量值）	每刀进给量。输入大于 0 的值
精铣底面余量 Q369（增量值）	沿刀具轴的精铣余量
切入进给速率 Q206	刀具移至加工深度处的移动速度，单位为 mm/min
精铣进给量 Q338（增量值）	每刀进给量。 Q338=0：一次进给精铣
安全高度 Q200（增量值）	刀尖与工件表面的距离
工件表面坐标 Q203（绝对值）	工件表面绝对坐标
第二安全高度 Q204（增量值）	刀具轴坐标，在此坐标位置下，刀具与工件（卡具）不会发生碰撞
路径重叠系数 Q370	Q370 × 刀具半径 = 行距系数 k
切入方式 Q366	切入方式： 0= 垂直切入。在刀具表中，必须将当前刀具的切入角 ANGLE（角）定义为 90°，否则 TNC 将显示出错信息； 1= 螺旋式切入。在刀具表中，必须将当前刀具的切入角 ANGLE（角）定义为非 0°，否则 TNC 将显示出错信息； 2= 往复式切入。在刀具表中，必须将当前刀具的切入角 ANGLE（角）定义为非 0°，否则 TNC 将显示出错信息。往复长度取决于切入角度。TNC 使用的最小值是刀具直径的两倍
精铣进给速率 Q385	精铣侧面和底面时的刀具移动速度，单位为 mm/min

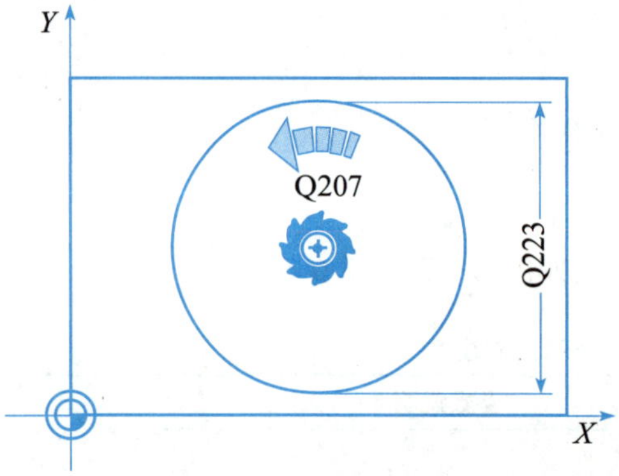

图 6-7　循环 252 参数（1）

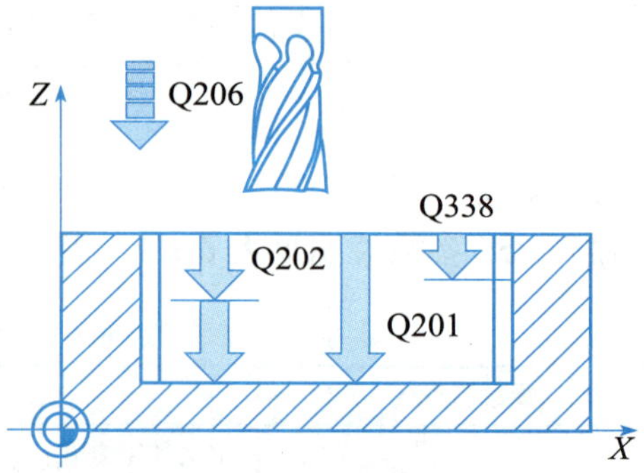

图 6-8　循环 252 参数（2）

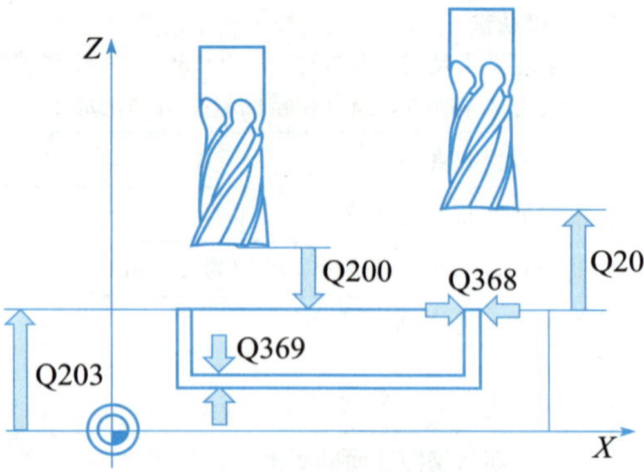

图 6-9　循环 252 参数（3）

3. 循环 253（直槽）

循环 253 参数说明见表 6－4，相关参数图例如图 6－10 至图 6－13 所示。

表 6－4 循环 253 参数说明

参数名称	参数说明
加工方式（0/1/2）Q215	定义加工方式： 0：粗铣和精铣； 1：仅粗铣； 2：仅精铣。 如果定义了精铣余量（Q368，Q369），将仅精铣侧面和底面。如果将加工方式定义为 2，则因为没有粗铣而只执行精铣加工
槽长度 Q218（平行于加工面参考轴的值）	输入槽长
槽宽度 Q219（平行于加工面次要轴的值）	输入槽宽。如果输入的槽宽等于刀具直径，TNC 将只执行粗铣加工（铣槽）。粗铣时的最大槽宽将两倍于刀具直径
精铣侧面余量 Q368（增量值）	精铣加工面上的余量
旋转角 Q224（绝对值）	旋转整个槽的角度。旋转中心是调用循环时刀具所处的位置
槽位置（0/1/2/3/4）Q367	调用循环时，槽相对刀具的位置： 0：刀具位置 = 槽中心； 1：刀具位置 = 槽左端； 2：刀具位置 = 槽的左圆弧中心； 3：刀具位置 = 槽的右圆弧中心； 4：刀具位置 = 槽右端
铣削进给速率 Q207	铣削时刀具的移动速度，单位为 mm/min
顺铣或逆铣 Q351	用 M03 铣削的加工类型： +1= 顺铣； −1= 逆铣
深度 Q201（增量值）	工件表面与槽底的距离
切入深度 Q202（增量值）	每刀进给量。输入大于 0 的值
精铣底面余量 Q369（增量值）	沿刀具轴的精铣余量
切入进给速率 Q206	刀具移至加工深度处的移动速度，单位为 mm/min
精铣进给量 Q338（增量值）	每刀进给量。 Q338=0：一次进给精铣
安全高度 Q200（增量值）	刀尖与工件表面的距离
工件表面坐标 Q203（绝对值）	工件表面绝对坐标
第二安全高度 Q204（增量值）	刀具轴坐标，在此坐标位置下，刀具与工件（卡具）不会发生碰撞
切入方式 Q366	切入方式： 0= 垂直切入。在刀具表中，必须将当前刀具的切入角 ANGLE（角）定义为 90°，否则 TNC 将显示出错信息； 1= 螺旋式切入。在刀具表中，必须将当前刀具的切入角 ANGLE（角）定义为非 0°，否则 TNC 将显示出错信息； 2= 往复式切入。在刀具表中，必须将当前刀具的切入角 ANGLE（角）定义为非 0°，否则 TNC 将显示出错信息。往复长度取决于切入角度。TNC 使用的最小值是刀具直径的两倍
精铣进给速率 Q385	精铣侧面和底面时的刀具移动速度，单位为 mm/min

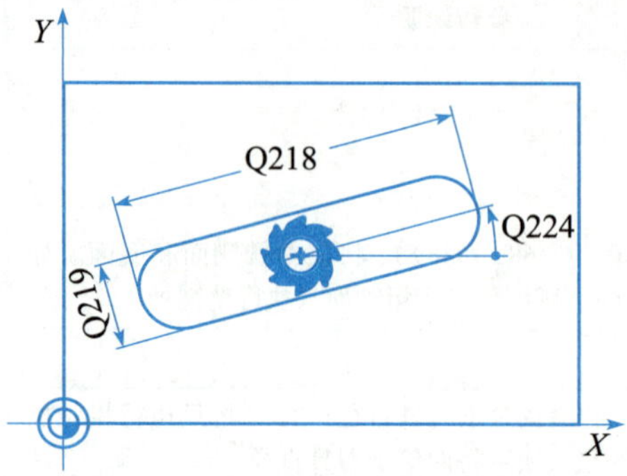

图 6－10　循环 253 参数（1）

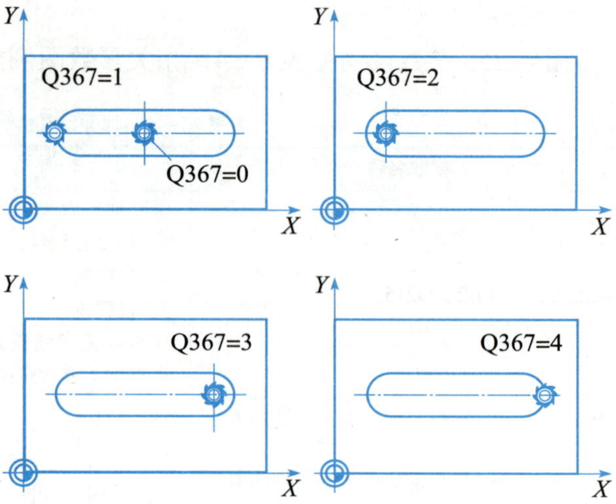

图 6－11　循环 253 参数（2）

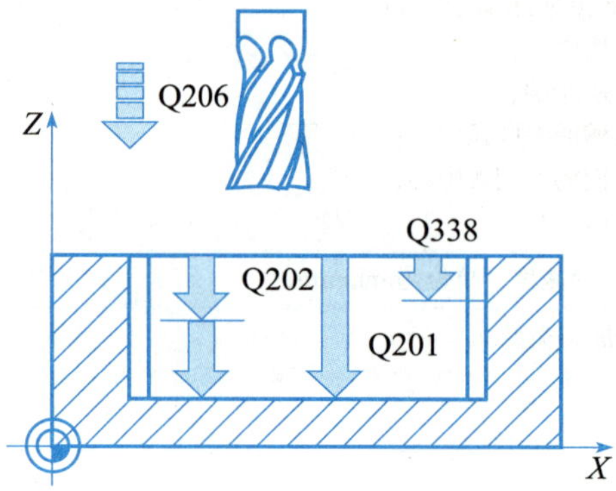

图 6－12　循环 253 参数（3）

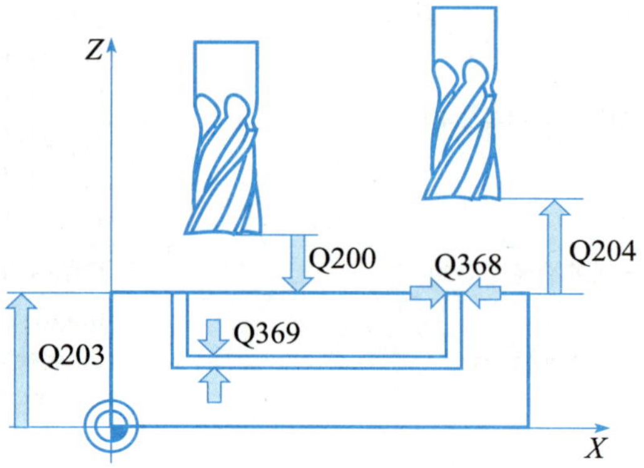

图 6－13　循环 253 参数（4）

4. 循环 254（圆形槽）

循环 254 参数说明见表 6－5，相关参数图例如图 6－14 至图 6－18 所示。

表 6－5　循环 254 参数说明

参数名称	参数说明
加工方式（0/1/2）Q215	定义加工方式： 0：粗铣和精铣； 1：仅粗铣； 2：仅精铣； 如果定义了精铣余量（Q368，Q369），将仅精铣侧面和底面。如果将加工方式定义为 2，则因为没有粗铣而只执行精铣加工
槽宽度 Q219（平行于加工面次要轴的值）	输入槽宽。如果输入的槽宽等于刀具直径，TNC 将只执行粗铣加工（铣槽）。粗铣时的最大槽宽将两倍于刀具直径
精铣侧面余量 Q368（增量值）	精铣加工面上的余量
节圆直径 Q375	输入节圆直径

续表

参数名称	参数说明
槽位置参考（0/1/2/3/4）Q367	调用循环时，槽相对刀具的位置： 0：不考虑刀具位置。槽的位置由输入的节圆圆心和起始角决定； 1：刀具位置 = 槽的左圆弧中心相对该位置的起始角 Q376。不考虑输入的节圆圆心； 2：刀具位置 = 中心线的中心相对该位置的起始角 Q376。不考虑输入的节圆圆心； 3：刀具位置 = 槽的右圆弧中心相对该位置的起始角 Q376。不考虑输入的节圆圆心
第一轴中心 Q216（绝对值）	相对加工面参考轴的节圆圆心。仅当 Q367=0 时有效
第二轴中心 Q217（绝对值）	加工面次要轴上的节圆圆心。仅当 Q367=0 时有效
起始角 Q376（绝对值）	输入起点的极角
圆弧长 Q248（增量值）	输入槽的圆弧长
角增量 Q378（增量值）	旋转整个槽的角度。节圆的圆心为旋转的中心
重复次数 Q377	在节圆上的加工次数
铣削进给速率 Q207	铣削时刀具的移动速度，单位为 mm/min
顺铣或逆铣 Q351	用 M03 铣削的加工类型： +1= 顺铣； −1= 逆铣
深度 Q201（增量值）	工件表面与槽底的距离
切入深度 Q202（增量值）	每刀进给量。输入大于 0 的值
精铣底面余量 Q369（增量值）	沿刀具轴的精铣余量
切入进给速率 Q206	刀具移至加工深度处的移动速度，单位为 mm/min
精铣进给量 Q338（增量值）	每刀进给量。 Q338=0：一次进给精铣
安全高度 Q200（增量值）	刀尖与工件表面的距离
工件表面坐标 Q203（绝对值）	工件表面绝对坐标
第二安全高度 Q204（增量值）	刀具轴坐标，在此坐标位置下，刀具与工件（卡具）不会发生碰撞
切入方式 Q366	切入方式： 0= 垂直切入。在刀具表中，必须将当前刀具的切入角 ANGLE（角）定义为 90°，否则 TNC 将显示出错信息； 1= 螺旋式切入。在刀具表中，必须将当前刀具的切入角 ANGLE（角）定义为非 0°，否则 TNC 将显示出错信息； 2= 往复式切入。在刀具表中，必须将当前刀具的切入角 ANGLE（角）定义为非 0°，否则 TNC 将显示出错信息。往复长度取决于切入角度。TNC 使用的最小值是刀具直径的两倍
精铣进给速率 Q385	精铣侧面和底面时的刀具移动速度，单位为 mm/min

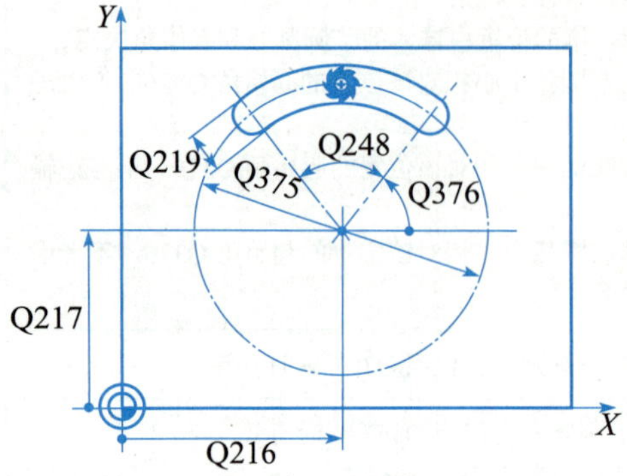

图 6－14　循环 254 参数（1）

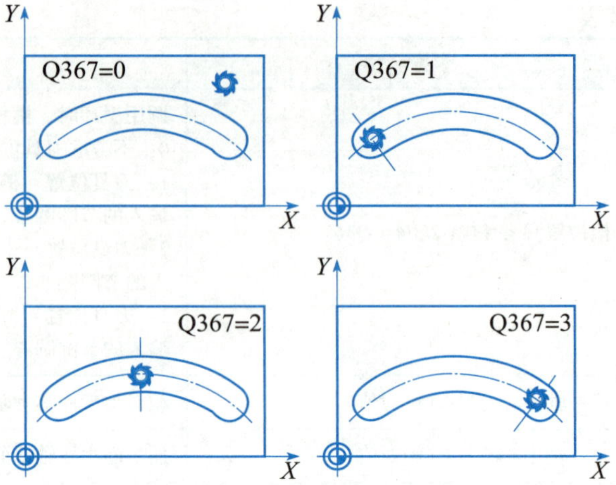

图 6－15　循环 254 参数（2）

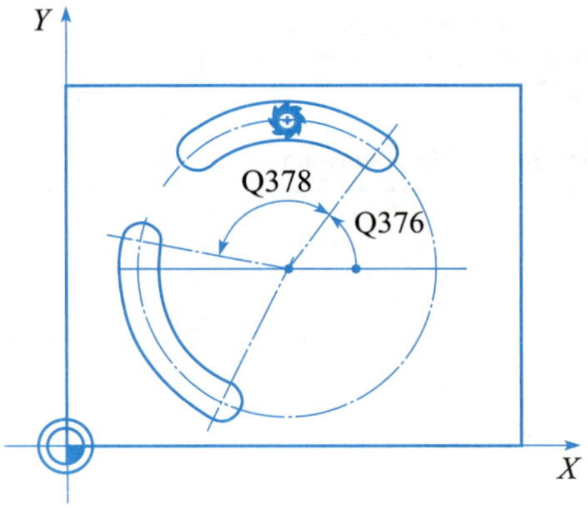

图 6－16　循环 254 参数（3）

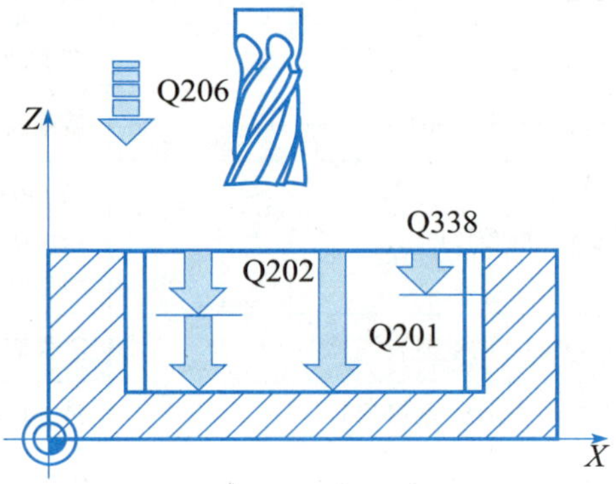

图 6－17　循环 254 参数（4）

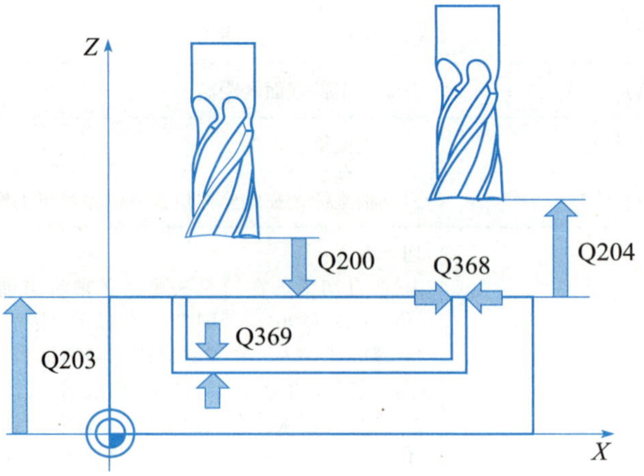

图 6－18　循环 254 参数（5）

三 循环指令应用

（1）编写如图 6－19 所示工件的加工程序，编程零点在左下角。

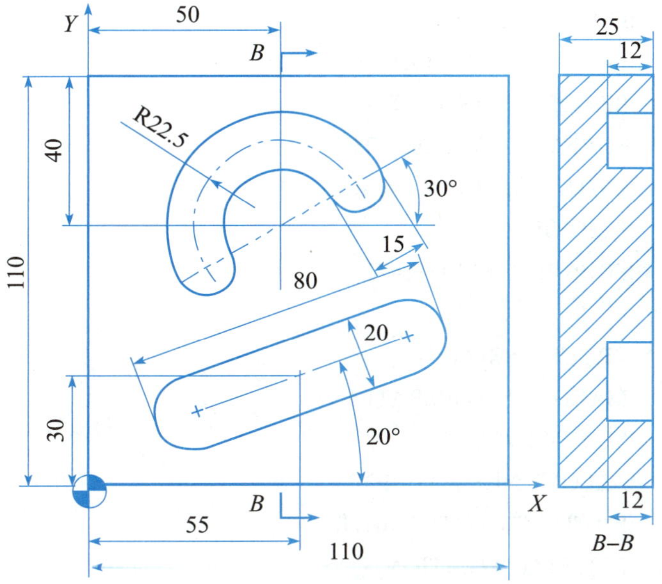

图 6－19　编程示例（1）

```
0  BEGIN PGM renwu6-3-1mm
1  BLK FORM   0.1   Z   X+0   Y+0   Z-25
2  BLK FORM   0.2   X+110   Y+110   Z+0
3  CYCL DEF 247 DATUM SETTING ~
     Q339=+1        ;DATUM NUMBER
4  TOOL CALL 2 Z S4000
5  M13
6  L   B+0   C+0 FMAX
7  L   Z+100 R0 FMAX
8  L   X+55   Y+30 FMAX
9  CYCL DEF 253 SLOT MILLING ~
     Q215=+0        ;MACHINING OPERATION ~
     Q218=+80       ;SLOT LENGTH ~
     Q219=+20       ;SLOT WIDTH ~
     Q368=+0.3      ;ALLOWANCE FOR SIDE ~
     Q374=+20       ;ANGLE OF ROTATION ~
     Q367=+0        ;SLOT POSITION ~
     Q207=+1000     ;FEED RATE FOR MILLNG ~
     Q351=-1        ;CLIMB OR UP-CUT ~
```

```
    Q201=-12       ;DEPTH ~
    Q202=+2        ;PLUNGING DEPTH ~
    Q369=+0.3      ;ALLOWANCE FOR FLOOR ~
    Q206=+150      ;FEED RATE FOR PLNGNG ~
    Q338=+0        ;INFEED FOR FINISHING ~
    Q200=+2        ;SET-UP CLEARANCE ~
    Q203=+0        ;SURFACE COORDINATE ~
    Q204=+50       ;2ND SET-UP CLEARANCE ~
    Q366=+1        ;PLUNGE ~
    Q385=+500      ;FINISHING FEED RATE
10 CYCL CALL
11 CYCL DEF 254 CIRCULAR SLOT ~
    Q215=+0        ;MACHINING OPERATION ~
    Q219=+15       ;SLOT WIDTH ~
    Q368=+0.3      ;ALLOWANCE FOR SIDE ~
    Q375=+45       ;PITCH CIRCLE DIAMETR ~
    Q367=+0        ;REF. SLOT POSITION ~
    Q216=+50       ;CENTER IN 1ST AXIS ~
    Q217=+70       ;CENTER IN 2ND AXIS ~
    Q376=+30       ;STARTING ANGLE ~
    Q248=+180      ;ANGULAR LENGTH ~
    Q378=+0        ;STEPPING ANGLE ~
    Q377=+1        ;NR OF REPETITIONS ~
    Q207=+500      ;FEED RATE FOR MILLNG ~
    Q351=-1        ;CLIMB OR UP-CUT ~
    Q201=-12       ;DEPTH ~
    Q202=+2        ;PLUNGING DEPTH ~
    Q369=+0.3      ;ALLOWANCE FOR FLOOR ~
    Q206=+150      ;FEED RATE FOR PLNGNG ~
    Q338=+0        ;INFEED FOR FINISHING ~
    Q200=+2        ;SET-UP CLEARANCE ~
    Q203=+0        ;SURFACE COORDINATE ~
    Q204=+50       ;2ND SET-UP CLEARANCE ~
    Q366=+1        ;PLUNGE ~
    Q385=+500      ;FINISHING FEED RATE
12 CYCL CALL
13 L Z+100 R0 FMAX M30
14 END PGM renwu6-3-1mm
```

（2）编写如图 6－20 所示工件的加工程序。

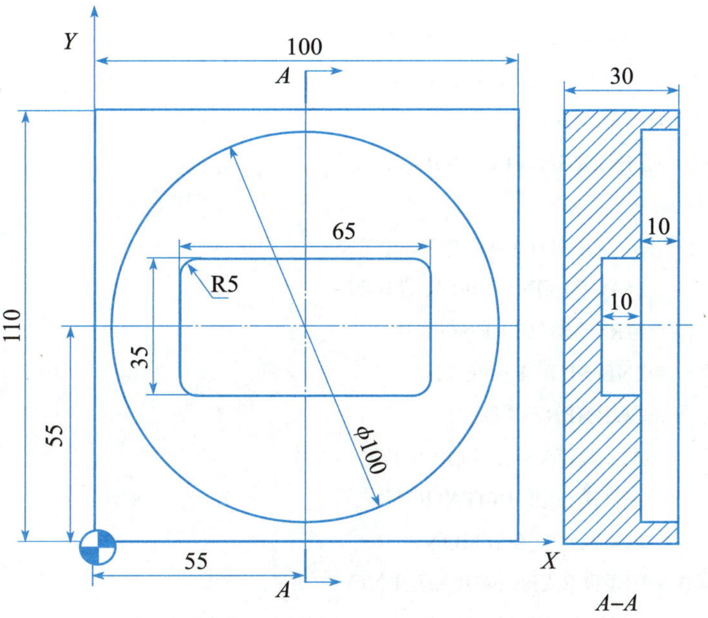

图 6－20　编程示例（2）

```
0  BEGIN PGM renwu6-3-2mm
1  BLK FORM   0.1   Z   X+0   Y+0   Z-30
2  BLK FORM   0.2   X+110   Y+110   Z+0
3  CYCL DEF 247 DATUM SETTING ~
    Q339=+1         ;DATUM NUMBER
4  TOOL CALL   3   Z S4000
5  M13
6  L   B+0   C+0 FMAX
7  L   X+55   Y+55   Z+100 R0 FMAX
8  CYCL DEF 252 CIRCULAR POCKET ~
    Q215=+0         ;MACHINING OPERATION ~
    Q223=+100       ;CIRCLE DIAMETER ~
    Q368=+0.3       ;ALLOWANCE FOR SIDE ~
    Q207=+500       ;FEED RATE FOR MILLNG ~
    Q351=-1         ;CLIMB OR UP-CUT ~
    Q201=-10        ;DEPTH ~
    Q202=+2         ;PLUNGING DEPTH ~
    Q369=+0.3       ;ALLOWANCE FOR FLOOR ~
    Q206=+150       ;FEED RATE FOR PLNGNG ~
    Q338=+0         ;INFEED FOR FINISHING ~
```

```
      Q200=+2        ;SET-UP CLEARANCE ~
      Q203=+0        ;SURFACE COORDINATE ~
      Q204=+50       ;2ND SET-UP CLEARANCE ~
      Q370=+0.75     ;TOOL PATH OVERLAP ~
      Q366=+1        ;PLUNGE ~
      Q385=+500      ;FINISHING FEED RATE
9  CYCL CALL
10 CYCL DEF 251 RECTANGULAR POCKET ~
      Q215=+0        ;MACHINING OPERATION ~
      Q218=+65       ;FIRST SIDE LENGTH ~
      Q219=+35       ;2ND SIDE LENGTH ~
      Q220=+5        ;CORNER RADIUS ~
      Q368=+0.3      ;ALLOWANCE FOR SIDE ~
      Q224=+0        ;ANGLE OF ROTATION ~
      Q367=+0        ;POCKET POSITION ~
      Q207=+1000     ;FEED RATE FOR MILLNG ~
      Q351=-1        ;CLIMB OR UP-CUT ~
      Q201=-10       ;DEPTH ~
      Q202=+2        ;PLUNGING DEPTH ~
      Q369=+0.5      ;ALLOWANCE FOR FLOOR ~
      Q206=+150      ;FEED RATE FOR PLNGNG ~
      Q338=+0        ;INFEED FOR FINISHING ~
      Q200=+2        ;SET-UP CLEARANCE ~
      Q203=-10       ;SURFACE COORDINATE ~
      Q204=+50       ;2ND SET-UP CLEARANCE ~
      Q370=+0.75     ;TOOL PATH OVERLAP ~
      Q366=+1        ;PLUNGE ~
      Q385=+500      ;FINISHING FEED RATE
11 CYCL CALL
12 L Z+100 R0 FMAX M30
13 END PGM renwu6-3-2mm
```

四 刀库

1. 刀库系统

刀库系统是加工中心自动化加工过程中用于储刀和换刀的装置，主要由刀库和换刀机构组成。刀库主要提供储刀位置，并能根据程序正确选择刀具并加以定位，为刀具交换做准备。换刀机构负责进行刀具交换。刀库和换刀机构必须同时存在，二者相辅相成，缺一不可。

2. 刀库的种类

（1）圆盘式刀库。

1）圆盘式刀库又称固定地址换刀刀库，即每个刀位上都有编号（即刀号地址），一般从 1 编到 12、18、20、24 等。操作者将一把刀具安装进某一刀位后，不管更换多少次，该刀具总是在该刀位内。

2）圆盘式刀库制造成本低，主要部件是刀库体及分度盘，装配、调整和维护均比较方便。刀库的分度通过经典的“马氏机构”实现，前后、上下运动主要通过气缸实现。

3）机床每次开机后，刀库必须“回零”。刀库旋转时，只要挡板靠近（距离为 0.3mm 左右）无触点开关，数控系统就默认为 1 号刀，并以此为计数基准，“马氏机构”转过几次，当前就是几号刀。只要机床不关机，当前刀号就会被记忆。更换刀具时，一般按最近距离旋转原则。刀具按逆时针方向编号，如果刀库数量是 1，当前刀号为 8，要换 6 号刀，按最近距离旋转原则，刀库逆时针旋转；如果要换 10 号刀，刀库顺时针旋转。机床关机后刀具记忆清零。

4）圆盘式刀库的换刀时间比较长，约 8 秒（从一次切削到另一次切削）。

5）圆盘式刀库的总刀具数量不宜过多，通常 40 号刀柄的不超过 24 把，50 号刀柄的不超过 20 把，大型龙门机床的刀具数量可达 60 把，如图 6－21 所示。

（2）链式刀库。

1）链式刀库在立式加工中心并不常见，主要用于大型卧式加工中心，链式刀库可以储存数量较多的刀具，均在 20 把以上，有些可以储存 120 把。链式刀库先通过链条将要换的刀具传送到指定位置，再由机械手将刀具装到主轴上。

2）链式刀库采用的链条式结构存在明显缺陷：机械刚性差，传动间隙大，导致刀库定位精度差，常引起机床故障。此外，链式刀库的换刀时间也比较长。链式刀库如图 6－22 所示。

图 6－21　圆盘式刀库

图 6－22　链式刀库

（3）斗笠式刀库。

1）斗笠式刀库是数控加工中心常用的刀库，因刀库形状像斗笠而得名。一般储刀数量不能太多，8 ～ 24 把为宜。斗笠式刀库具有体积小、安装方便、故障率少、换刀速度快（4 ～ 6s）等特点。

2）换刀时，整个刀库向主轴平行移动，首先取下主轴上面原有的刀具，当主轴上面的刀具进入刀库卡槽时，主轴向上移动脱离刀库，然后刀库转动，目标刀具对准主轴正下方，主轴下移，使刀具进入主轴锥孔内，刀具夹紧后，刀库退回，整个换刀过程完成。斗笠式刀库如图 6－23 所示。

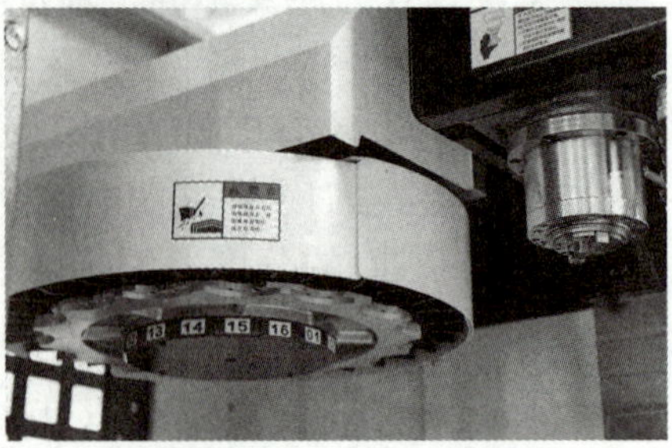

图 6－23　斗笠式刀库

任务实施

一　图纸分析

看懂工件图样，了解图样上各加工部位的尺寸标注和精度要求等。

二　检测毛坯

确定工件的加工余量：毛坯为 100mm × 100mm × 20mm 的六面体，六个面均为精加工表面，材料为铝合金。

三　工件装夹

根据工件的形状特点，采用平口虎钳装夹工件。选毛坯的侧面和底面为精基准，工件的编程坐标系选在工件上表面的对称中心，如图 6－24 所示。

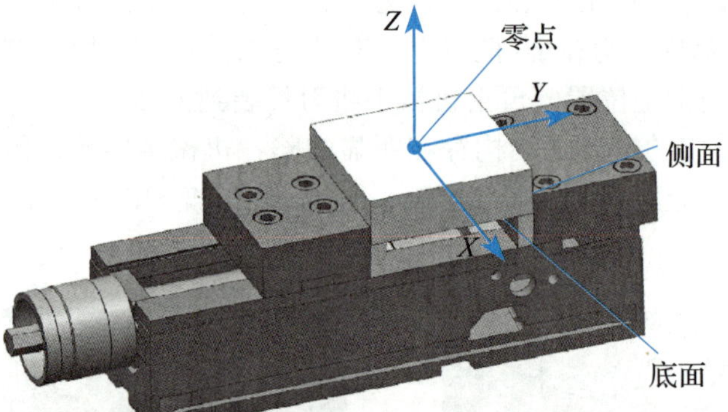

图 6－24　工件的装夹

四　刀具的选择

根据工件轮廓形状，选取整体铣铝专用硬质合金两刃直柄立铣刀，直径 ϕ12mm，长度 60mm。

五　刀具的建立

1. 立铣刀轴向下刀路线

采用立铣刀铣削平面轮廓工件时，一般采用分层铣削，即分层切除加工余量，从工件上一层进入下一层时要求铣刀沿轴向切削。对于中心切削立铣刀可以沿轴线切入工件。刀具端面有中心孔或切口的立铣刀不具备钻孔功能，此种立铣刀的一次钻孔深度通常不大于 0.5mm。

当工件的加工边界敞开时，应从工件坯料的边界外下刀、进刀、退刀。加工工件内廓时，立铣刀须沿其轴线方向切入工件实体，此时要考虑的是刀具如何切入工件（下刀方式），以及切入位置（下刀点）。常用的轴向下刀方式有以下 4 种：

（1）轴向直接进刀。采用这种下刀方式之前，最好用钻头加工出工艺孔。

（2）坡走切入下刀。按具有一定斜度的走刀路线切入工件。在工件的两个切削层之间，立铣刀从工件的上一层沿斜线切入下一层，如图 6－25 所示。

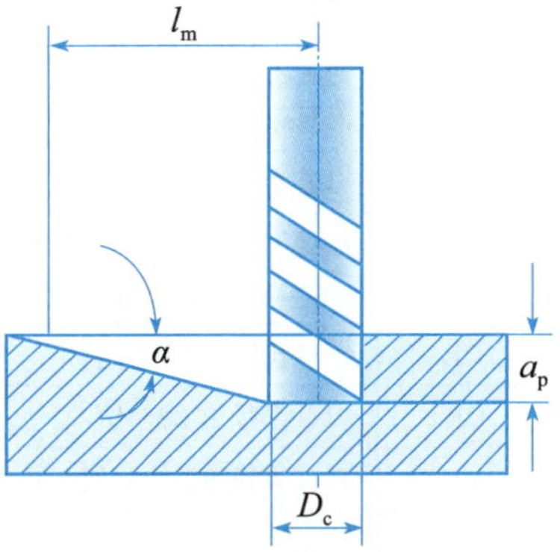

图 6－25　坡走切入下刀

背吃刀量应小于刀片尺寸，坡度的角度 α 通过下式计算：

$$\tan\alpha=\frac{a_p}{l_m}$$

式中，a_p—— 背吃刀量；

l_m—— 坡的长度。

（3）啄钻切入下刀。立铣刀可以在工件的两个切削层之间钻削切入，如图 6－26 所示。层间深度与刀片尺寸有关，一般为 0.5 ～ 2mm。

（4）螺旋切入下刀。立铣刀从工件的上一层沿螺旋线切入下一层，如图 6－27 所示。螺旋线半径尽量取大一些，这样切入的效果更好。

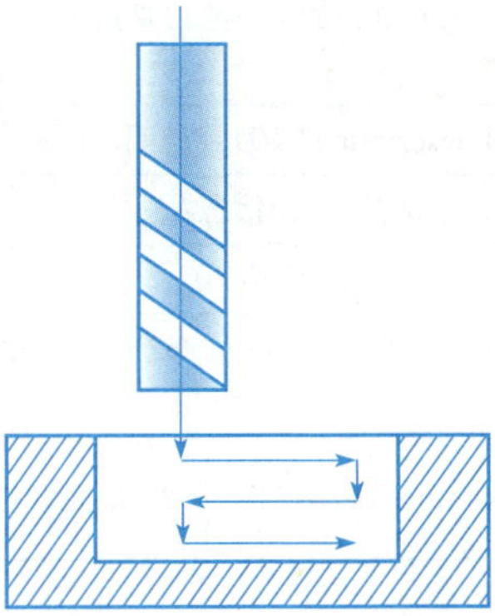
图 6－26　啄钻切入下刀

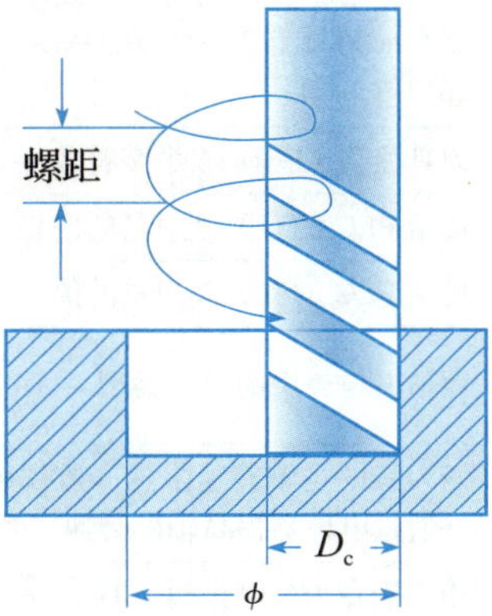

图 6－27　螺旋切入下刀

本任务采用螺旋切入下刀方式。

2. 刀具表

（1）刀具表各参数的含义见表 6－6。

表 6－6　刀具表各参数的含义

缩写	输入	对话
T	在程序中调用的刀具编号（如 5，检索：5.2）	—
NAME	程序中调用的刀具名称	Tool name?（刀具名称？）
L	刀具长度 L 补偿值	Tool length?（刀具长度？）
R	刀具半径 R 补偿值	Tool radius R?（刀具半径 R ？）
R2	盘铣刀半径 R2（仅用于球铣刀或盘铣刀加工时的 3-D 半径补偿或图形显示）	Tool radius R?（刀具半径 R ？）
DL	刀具长度 L 的差值	Tool length oversize?（刀具长度正差值？）
DR	刀具半径 R 的差值	Tool radius oversize?（刀具半径正差值？）
DR2	刀具半径 R2 的差值	Tool radius oversize?（刀具半径正差值？）
LCUTS	循环 22 的刀具刀刃长度	Tooth length in the tool axis?（沿刀具轴的刀刃长度？）
ANGLE	循环 22 和循环 208 往复式切入加工时，刀具的最大切入角	Maximum plunge angle?（最大切入角？）
TL	设置刀具锁定（TL：锁定刀具）	Tool locked?（刀具锁定？）是 =ENT/ 否 =NO ENT
RT	更换刀具的编号，如果有的话（参见 TIME2）	Replacement tool?（更换刀具？）
TIME1	以分钟为单位的刀具最长使用寿命。本功能对各机床可能有所不同。有关 TIME1 的更多信息请见机床操作手册	Maximum tool age?（刀具最长寿命？）
TIME2	TOOL CALL：（刀具调用）期间以分钟为单位的刀具最长使用寿命。如果当前刀具的使用时间超过此值，TNC 将在下一个 TOOLCALL（刀具调用）期间换刀（参见 CUR.TIME）	Maximum tool age for TOOL CALL?Maximum tool age for TOOL CALL?（刀具调用的刀具最长寿命？）
CUR. TIME	以分钟为单位的当前刀具使用时间，TNC 自动计算当前刀具寿命（CUR.TIME）。输入已用刀具的起始值	Current tool life?（当前刀具寿命？）
DOC	刀具注解（最多 16 个字符）	Tool description?（刀具说明？）
PLC	传给 PLC 的有关该刀具的信息	PLC status?（PLC 状态？）
PLC VAL	传给 PLC 的有关该刀具的值	PLC value?（PLC 值？）
PTYP	评估刀位表中的刀具类型	Tool type for pocket table?（刀位表的刀具类型？）
NMAX	该刀具的主轴转速限速。监视编程值（出错信息）并通过电位器提高轴的转速。禁用功能：输入—	Maximum speed[转 / 分 ？（最高转速 [r/min] ？）
LIFTOFF	用于确定 NC 停止时，TNC 是否沿刀具轴的正向退刀，以免在轮廓上留下刀具停留的痕迹。如果选择 Y（是），只要在 NC 程序中用 M148 启用这一功能，TNC 便会使刀具退离轮廓 0.1mm	Retract tool Y/N ？（退刀？）

（2）建立刀具。

根据任务分析，加工该零件需要用到 D12R0 立铣刀。点击【手动操作模式】→【刀具表】→【编辑】→【开】，用光标键依次选择 2 号刀位、9 号刀位，然后按顺序填充 D12R0 立铣刀和测头的信息，如图 6－28 所示。

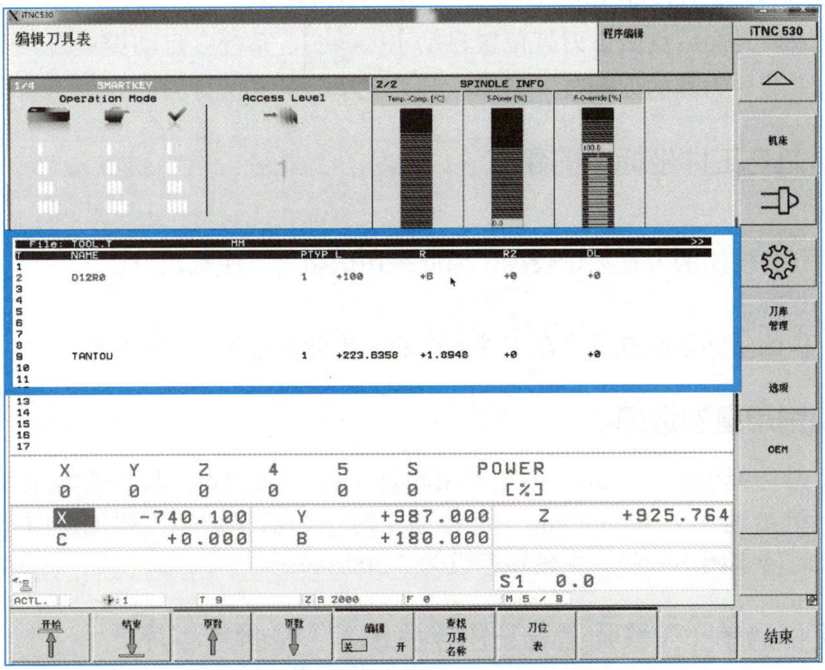

图 6－28　刀具表的编辑

由于该任务需要加工多个型腔，型腔宽为 15mm，且所选刀具的直径为 12mm，因此必须设定最大切入角，如图 6－29 所示。

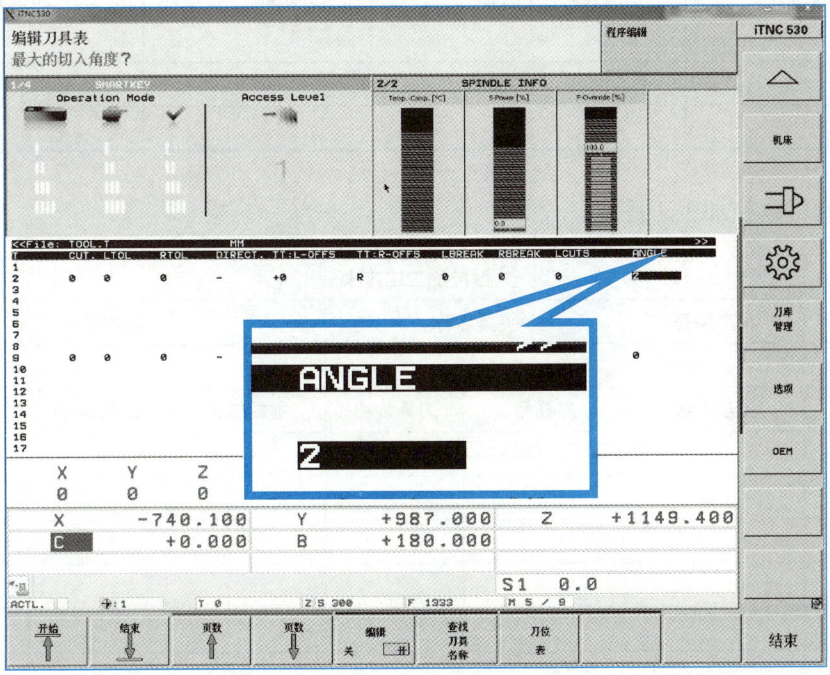

图 6－29　最大切入角的设定

3. 装刀

刀具建立好之后，将光标移至第一把刀具D12R0立铣刀，点击【刀具存储】

，进入该界面后点击【刀具位置自动】

，系统会自动提示刀具安装的刀库位置，并将安装好刀具的刀柄装入刀库。装刀完毕后务必关好刀库安全门。

六 对刀与工件坐标系的建立

1. 对刀

由于本任务使用的刀具数量较少，因此采用试切法，注意定位。

2. 建立坐标系

由于工件的坐标系原点设定在工件的中心，因此通过测头对其定位。

七 切削用量的选择

背吃刀量选择1.5～2mm，侧吃刀量精加工留出0.5mm，其余轮廓余量由粗加工一次切除，进给速率1 000mm/min，具体加工时依靠倍率调整，粗加工时倍率调大一些，精加工时倍率调小一些。主轴转速设为3 500r/min。

八 工作清单（在教师指导下由学生填写）及参考程序

1. 工作清单

（1）填写数控加工刀具卡。

数控加工刀具卡			
刀具号	刀具规格 / 名称	数量	加工表面

（2）填写数控加工工序卡。

数控加工工序卡						
工序号	程序编号	夹具名称		使用设备		
工步	工步内容	刀具号	刀具规格	主轴转速	进给速率	背吃刀量

（3）填写量具使用卡。

量具使用卡		
量具名称	尺寸范围	数量

2. 加工参考程序

```
0  BEGIN PGM renwu6mm
1  BLK FORM 0.1 Z   X-50   Y-50   Z-20
2  BLK FORM 0.2   X+50   Y+50   Z+0
3  CYCL DEF 247 DATUM SETTING ~
     Q339=+1        ;DATUM NUMBER
4  TOOL CALL 2 Z S4000 F1000
5  L   B+0   C+0 FMAX
6  M13
7  L   X+0   Y+0   Z+100 FMAX
8  L   Z+2 FMAX
9  CYCL DEF 252 CIRCULAR POCKET ~                铣削圆弧型腔循环
     Q215=+0        ;MACHINING OPERATION ~
     Q223=+40       ;CIRCLE DIAMETER ~
     Q368=+0.5      ;ALLOWANCE FOR SIDE ~
     Q207=+1000     ;FEED RATE FOR MILLNG ~
     Q351=-1        ;CLIMB OR UP-CUT ~
     Q201=-10       ;DEPTH ~
     Q202=+2        ;PLUNGING DEPTH ~
     Q369=+0.5      ;ALLOWANCE FOR FLOOR ~
     Q206=+150      ;FEED RATE FOR PLNGNG ~
     Q338=+0        ;INFEED FOR FINISHING ~
     Q200=+2        ;SET-UP CLEARANCE ~
     Q203=+0        ;SURFACE COORDINATE ~
     Q204=+50       ;2ND SET-UP CLEARANCE ~
     Q370=+0.8      ;TOOL PATH OVERLAP ~
     Q366=+1        ;PLUNGE ~
     Q385=+500      ;FINISHING FEED RATE
10 CYCL CALL                                     调用循环
11 CYCL DEF 10.0 ROTATION
12 CYCL DEF 10.1   ROT+45                        将坐标系绕 Z 轴旋转 45°
13 L   X+37.5   Y+0 FMAX
```

```
14  CYCL DEF 253 SLOT MILLING ~                    铣直槽循环
    Q215=+0        ;MACHINING OPERATION ~
    Q218=+30       ;SLOT LENGTH ~
    Q219=+15       ;SLOT WIDTH ~
    Q368=+0.3      ;ALLOWANCE FOR SIDE ~
    Q374=+0        ;ANGLE OF ROTATION ~
    Q367=+0        ;SLOT POSITION ~
    Q207=+1000     ;FEED RATE FOR MILLNG ~
    Q351=-1        ;CLIMB OR UP-CUT ~
    Q201=-5        ;DEPTH ~
    Q202=+2        ;PLUNGING DEPTH ~
    Q369=+0.3      ;ALLOWANCE FOR FLOOR ~
    Q206=+150      ;FEED RATE FOR PLNGNG ~
    Q338=+0        ;INFEED FOR FINISHING ~
    Q200=+2        ;SET-UP CLEARANCE ~
    Q203=+0        ;SURFACE COORDINATE ~
    Q204=+50       ;2ND SET-UP CLEARANCE ~
    Q366=+2        ;PLUNGE ~
    Q385=+500      ;FINISHING FEED RATE
15  CYCL CALL                               调用循环，铣削第一个直槽
16  LBL 1                                   1 号子程序开始
17  CYCL DEF 10.0 ROTATION
18  CYCL DEF 10.1 IROT+90                   坐标系绕 Z 轴增量旋转 90°
19  L   X+37.5   Y+0 FMAX
20  CYCL CALL                               调用循环
21  LBL 0                                   1 号子程序结束
22  CALL LBL 1 REP3                         重复调用 3 次子程序，分别铣削其余 3 个直槽
23  L Z+100 R0 FMAX M30
24  END PGM renwu6mm
```

3. 加工结果

加工结果如图 6-30 所示。

仿真加工（六）

图 6-30　加工结果

任务 7　具有不规则凸台及型腔特征的零件的铣削

任务描述

根据图 7-1 所示的图纸，分析尺寸精度及技术要求，制定零件加工工艺方案，编制加工程序，模拟仿真，最终在数控铣床上完成加工。

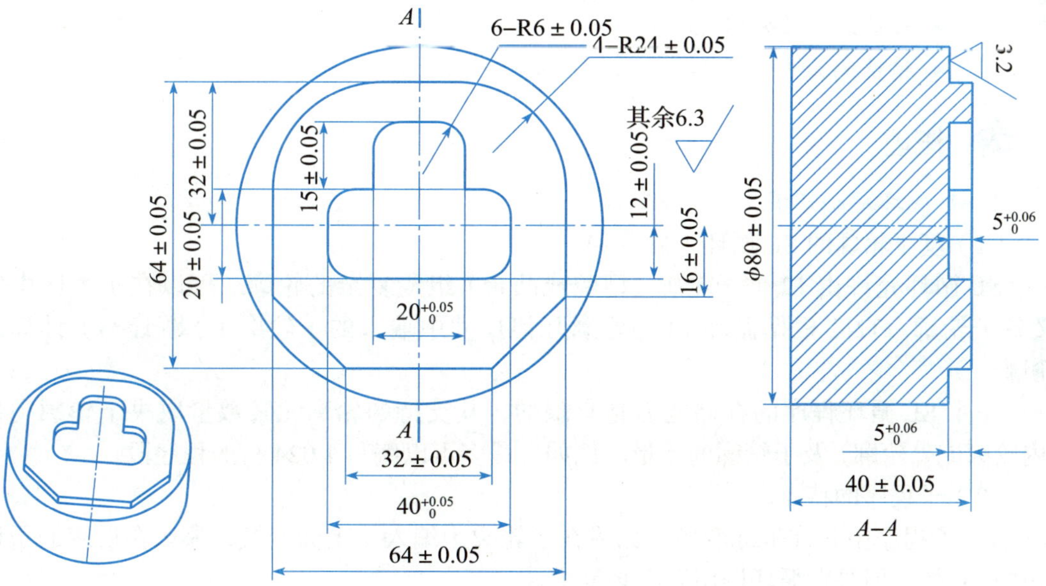

技术要求：

1. 零件加工表面不应有划痕、擦伤等。
2. 去除毛刺飞边。
3. 锐角倒钝。
4. 未标注公差 ±0.1。

型腔加工	比例	数量	材料	图号：07
	1∶1	1	铝合金	

图 7-1　具有不规则凸台及型腔特征的零件

任务目标

知识目标

- 掌握 SL 循环编程格式及使用方法。

素养提升

- 科技兴则民族兴，科技强则国家强。多轴加工技术是现阶段我国机械加工所采用的重要技术，同学们应努力掌握该项技术，为实现科技强国打好坚实的基础。

知识学习

- SL 循环编程格式。
- 轮廓几何尺寸（循环 14）。
- 轮廓数据（循环 20）。
- 定心钻（循环 21）。
- 粗铣（循环 22）。
- 精铣底面（循环 23）。
- 精铣侧面（循环 24）。

一 概述

1. SL 循环基础知识

（1）基于轮廓的 SL 循环（循环 14）。

SL 循环允许由 12 个子轮廓（型腔或凸台）组成复杂的轮廓。可以在子程序中定义各子轮廓。TNC 根据循环 14 的轮廓几何尺寸中输入的子轮廓（子程序号）计算总轮廓。

一个 SL 循环程序的存储能力是有限的，其支持的轮廓元素数量取决于轮廓类型（内轮廓或外轮廓）及子轮廓的数量。例如，最多可以编写 1 024 行的程序段。

（2）子程序的特点。

1）子程序中允许坐标变换。如果在子轮廓中编入了坐标变换，那么在后续的子程序中也有效，但是在循环调用后不必复位。

2）TNC 将忽略进给速率 F 和辅助功能 M。

3）如果刀具路径在轮廓之内，TNC 将其视为型腔，例如以半径补偿 RR 顺时针加工的轮廓。

4）如果刀具路径在轮廓之外，TNC 将其视为凸台，例如以半径补偿 RL 顺时针加工的轮廓。

5）子程序中不得含有刀具轴坐标。

6）加工面在子程序的第一个坐标程序段中定义。支持次要轴 U、V、W。

（3）固定循环的特点。

1）循环开始之前，TNC 自动将刀具定位在安全高度处。

2）由于刀具沿着凸台的周边移动，而不是穿过它们来执行进给运动，因此每一次进给都将无间断地一次铣成。

3）可以对“内角”半径编程，以避免刀具损伤内角的表面（该方法适用于“粗铣侧面”和“精铣侧面”循环中的最外路径）。

4）TNC 自动沿相切圆弧接近轮廓精铣侧面。

5）精铣底面时，刀具再次沿相切圆弧接近轮廓（例如，*Z* 轴为刀具轴，圆弧可在 *ZX* 平面内）。

6）轮廓可以按顺铣或逆铣方式加工。

2. SL 循环编程指令

（1）SL 循环编程指令见表 7－1。

表 7－1　SL 循环编程指令

组成	程序段	说明
轮廓几何尺寸（循环 14）	7　CYCL DEF 14.0 CONTOUR GEOMETRY 8　CYCL DEF 14.1 CONTOUR LABEL1/2	循环 14 是由 DEF 激活的，这意味着它只要在零件程序中一经定义即可生效。可以在循环 14 中列出最多 12 个子程序（子轮廓）
轮廓数据（循环 20）	9 CYCL DEF 20 CONTOUR DATA ……	描述子轮廓的子程序加工数据输入在循环 20 中
定心钻（循环 21）	10 CYCL DEF 21 PILOT DRILLING …… 12 CYCL CALL M3	铣削型腔时需预钻孔，作为加工的起点
粗铣（循环 22）	13 CYCL DEF 22 ROUGH-OUT …… 14　CYCL CALL M3	TNC 将刀具定位于刀具进给点之上并考虑侧面余量因素。本循环要求采用中心刃的立铣刀
精铣底面（循环 23）	15 CYCL DEF 23 FLOOR FINISHING …… 16 CYCL CALL M3	TNC 自动计算精铣的起点。起点位置取决于型腔的可用空间
精铣侧面（循环 24）	17　CYCL DEF 24 SIDE FINISHING …… 18　CYCL CALL M3	刀具以相切圆弧接近和退离子轮廓。对每个子轮廓进行精铣
轮廓元素子程序 SP_1……子程序 SP_N	26 LBL 1 …… 37 LBL 0 …… 50 LBL N …… 100 LBL 0	子程序用于确定轮廓的形状（型腔或凸台），只需要轮廓线和半径补偿类型，不需要刀具轴方向坐标（深度）、进给率、辅助功能 M 以及接近、离开轮廓指令等

（2）循环指令。

1）轮廓几何尺寸（循环 14）。所有用于定义轮廓的子程序都列在循环 14（轮廓几何尺寸）中。

2）轮廓数据（循环 20）参数见表 7－2，相关参数图例如图 7－2、图 7－3 所示。

表 7-2　轮廓数据（循环 20）参数

参数名称	参数说明
铣削深度 Q1（增量值）	工件表面与型腔底部的距离
路径重叠系数 Q2	Q2× 刀具半径 = 行距系数 k
精铣侧面余量 Q3（增量值）	加工面上的精铣余量
精铣底面余量 Q4（增量值）	沿刀具轴的精铣余量
工件表面坐标 Q5（绝对值）	工件表面绝对坐标
安全高度 Q6（增量值）	刀尖与工件表面的距离
安全高度 Q7（绝对值）	刀具与工件表面不会发生碰撞的绝对高度（用于快速定位及循环结束时的退刀）
内角半径 Q8	“内角”倒圆半径，输入值为相对刀具中点路径的数据
旋转方向？顺时针 =-1 Q9	型腔的加工方向： 顺时针（Q9=-1 逆铣型腔和凸台）； 逆时针（Q9=+1 顺铣型腔和凸台）

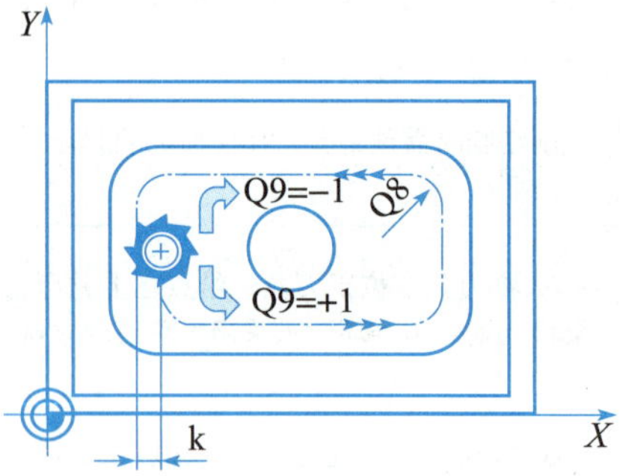

图 7-2　循环 20 参数（1）

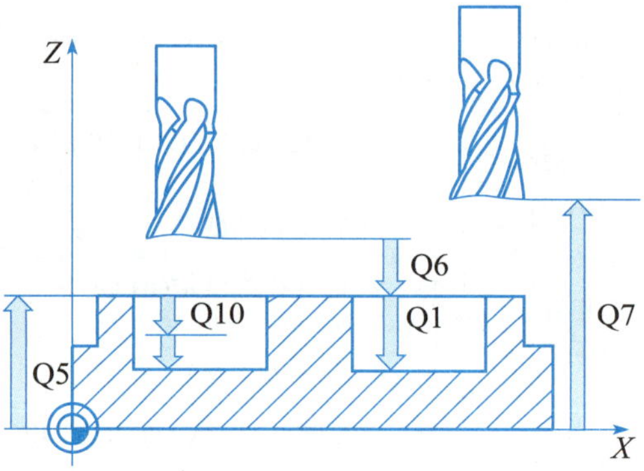

图 7-3　循环 20 参数（2）

3）定心钻（循环 21）参数见表 7-3。

表 7-3　定心钻（循环 21）参数

参数名称	参数说明
铣削深度 Q10（增量值）	每次进给刀具钻入的尺寸（负号表示负加工方向）
切入进给速率 Q11	钻孔过程中的移动速度，单位为 mm/min
粗铣刀号 Q13	粗铣加工的刀号

循环 21 用于进刀点“钻定心孔”。加工时，需考虑侧面和底面余量，以及粗铣刀具的半径。进刀点也可作为粗铣加工的起点。加工步骤如下：

①刀具以编程进给速率 F 由当前位置钻孔至第一切入深度。

②达到第一切入深度后，刀具以快速移动速率 FMAX 方式退刀至起始位置，然后再次进刀至第一切入深度减去预停距离 t 位置。

③预停距离由数控系统自动计算：

孔的总深度不大于 30mm 时 t=0.6mm；

孔的总深度超过 30mm 时 t= 孔深 /50；

最大预停距离 =7mm。

④刀具以编程进给速率 F 再次进刀至下一个深度。

⑤ TNC 重复上述过程（步骤 1 ～ 4）直至达到编程深度为止。

⑥孔底停顿时间结束后，刀具以快速移动速率 FMAX 方式退刀至起点位置进行断屑。

4）粗铣（循环 22）参数见表 7－4。

表 7－4　粗铣（循环 22）参数

参数名称	参数说明
铣削深度 Q10（增量值）	刀具每次进给的切入尺寸
切入进给速率 Q11	切入加工中的移动速度，单位为 mm/min
铣削进给速率 Q12	铣削移动速度，单位为 mm/min
粗铣刀号 Q18	TNC 用于粗铣轮廓的刀号。如果无粗铣加工，输入“0”；如果输入非零值，TNC 只对未加工粗糙部分进行粗铣。 如果要粗铣的部分无法从侧面接近，TNC 将进行往复式切入铣。为此，必须在刀具表 TOOL.T 中输入刀具长度 LCUTS 并定义刀具的最大切入角（ANGLE），否则 TNC 将显示错误信息
往复进给速率 Q19	往复式切入铣削过程中的刀具移动速度，单位为 mm/min

5）精铣底面（循环 23）参数见表 7－5，相关参数图例如图 7－4 所示。刀具平滑接近加工面（沿垂直相切圆弧），然后清除粗加工后剩余的精铣余量。

表 7－5　精铣底面（循环 23）参数

参数名称	参数说明
切入进给速率 Q11	刀具在切入加工过程中的移动速度
铣削进给速率 Q12	铣削时的移动速度

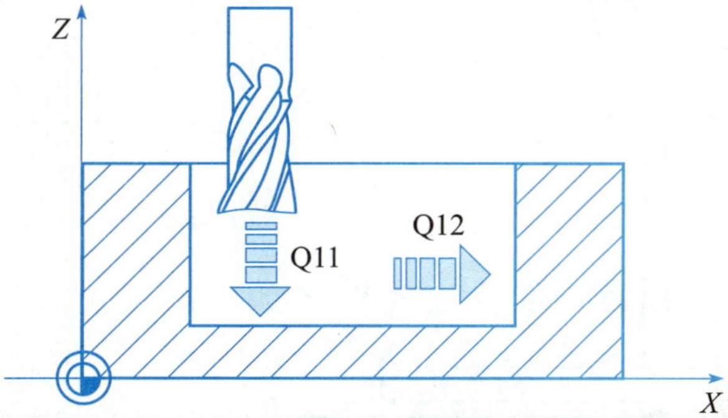

图 7－4　精铣底面（循环 23）参数

6）精铣侧面（循环 24）参数见表 7－6，相关参数图例如图 7－5 所示。

表 7－6　精铣侧面（循环 24）参数

参数名称	参数说明
旋转方向 Q9	加工方向： +1= 逆时针； −1= 顺时针
切入深度 Q10（增量值）	刀具每次进给的切入尺寸
切入进给速率 Q11	刀具在切入加工过程中的移动速度
铣削进给速率 Q12	铣削时的移动速度
精铣侧面余量 Q14（增量值）	输入允许多次精铣加工的材料。如果输入 Q14=0，将把剩余的精铣余量全部清除

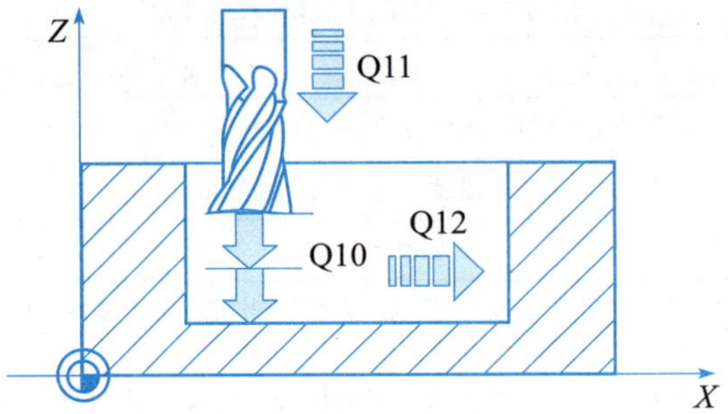

图 7－5　精铣侧面（循环 24）参数

二　编程示例

1. 编程示例（1）

如图 7－6 所示，工件左下角为编程零点。

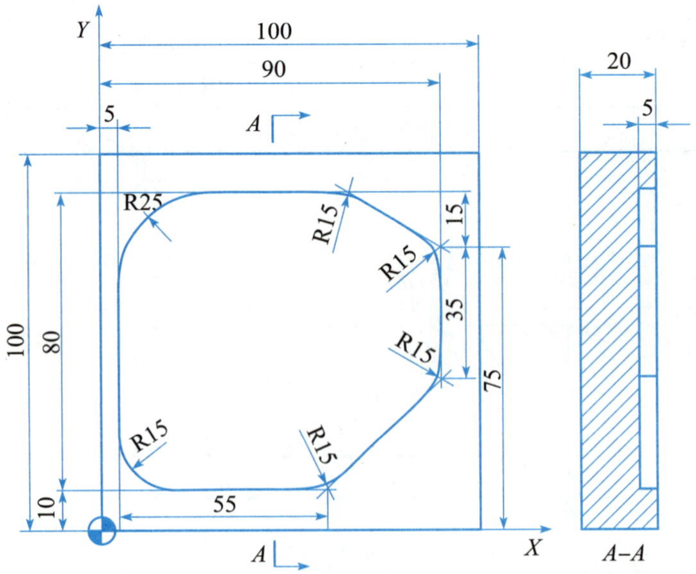

图 7－6　编程示例（1）

```
0  BEGIN PGM 7-1mm
1  BLK FORM 0.1 Z  X+0  Y+0  Z-20
2  BLK FORM 0.2  X+100  Y+100  Z+0
3  TOOL CALL 2 Z S4000 F1000
4  L  C+0  B+0 FMAX
5  M13
6  L  X+50  Y+50  Z+100 FMAX
7  CYCL DEF 14.0 CONTOUR GEOMETRY            列轮廓元素
8  CYCL DEF 14.1 CONTOUR LABEL1
9  CYCL DEF 20 CONTOUR DATA ~                定义轮廓数据
     Q1=-5          ;MILLING DEPTH ~
     Q2=+0.8        ;TOOL PATH OVERLAP ~
     Q3=+0.2        ;ALLOWANCE FOR SIDE ~
     Q4=+0.2        ;ALLOWANCE FOR FLOOR ~
     Q5=+0          ;SURFACE COORDINATE ~
     Q6=+2          ;SET-UP CLEARANCE ~
     Q7=+50         ;CLEARANCE HEIGHT ~
     Q8=+1          ;ROUNDING RADIUS ~
     Q9=-1          ;ROTATIONAL DIRECTION
10 CYCL DEF 22 ROUGH-OUT ~                   粗铣型腔
     Q10=-2         ;PLUNGING DEPTH ~
     Q11=+150       ;FEED RATE FOR PLNGNG ~
     Q12=+500       ;FEED RATE F. ROUGHNG ~
     Q18=+0         ;COARSE ROUGHING TOOL ~
     Q19=+200       ;FEED RATE FOR RECIP. ~
     Q208=+99999    ;RETRACTION FEED RATE ~
     Q401=+100      ;FEED RATE FACTOR ~
     Q404=+0        ;FINE ROUGH STRATEGY
11 CYCL CALL
12 CYCL DEF 23 FLOOR FINISHING ~             精铣型腔底面
     Q11=+150       ;FEED RATE FOR PLNGNG ~
     Q12=+500       ;FEED RATE F. ROUGHNG ~
     Q208=+99999    ;RETRACTION FEED RATE
13 CYCL CALL
14 CYCL DEF 24 SIDE FINISHING ~              精铣型腔侧面
     Q9=-1          ;ROTATIONAL DIRECTION ~
     Q10=-5         ;PLUNGING DEPTH ~
     Q11=+150       ;FEED RATE FOR PLNGNG ~
     Q12=+500       ;FEED RATE F. ROUGHNG ~
```

```
    Q14=+0          ;ALLOWANCE FOR SIDE
15 CYCL CALL
16 L   Z+100 R0 FMAX M30
17 LBL 1                                   1号子程序开始，用于定义型腔轮廓
18 L   X+5   Y+40 RR F1000
19 L   Y+90
20 RND R25
21 L   X+65
22 RND R15
23 L   X+90   Y+75
24 RND R15
25 L   Y+40
26 RND R15
27 L   X+60   Y+10
28 RND R15
29 L   X+5
30 RND R15
31 L   Y+40
32 LBL 0                                   1号子程序结束
33 END PGM 7-1mm
```

2. 编程示例（2）

如图 7 - 7 所示，工件左下角为编程零点。

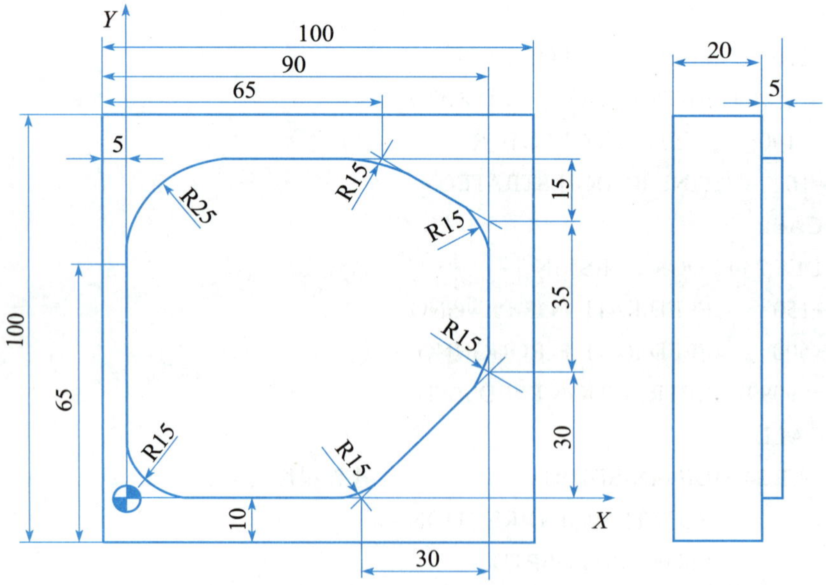

图 7 - 7　编程示例（2）

```
0  BEGIN PGM 7-2mm
1  BLK FORM 0.1 Z   X+0   Y+0   Z-20
2  BLK FORM 0.2   X+100   Y+100   Z+0
3  TOOL CALL 2 Z S4000 F1000
4  L   B+0   C+0 FMAX
5  M13
6  L   X+0   Y+0   Z+100 FMAX
7  CYCL DEF 14.0 CONTOUR GEOMETRY             列轮廓元素
8  CYCL DEF 14.1 CONTOUR LABEL1 /2
9  CYCL DEF 20 CONTOUR DATA ~                 定义轮廓数据
     Q1=-5          ;MILLING DEPTH ~
     Q2=+0.8        ;TOOL PATH OVERLAP ~
     Q3=+0.2        ;ALLOWANCE FOR SIDE ~
     Q4=+0.2        ;ALLOWANCE FOR FLOOR ~
     Q5=+0          ;SURFACE COORDINATE ~
     Q6=+2          ;SET-UP CLEARANCE ~
     Q7=+50         ;CLEARANCE HEIGHT ~
     Q8=+0          ;ROUNDING RADIUS ~
     Q9=-1          ;ROTATIONAL DIRECTION
10 CYCL DEF 22 ROUGH-OUT ~                    粗铣凸台外余料
     Q10=-2         ;PLUNGING DEPTH ~
     Q11=+150       ;FEED RATE FOR PLNGNG ~
     Q12=+500       ;FEED RATE F. ROUGHNG ~
     Q18=+0         ;COARSE ROUGHING TOOL ~
     Q19=+200       ;FEED RATE FOR RECIP. ~
     Q208=+99999    ;RETRACTION FEED RATE ~
     Q401=+100      ;FEED RATE FACTOR ~
     Q404=+0        ;FINE ROUGH STRATEGY
11 CYCL CALL
12 CYCL DEF 23 FLOOR FINISHING ~              精铣底面
     Q11=+150       ;FEED RATE FOR PLNGNG ~
     Q12=+500       ;FEED RATE F. ROUGHNG ~
     Q208=+99999    ;RETRACTION FEED RATE
13 CYCL CALL
14 CYCL DEF 24 SIDE FINISHING ~               精铣凸台轮廓侧面
     Q9=-1          ;ROTATIONAL DIRECTION ~
     Q10=-2         ;PLUNGING DEPTH ~
     Q11=+150       ;FEED RATE FOR PLNGNG ~
     Q12=+500       ;FEED RATE F. ROUGHNG ~
```

```
    Q14=+0        ;ALLOWANCE FOR SIDE
15 CYCL CALL
16 L  Z+100 R0 FMAX M30
17 LBL 1                                1 号子程序开始，用于定义凸台轮廓
18 L  X+5  Y+40 RL F1000
19 L  Y+90
20 RND R25
21 L  X+65
22 RND R15
23 L  X+90  Y+75
24 RND R15
25 L  Y+40
26 RND R15
27 L  X+60  Y+10
28 RND R15
29 L  X+5
30 RND R15
31 L  Y+40
32 LBL 0                                1 号子程序结束
33 LBL 2                                2 号子程序开始，用于定义外轮廓
34 L  X-10  Y-10 RR FMAX
35 L  Y+110
36 L  X+110
37 L  Y-10
38 L  X-10
39 LBL 0                                2 号子程序结束
40 END PGM 7-2mm
```

任务实施

一 图纸分析

看懂工件图样，了解图样上各加工部位的尺寸标注和精度要求等。

二 检测毛坯

确定工件的加工余量：毛坯为 ϕ 80mm × 40mm 的圆柱体，所有面均为精加工表面，材料为铝合金。

三　工件装夹

根据工件的形状特点，采用自定心卡盘装夹工件。选毛坯上的侧面和底面为定位基准面，工件的编程坐标系选在工件上表面的中心，如图 7－8 所示。

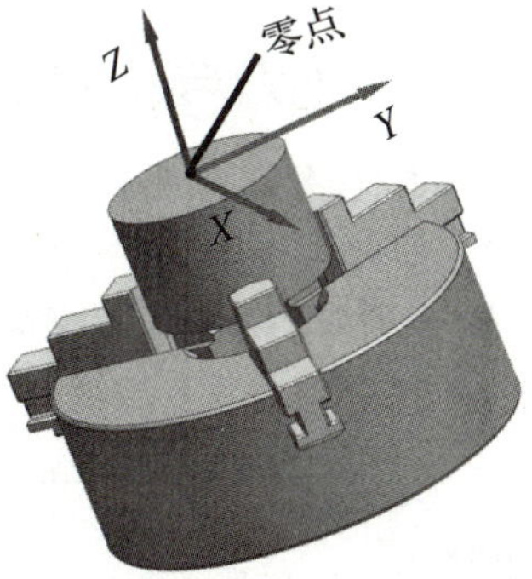

图 7－8　工件的装夹

四　刀具的选择

根据工件轮廓形状，选取整体铣铝专用硬质合金两刃直柄立铣刀，直径 ϕ10mm。

五　刀具的建立

1. 刀具表

根据任务分析，加工该零件需要一把 D10R0 立铣刀，还要用到机用测头对坐标，共需建立两把刀具。点击【手动操作模式】→【刀具表】→【编辑】→【开】，用光标键依次选择 7 号刀位、9 号刀位，然后按顺序填充 D10R0 立铣刀、测头对应刀位的信息。Name 为刀具名字、PTVP 为刀具直径类型、L 为刀具长度、R 为刀具半径，如图 7－9 所示。

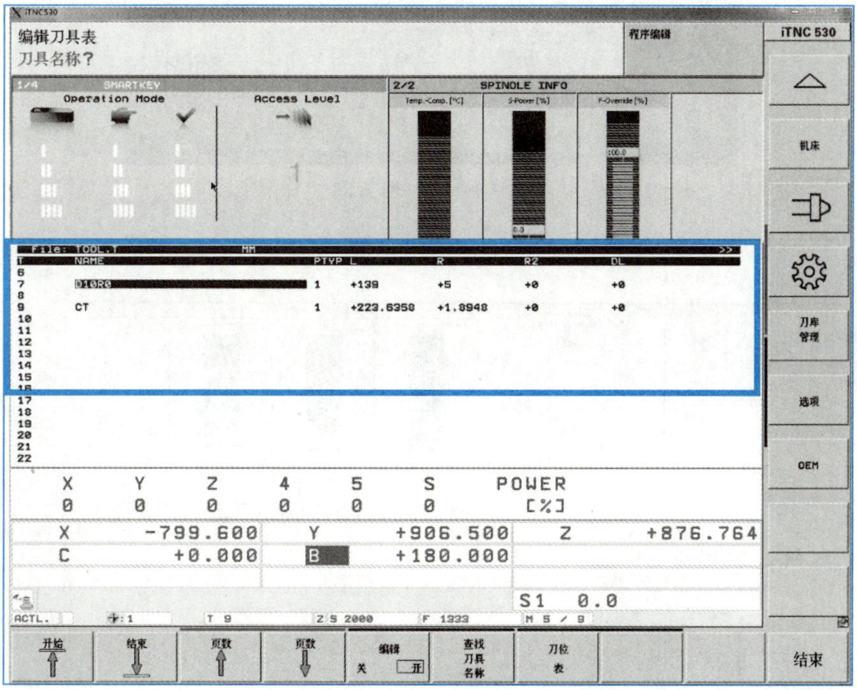

图 7－9　刀具表的编辑

2. 装刀

建立好刀具之后，将光标移至第一把刀具 D10R0 立铣刀，点击【刀具存储】

，进入该界面后点击【刀具位置自动】

；系统会自动提示刀具安装的刀库

位置，并将安装好刀具的刀柄装入刀库。装刀完毕后务必关好刀库安全门。

六 对刀与工件坐标系的建立

本任务加工的工件为圆柱体，为了更精准地确立坐标点，采用机用测头进行测量。

1. 对圆柱中心

（1）在 MDI 下，调用测头 TOOL CALL　9　Z　S2000;，将 *B*、*C* 轴回零 L　B+0 C+0 R0　FMAX;。

（2）按【手轮激活开关键】，【 SmartKey 】设置处于方式Ⅱ，按【开门键】打开机床防护门。

（3）通过电子手轮将测头从 –*X* 方向靠近工件的左侧，点击【探测功能】→【测量 CC 】→【 X+ 】→【循环启动】；将测头从 +*X* 方向靠近工件的右侧，点击【探测功能】→【测量 CC 】→【 X– 】→【循环启动】，如图 7 – 10 至图 7 – 15 所示。

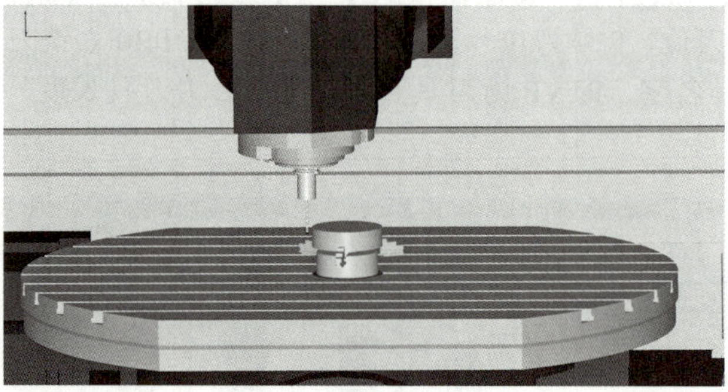

图 7 – 10　–*X* 方向

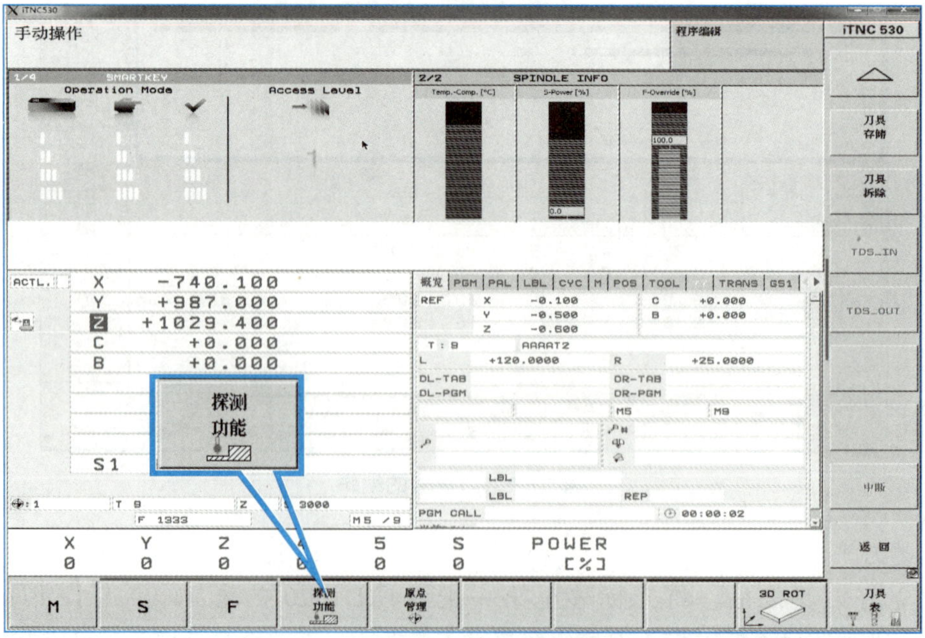

图 7 – 11　探测功能

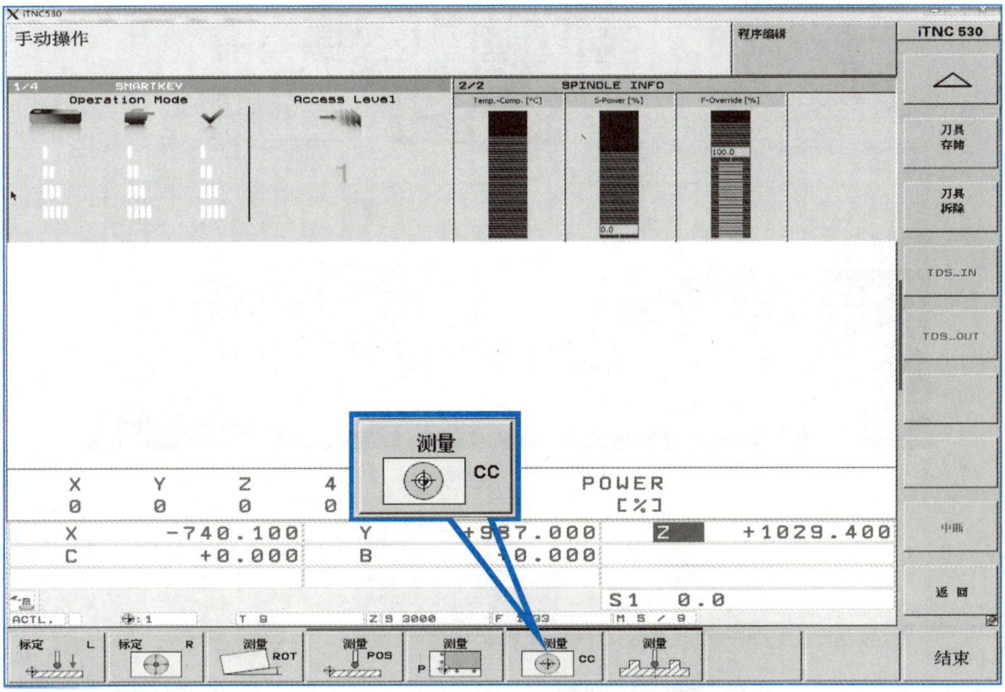

图 7－12　测量 CC

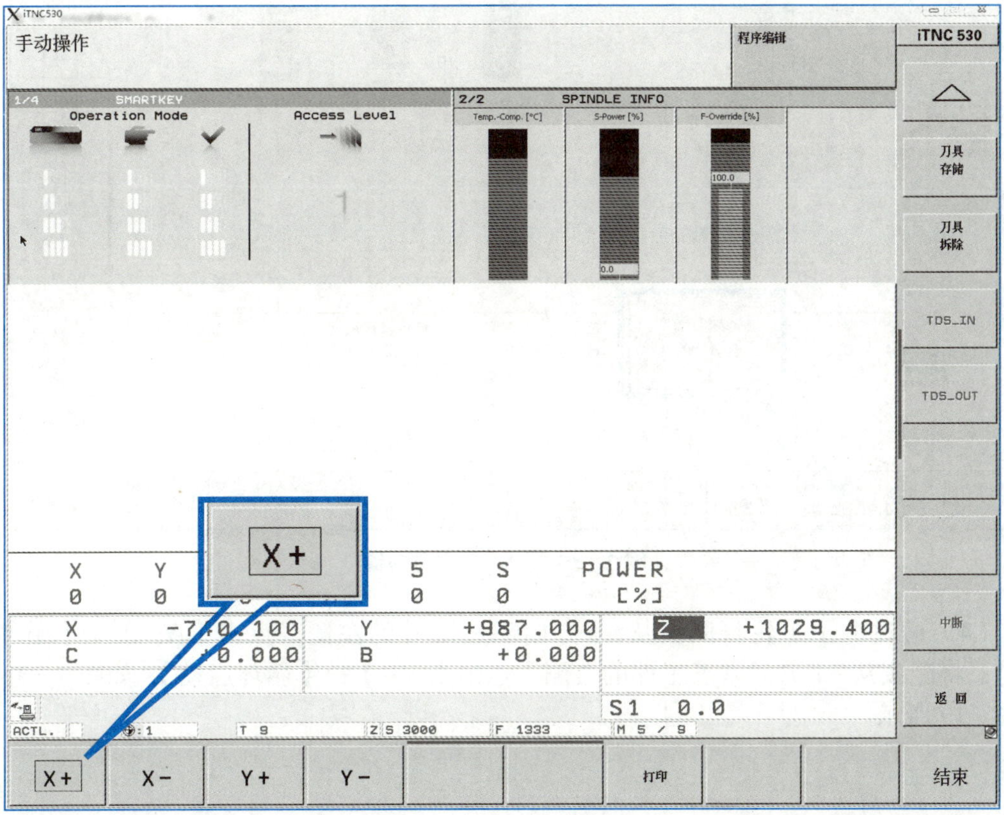

图 7－13　［X+］测方向键

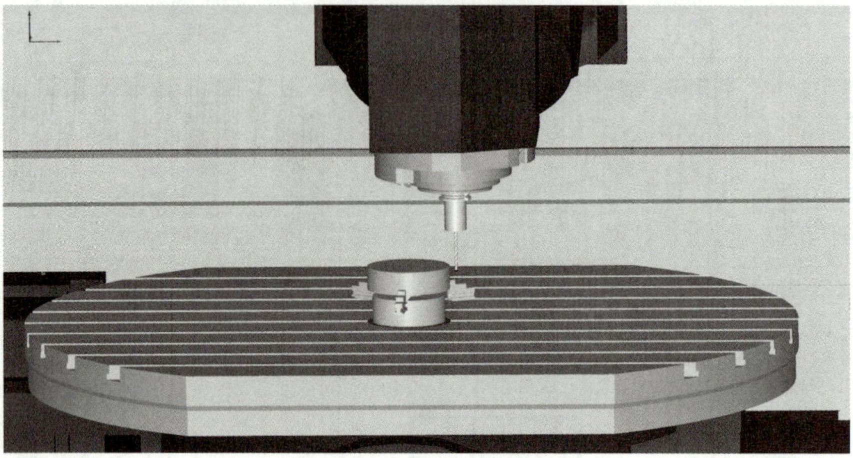

图 7－14　+X 方向

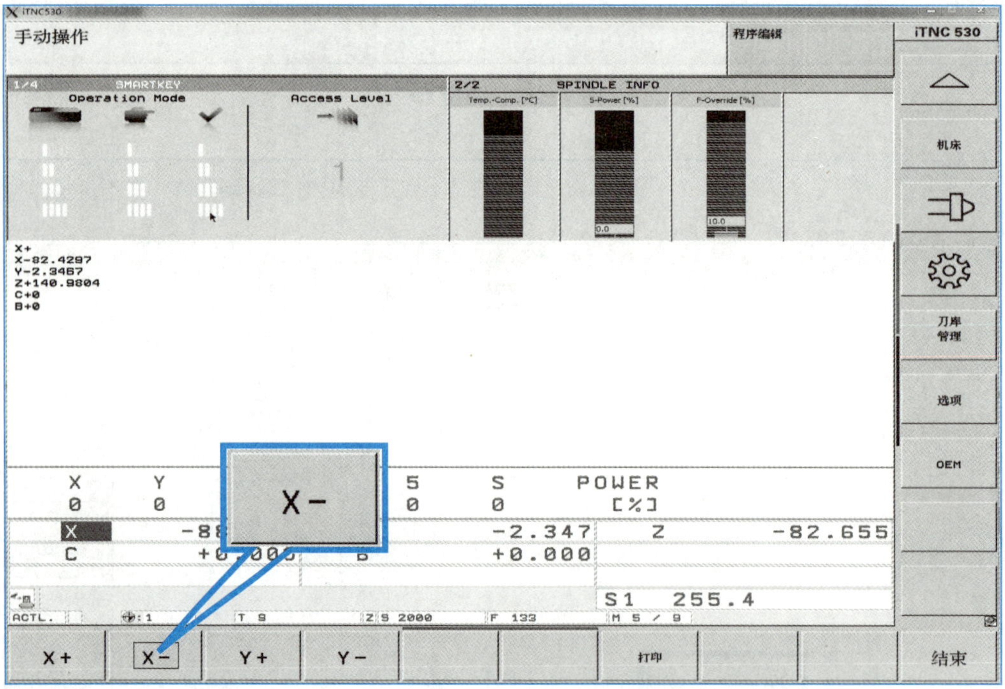

图 7－15　［X-］测方向键

（4）通过电子手轮将测头从 -Y 方向靠近工件的左侧，点击【 Y+ 】→【循环启动】；将测头从 +Y 方向靠近工件的右侧，点击【 Y- 】→【循环启动】，如图 7－16 至图 7－19 所示。

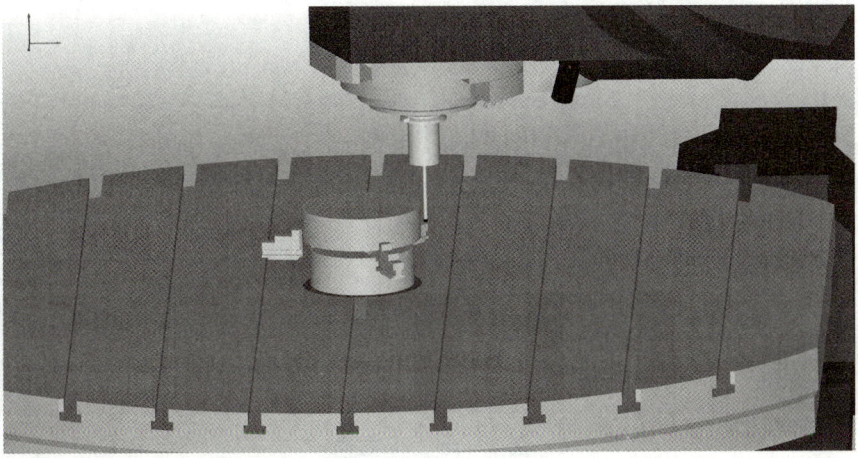

图 7－16　$-Y$ 方向

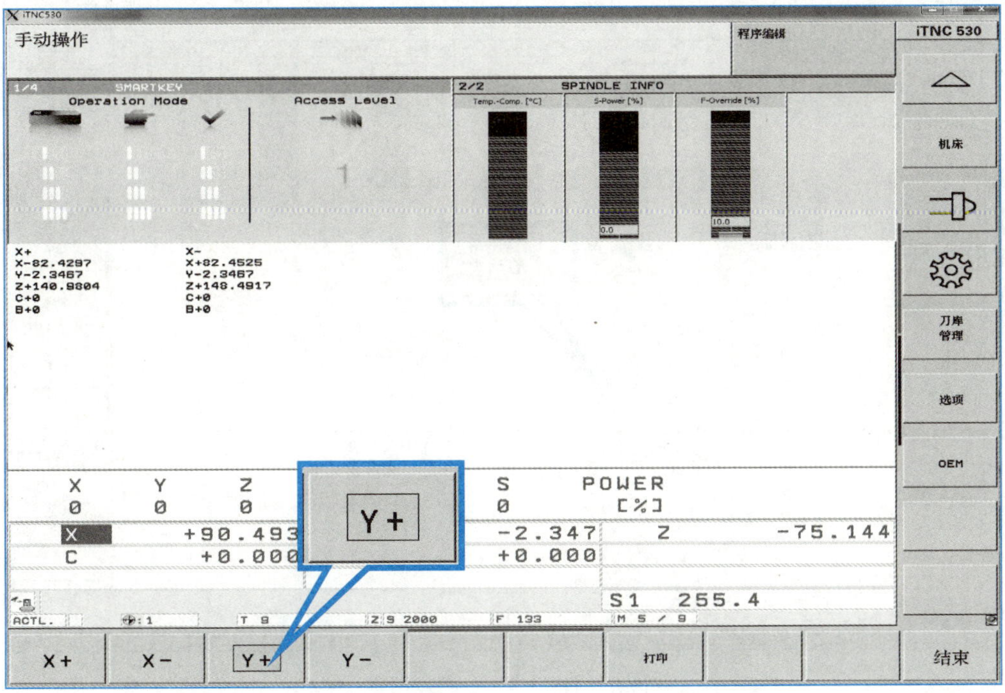

图 7－17 ［Y+］测方向键

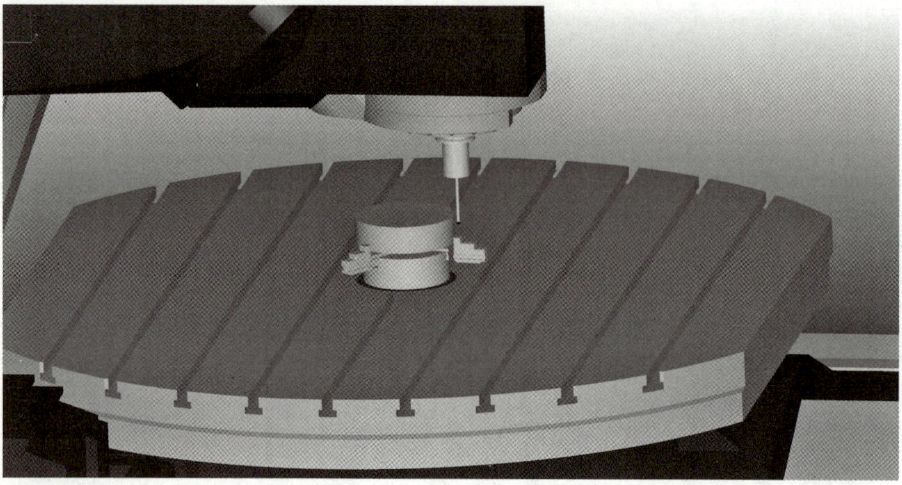

图 7-18　+Y 方向

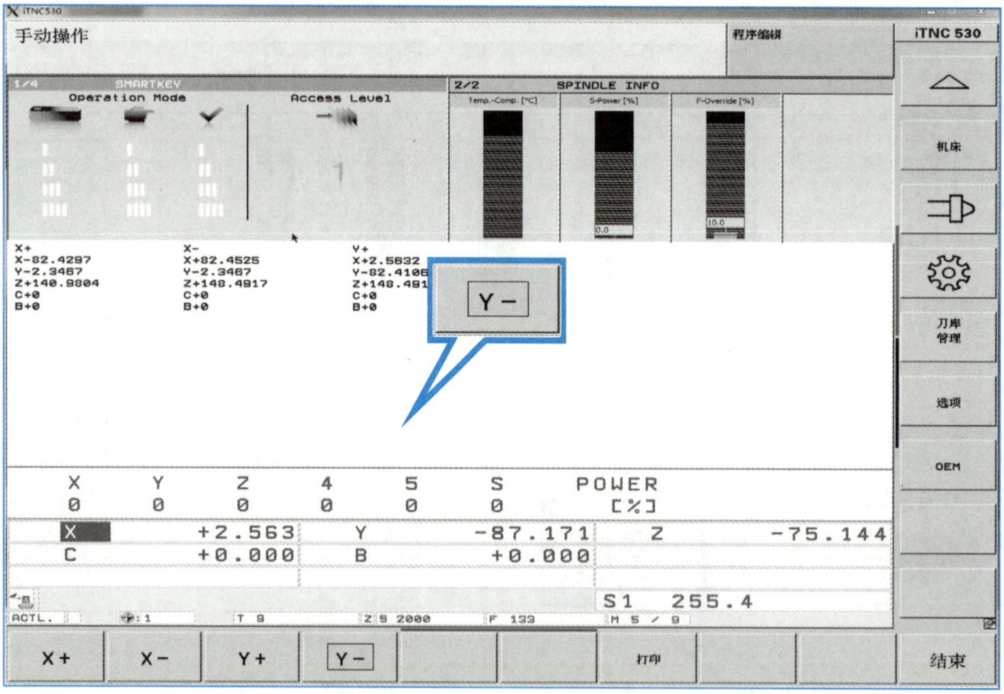

图 7-19　［Y-］测方向键

（5）将光标移至 X、Y 处，将值修改为 0，将 Datum table（坐标系）设为 1，如图 7-20、图 7-21 所示。

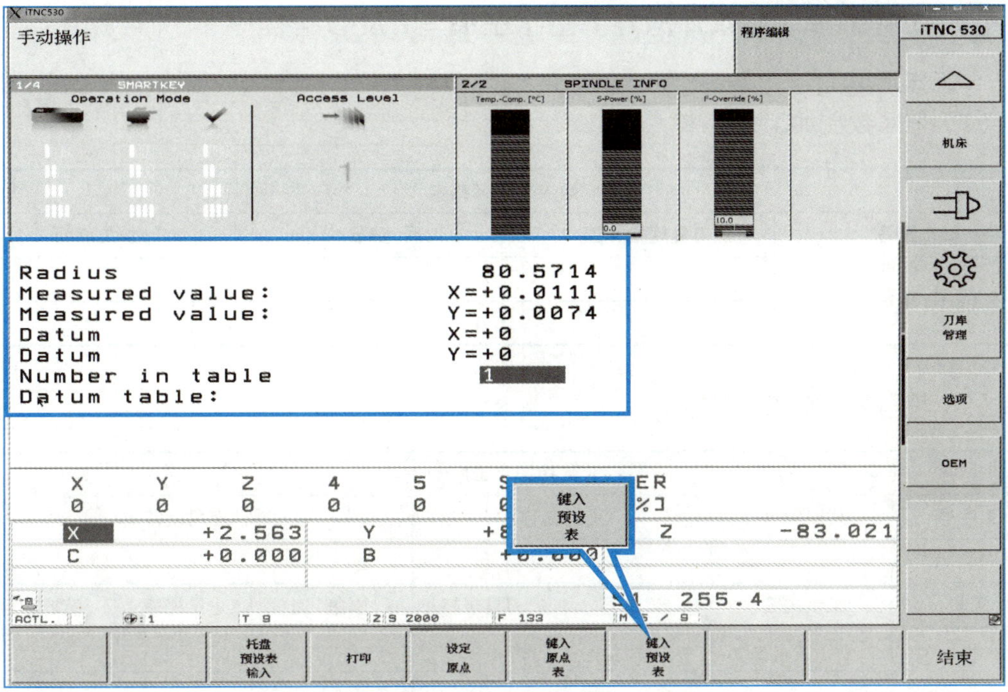

图 7－20　键入预设表

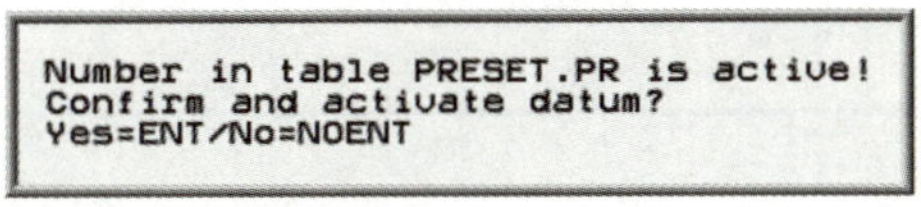

图 7－21　放置在 1 号坐标系中

2. 对工作表面零点坐标

（1）通过电子手轮将测头移至工件正上方，点击【探测功能】→【测量 POS】→【Z-】→【循环启动】，Datum（当前值）输入“0”，Number in table（想要设定的坐标系）输入“1”，点击【设为原点】。

（2）对刀。在 MDI 下调用刀具 TOOL CALL　7　Z　S2000;，将 B、C 轴回零 L B+0　C+0 R0　FMAX;。

（3）点击→【TOUCH PROBE】→【BLUIM】→【583 TOOL LEN】→【循环启动】，执行测刀命令。

七　切削用量的选择

背吃刀量选择 1.5 ～ 2mm，侧吃刀量精加工留出 0.5mm，其余轮廓余量由粗加工一次切除，进给速率 1 000mm/min，具体加工时依靠倍率调整，粗加工时倍率调大一些，精加工时倍率调小一些。主轴转速设为 4 000r/min。

八 工作清单（在教师指导下由学生填写）及参考程序

1. 工作清单

（1）填写数控加工刀具卡。

数控加工刀具卡			
刀具号	刀具规格 / 名称	数量	加工表面

（2）填写数控加工工序卡。

数控加工工序卡						
工序号	程序编号	夹具名称		使用设备		
工步	工步内容	刀具号	刀具规格	主轴转速	进给速率	背吃刀量

（3）填写量具使用卡。

量具使用卡		
量具名称	尺寸范围	数量

2. 加工参考程序

```
0  BEGIN PGM 7-7mm
1  BLK FORM 0.1 Z   X-40   Y-40   Z-40
2  BLK FORM 0.2   X+40   Y+40   Z+0
3  CYCL DEF 247 DATUM SETTING ~
     Q339=+1          ;DATUM NUMBER
4  TOOL CALL 7 Z S4000 F1000
5  L   B+0    C+0 FMAX
6  L   X+0    Y-80    Z+100 FMAX
7  CYCL DEF 14.0 CONTOUR GEOMETRY
```

```
8  CYCL DEF 14.1 CONTOUR LABEL1 /2
9  CYCL DEF 20 CONTOUR DATA ~
   Q1=-5        ;MILLING DEPTH ~
   Q2=+0.8      ;TOOL PATH OVERLAP ~
   Q3=+0.5      ;ALLOWANCE FOR SIDE ~
   Q4=+0.5      ;ALLOWANCE FOR FLOOR ~
   Q5=+0        ;SURFACE COORDINATE ~
   Q6=+2        ;SET-UP CLEARANCE ~
   Q7=+50       ;CLEARANCE HEIGHT ~
   Q8=+0        ;ROUNDING RADIUS ~
   Q9=-1        ;ROTATIONAL DIRECTION
10 CYCL DEF 22 ROUGH-OUT ~
   Q10=-2       ;PLUNGING DEPTH ~
   Q11=+150     ;FEED RATE FOR PLNGNG ~
   Q12=+500     ;FEED RATE F. ROUGHNG ~
   Q18=+0       ;COARSE ROUGHING TOOL ~
   Q19=+150     ;FEED RATE FOR RECIP. ~
   Q208= MAX    ;RETRACTION FEED RATE ~
   Q401=+100    ;FEED RATE FACTOR ~
   Q404=+0      ;FINE ROUGH STRATEGY
11 CYCL CALL M3
12 CYCL DEF 23 FLOOR FINISHING ~
   Q11=+150     ;FEED RATE FOR PLNGNG ~
   Q12=+500     ;FEED RATE F. ROUGHNG ~
   Q208= MAX    ;RETRACTION FEED RATE
13 CYCL CALL
14 CYCL DEF 24 SIDE FINISHING ~
   Q9=-1        ;ROTATIONAL DIRECTION ~
   Q10=-2       ;PLUNGING DEPTH ~
   Q11=+150     ;FEED RATE FOR PLNGNG ~
   Q12=+500     ;FEED RATE F. ROUGHNG ~
   Q14=+0       ;ALLOWANCE FOR SIDE
15 CYCL CALL
16 CYCL DEF 14.0 CONTOUR GEOMETRY
17 CYCL DEF 14.1 CONTOUR LABEL3
18 CYCL DEF 20 CONTOUR DATA ~
   Q1=-5        ;MILLING DEPTH ~
   Q2=+0.8      ;TOOL PATH OVERLAP ~
   Q3=+0.2      ;ALLOWANCE FOR SIDE ~
```

```
    Q4=+0.2         ;ALLOWANCE FOR FLOOR ~
    Q5=+0           ;SURFACE COORDINATE ~
    Q6=+2           ;SET-UP CLEARANCE ~
    Q7=+50          ;CLEARANCE HEIGHT ~
    Q8=+2           ;ROUNDING RADIUS ~
    Q9=+1           ;ROTATIONAL DIRECTION
19 CYCL DEF 21 PILOT DRILLING ~
    Q10=-5          ;PLUNGING DEPTH ~
    Q11=+150        ;FEED RATE FOR PLNGNG ~
    Q13=+0          ;ROUGH-OUT TOOL
20 CYCL CALL
21 CYCL DEF 22 ROUGH-OUT ~
    Q10=-1          ;PLUNGING DEPTH ~
    Q11=+150        ;FEED RATE FOR PLNGNG ~
    Q12=+500        ;FEED RATE F. ROUGHNG ~
    Q18=+0          ;COARSE ROUGHING TOOL ~
    Q19=+150        ;FEED RATE FOR RECIP. ~
    Q208=+99999     ;RETRACTION FEED RATE ~
    Q401=+100       ;FEED RATE FACTOR ~
    Q404=+0         ;FINE ROUGH STRATEGY
22 CYCL CALL
23 CYCL DEF 23 FLOOR FINISHING ~
    Q11=+150        ;FEED RATE FOR PLNGNG ~
    Q12=+500        ;FEED RATE F. ROUGHNG ~
    Q208=+99999     ;RETRACTION FEED RATE
24 CYCL DEF 24 SIDE FINISHING ~
    Q9=+1           ;ROTATIONAL DIRECTION ~
    Q10=-5          ;PLUNGING DEPTH ~
    Q11=+150        ;FEED RATE FOR PLNGNG ~
    Q12=+500        ;FEED RATE F. ROUGHNG ~
    Q14=+0          ;ALLOWANCE FOR SIDE
25 CYCL CALL
26 L   Z+100 R0 FMAX M30
27 LBL 1
28 L   X+0   Y-32 RL
29 L   X-16
30 L   X-32   Y-16
31 L   Y+8
32 CR   X-8   Y+32 R+24 DR-
```

```
33 L   X+8
34 CR   X+32   Y+8 R+24 DR-
35 L   Y-16
36 L   X+16   Y-32
37 L   X+0
38 LBL 0
39 LBL 2
40 L   X+0   Y-60 RR
41 L   X-60
42 RND R10
43 L   Y+60
44 RND R10
45 L   X+60
46 RND R10
47 L   Y-60
48 RND R10
49 L   X+0
50 LBL 0
51 LBL 3
52 L   X+0   Y-12 RL
53 L   X+20
54 RND R6
55 L   Y+8
56 RND R6
57 L   X+10
58 L   Y+23
59 RND R6
60 L   X-10
61 RND R6
62 L   Y+8
63 L   X-20
64 RND R6
65 L   Y-12
66 RND R6
67 L   X+0
68 LBL 0
69 END PGM 7-7mm
```

3. 加工结果

加工结果如图 7－22 所示。

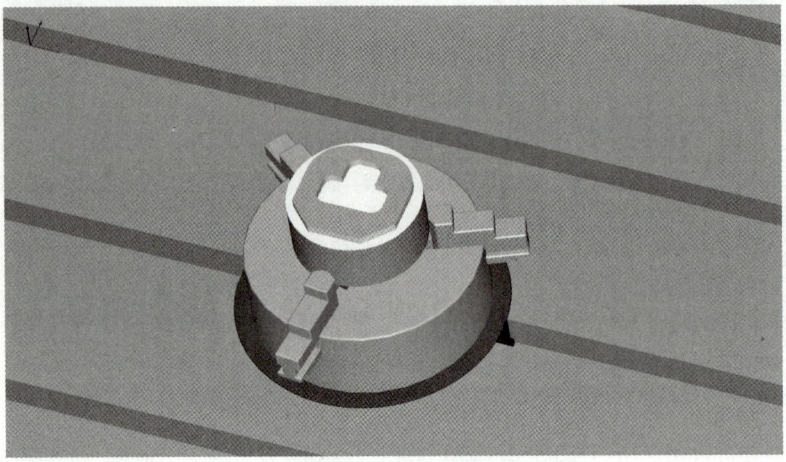

仿真加工（七）

图 7－22　加工结果

任务 8　具有公式曲线特征的零件的铣削

任务描述

根据图 8－1 所示的图纸，分析尺寸精度及技术要求，制定零件加工工艺方案，编制加工程序，模拟仿真，最终在数控铣床上完成加工。

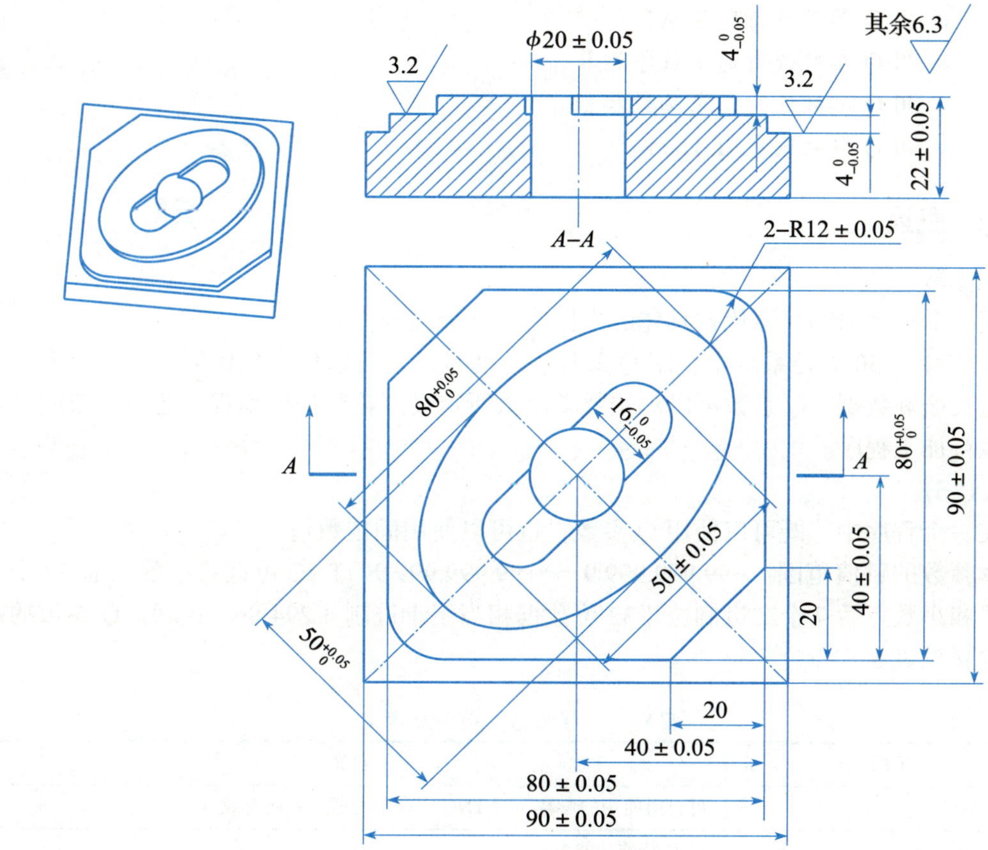

技术要求：

1. 零件加工表面不应有划痕、擦伤等。
2. 去除毛刺飞边。
3. 锐角倒钝。
4. 未标注公差 ±0.1。

型腔加工	比例	数量	材料	图号：08
	1∶1	1	铝合金	

图 8－1　具有公式曲线特征的零件

任务目标

知识目标

- 掌握 Q 参数的编程格式及使用方法。
- 会选用合适的装夹方式和刀具、辅具。
- 能够根据零件图纸编写加工程序。

素养提升

- 通过学习企业的 6S 管理模式，倡导从小事做起，养成事事“讲究”的习惯，从而达到提高整体工作质量的目的。

知识学习

- 用 Q 参数进行变量赋值。
- 用 Q 参数进行基本数学运算。
- 用 Q 参数进行三角函数编程。
- 用 Q 参数判定 If-Then。

一 概述

1. 变量

用一个可赋值的代号代替具体的坐标值，这个代号称为变量。

在 iTNC 530 数控系统中，用 Q 参数表示变量，它可以代表坐标值、进给速率、主轴转速及循环数据。Q 参数可以对用数学函数所定义的轮廓进行编程，还可以依照逻辑条件执行加工程序。

2. Q 分类

在一个程序中，既可以使用 Q 参数，也可以使用固定数值。

Q 参数的赋值范围：-99 999.999 9 ～ +99 999.999 9。TNC 可运算小数点前 57 个二进制位和小数点后 7 个二进制位（32 位数据相当于十进制 4 294 967 296）。Q 参数的范围及含义见表 8－1。

表 8－1　Q 参数的范围及含义

范围	含义
Q0 至 Q99	可自由使用的参数，对 TNC 内存中的所有程序有效
Q100 至 Q199	TNC 特殊功能参数
Q200 至 Q399	主要用于循环的参数，对 TNC 内存中的所有程序有效

3. 通过数学运算描述轮廓

选择 Q 参数功能：按【 Q 】键（右侧的数字键盘），软键行显示 Q 参数功能。

调用数学函数：按【 BASIC ARITHMETIC 】（基本算术）软键，TNC 将显示基本算数运算软键，具体见表 8－2。

表 8－2　基本算数运算软键

名称	功能	举例
FN0:	ASSIGN（赋值）	FN0：Q5=+60 赋予一个数字值
FN1:	ADDITION（加）	FN1：Q1=−Q2+−5 计算并赋予两值之和
FN2:	SUBTRACTIO（减）	FN2：Q1=+10−+5 计算并赋予两值之差
FN3:	MULTIPLICATION（乘）	FN3：Q2=+3*+3 计算并赋予两值之积
FN4:	DIVISION（除）	FN4：Q4=+8 DIV+Q2 计算并赋予两值之商。 禁止：被 0 除
FN5:	SQUARE ROOT（平方根）	FN5：Q20=SQRT 4 计算并赋予一个数的平方根。 禁止：负数的平方根

4. 三角函数编程

调用三角函数：按【 ANGLE FUNCTION 】（三角函数）软键，TNC 将显示三角函数软键，具体见表 8－3。

表 8－3　三角函数软键

名称	功能	举例
FN6:	SINE（正弦）	FN6：Q20=SIN−Q5 计算角（单位为度）的正弦值并赋予一个参数
FN7:	COSINE（余弦）	FN7：Q21=COS−Q5 计算角（单位为度）的余弦值并赋予一个参数
FN8:	ROOT SUM OF SQUARES（平方和的平方根）	FN8：Q10=+5 LEN+4 用两值计算斜边长并赋值
FN13:	ANGLE（角度）	FN13：Q20=+25 ANG−Q1 由两边的反正切或由角的正弦和余弦（0° < 角 <360°）计算角并赋予一个参数

5. 用 Q 参数判定 If-Then

TNC 可以将一个 Q 参数与另一个 Q 参数或数字值进行比较，并以此作为 If-Then 的逻辑判断。如果条件满足，TNC 将继续执行条件后标记处的程序；如果条件不满足，TNC 将继续执行下一个程序段。若要将另一个程序用作子程序，可在目标标记的程序段之后输入 PGMCALL（程序调用）。

（1）无条件跳转。

要实现无条件跳转，需要输入一个条件总为真的跳转条件，例如：

FN9：IF+10 EQU+10 GOTO LBL1

（2）有条件跳转。

按【 JUMP 】（跳转）软键调用 If-Then 条件，TNC 将显示 If-Then 判断软键，具体见表 8－4。

表 8－4 If-Then 判断软键

名称	功能	举例
FN9：	IF EQUAL, JUMP（如果相等，跳转）	FN9：IF +Q1 EQU +Q3 GOTO LBL 5 如果两个值或参数相等，跳转到给定标记处
FN10：	IF NOT EQUAL, JUMP（如果不相等，跳转）	FN10：IF +10 NE −Q5 GOTO LBL 10 如果两个值或参数不相等，跳转到给定标记处
FN11：	IF GREATER THAN, JUMP（如果大于，跳转）	FN11：IF+Q1 GT+10 GOTO LBL 5 如果第一个参数或值比第二个参数或值大，跳转到给定标记处
FN12：	IF LESS THAN, JUMP（如果小于，跳转）	FN12：IF+Q1 GT+10 GOTO LBL 1 如果第一个参数或值比第二个参数或值小，跳转到给定标记处

6. 直接输入公式

iTNC 数控系统可以通过软键将包含多个运算的数学公式直接输入零件程序，逻辑指令及公式见表 8－5。

表 8－5 逻辑指令及公式

逻辑指令	公式
Addition（加）	Q10+Q1
Subtraction（减）	Q25=Q7−Q108
Multiplication（乘）	Q12=5*Q5
Division（除）	Q25=Q1/Q2
Opening parenthesis（左括号）	Q12=Q1*(Q2+Q3)
Closing parenthesis（右括号）	Q12=Q1*(Q2+Q3)
Square of a value（平方）	Q15=SQ 5
Square root（平方根）	Q22=SQRT 25
Sine of an angle（角的正弦）	Q44=SIN 45
Cosine of an angle（角的余弦）	Q45=COS 45
Tangent of an angle（角的正切）	Q46=TAN 45
Arc sine（反正弦） 正弦的逆运算，由对边与斜边的比计算角	Q10=ASIN 0.75
Arc cosine（反余弦） 余弦的逆运算，由邻边与斜边的比计算角	Q11=ACOS Q40

二　编程示例

（1）编写如图 8－2 所示的工件的加工程序（中心标注 *X*/*Y* 轴及原点）。

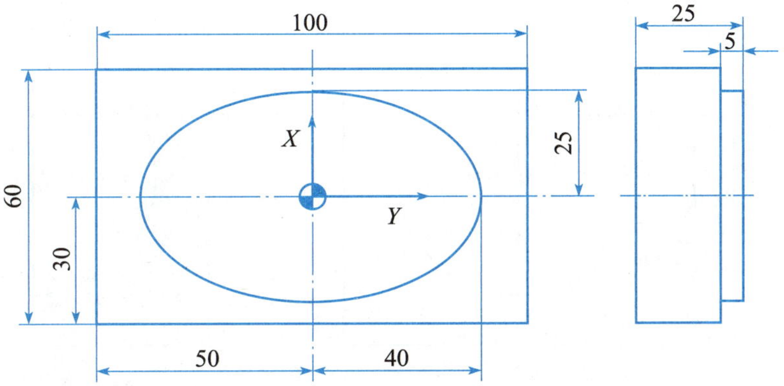

图 8－2　编程示例（1）

```
0   BEGIN PGM renwu8mm
1   BLK FORM 0.1 Z   X-50   Y-30   Z-25
2   BLK FORM 0.2   X+50   Y+30   Z+0
3   CYCL DEF 247 DATUM SETTING ~
      Q339=+1          ;DATUM NUMBER
4   TOOL CALL 2 Z S4000
5   M13
6   FN 0: Q1 =+40                          椭圆长轴半径
7   FN 0: Q2 =+30                          椭圆短轴半径
8   FN 0: Q3 =+0                           椭圆起始角度
9   L   X+48   Y-50   Z+50 R0 FMAX
10 L   Z+2 FMAX
11 L   Z-2 F200
12 L   X+40 Y+0 RR F500
13 LBL 1                                   循环标记
14 Q3 = Q3 + 1
15 Q4 = Q1 * COS Q3                        椭圆起点的 X 坐标
16 Q5 = Q2 * SIN Q3                        椭圆起点的 Y 坐标
17 L   X+Q4   Y+Q5 F500                    刀具移至平面上的起点
18 FN 12: IF +Q3 LT +360 GOTO LBL 1        如果未完成椭圆插补，则跳转至程序标记处
19 L   Y+50 R0
20 L   Z+2
21 L   Z+50 FMAX
22 END PGM renwu8mm
```

（2）编写如图 8－3 所示的工件的加工程序（中心标注 X/Y 轴及原点）。

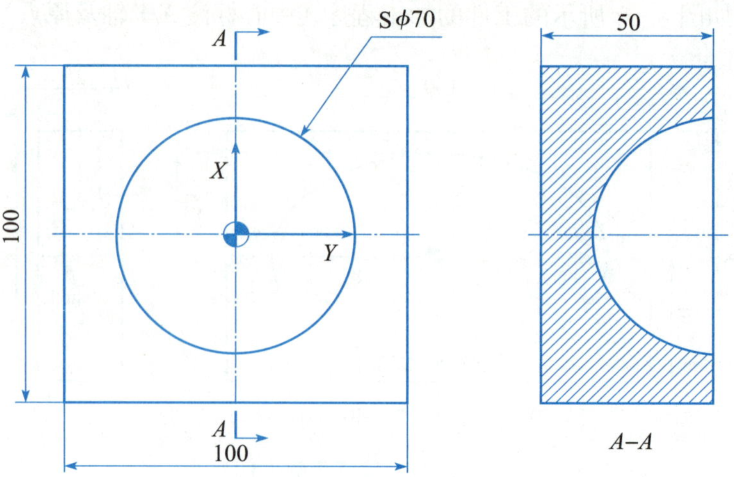

图 8－3　编程示例（2）

```
0   BEGIN PGM renwu8-2mm
1   BLK FORM 0.1 Z    X-40    Y-40    Z-50
2   BLK FORM 0.2    X+40    Y+40    Z+0
3   CYCL DEF 247 DATUM SETTING ~
      Q339=+1          ;DATUM NUMBER
4   TOOL CALL 9 Z S4000
5   L    B+0    C+0 FMAX
6   M13
7   FN 0: Q1 =+35
8   Q3 = 0
9   L    X+0    Y+0    Z+100 FMAX
10       Z+2 FMAX
11  L    Z+0 F100
12  LBL 1
13  Q4 = Q1 * COS Q3
14  Q5 = Q1 * SIN Q3
15  L    X+Q4    Y+0 F500
16  L    Z-Q5 F100
17  CC    X+0    Y+0
18  C    X+Q4    Y+0 DR-
19  Q3 = Q3 + 1
20  FN 12: IF +Q3 LT +90 GOTO LBL 1
21  END PGM renwu8-2mm
```

任务实施

一　图纸分析

看懂工件图样，了解图样上各加工部位的尺寸标注和精度要求等。

二　检测毛坯

确定工件的加工余量：毛坯为 90mm × 90mm × 22mm 的六面体，六个面均为精加工表面，材料为铝合金。

三　工件装夹

根据工件的形状特点，采用平口虎钳装夹工件。选毛坯上的侧面和底面为精基准，如图 8－4 所示。

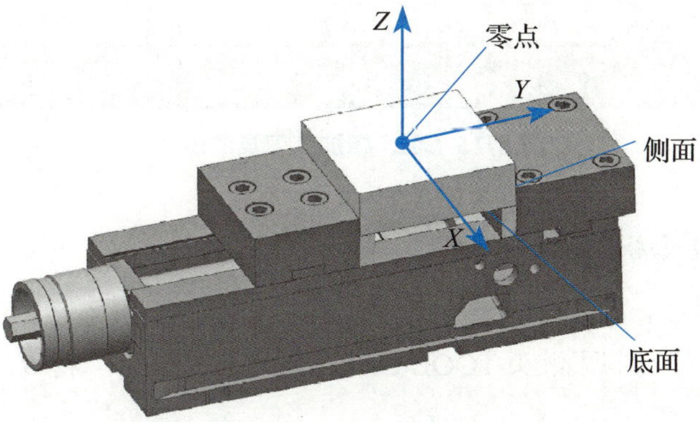

图 8－4　工件的装夹

四　刀具的选择

根据工件轮廓形状，选取整体铣铝专用硬质合金两刃直柄立铣刀，直径 ϕ 12mm。

五　建立刀具表

（1）点击【手动操作】→【刀具表】→【编辑】→【开】，通过光标键选择需要修改的值并进行修改。

（2）本任务要求对工件进行粗、精加工，所以要建立两把 D12R0 立铣刀和测头，将 D12R0 立铣刀的 R（刀具半径）分别设置为 R6.3（粗加工刀具）、R6（精加工刀具），建立在 4 号、7 号刀具上，测头建立在 9 号刀具上，如图 8－5 所示。

（3）装刀。

建立好刀具之后，将光标移至第一把刀具 D12R0CJG 立铣刀，点击【刀具存储】 刀具存储 ，进入该界面后点击【刀具位置自动】 刀具位置自动 ；系统会自动提示刀具安装的刀库位置，并将安装好刀具的刀柄装入刀库。装刀完毕后务必关好刀库安全门。

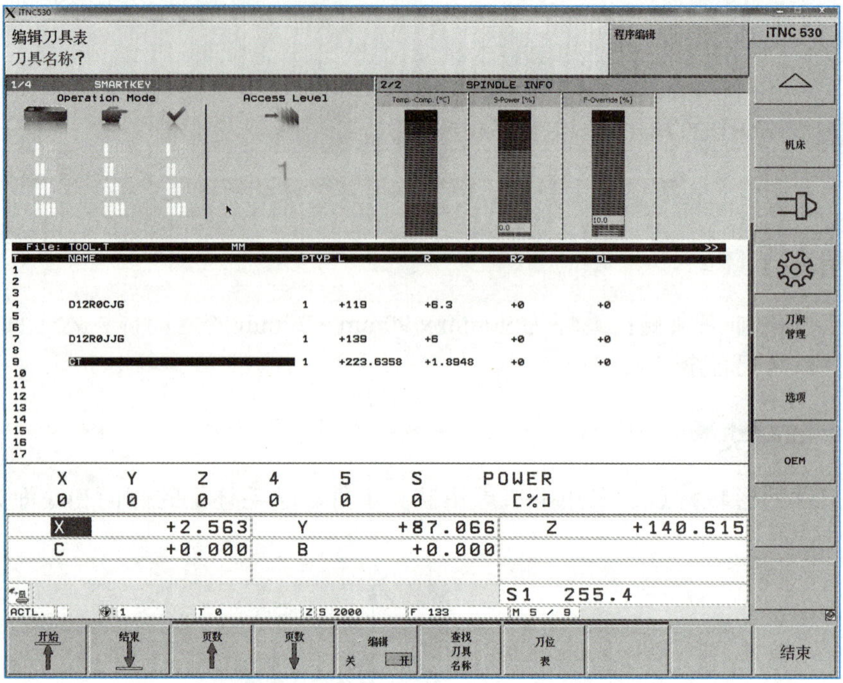

图 8－5　粗、精加工刀具的建立

六　设定工件坐标系

1. 对 X 中心

（1）在 MDI 下，调用测头 TOOL CALL 9　Z　S2000;，将 *B*、*C* 轴回零 L　B+0 C+0 R0　FMAX;。

（2）按【手轮激活开关键】,【 SmartKey 】设置处于方式Ⅱ，按【开门键】打开机床防护门。

（3）通过电子手轮将测头从 -*X* 方向靠近工件的左侧，点击【探测功能】→【测量】→【 X+ 】→【循环启动】；将测头从 +*X* 方向靠近工件的右侧，点击【探测功能】→【测量】→【 X- 】→【循环启动】。Datum（当前值）输入“0”，Number in table（想要设定的坐标系）输入“1”，点击【键入预设表】。

2. 对 Y 中心

通过电子手轮将测头从 -*Y* 方向靠近工件的左侧，点击【探测功能】→【测量】→【 Y+ 】→【循环启动】；将测头从 +*Y* 方向靠近工件的右侧，点击【探测功能】→【测量】→【 Y- 】→【循环启动】。Datum（当前值）输入“0”，Number in table（想要设定的坐标系）输入“1”，点击【键入预设表】。

3. 对工作表面零点坐标

通过电子手轮将测头移至工件正上方，点击【探测功能】→【测量 POS 】→【 Z- 】→【循环启动】。Datum（当前值）输入“0”，Number in table（想要设定的坐标系）输入“1”，点击【设为原点】。

4. 对刀

由于本任务选用的刀具较多，因此采用激光对刀的方式。

（1）在 MDI 下调用刀具 TOOL CALL 4 Z S2000;。

（2）将 B、C 轴回零 L　B+0　C+0 R0　FMAX;。

（3）点击 →【TOUCH PROBE】→【BLUIM】→【583 TOOL LEN】→【循环启动】，执行测刀命令。

（4）按照上述方法调用其他刀具进行测量。

七　切削用量的选择

背吃刀量选择 1.5 ～ 2mm，侧吃刀量精加工留出 0.3mm，其余轮廓余量由精加工一次切除，进给速率 1 000mm/min，具体加工时依靠倍率调整，粗加工时倍率调大一些，精加工时倍率调小一些。主轴转速设为 4 000r/min。

八　工作清单（在教师指导下由学生填写）及参考程序

1. 工作清单

（1）填写数控加工刀具卡。

数控加工刀具卡			
刀具号	刀具规格 / 名称	数量	加工表面

（2）填写数控加工工序卡。

数控加工工序卡						
工序号	程序编号	夹具名称		使用设备		
工步	工步内容	刀具号	刀具规格	主轴转速	进给速率	背吃刀量

（3）填写量具使用卡。

量具使用卡		
量具名称	尺寸范围	数量

2. 参考程序

（1）粗加工程序，粗加工刀具半径输入 6.3。

```
0  BEGIN PGM renwu8-1mm
1  BLK FORM 0.1 Z   X-45   Y-45   Z-22
2  BLK FORM 0.2   X+45   Y+45   Z+0
3  TOOL CALL 4 Z S4000 F1000
4  L   B+0   C+0 FMAX
5  M13
6  L   X+0   Y-60   Z+50 FMAX
7  L   Z+2 FMAX
8  L   Z+0 F1000
9  LBL 1
10 L IZ-2 F1000
11 APPR CT   X+0   Y-40   CCA90 R+15 RL
12 L   X-40
13 RND R12
14 L   Y+40
15 CHF 20
16 L   X+40
17 RND R12
18 L   Y-40
19 CHF 20
20 L   X+0
21 DEP CT   CCA90 R+15
22 L   X+0   Y-60
23 LBL 0
24 CALL LBL 1 REP3
25 L   Z+2
26 L   X-52   Y+32 R0 FMAX
27 L   Z+0
28 LBL 2
29 L   IZ-2 F1000
30 L   X-32   Y+52
31 L   X-52
32 L   Y+32
33 LBL 0
34 CALL LBL 2 REP3
35 L   Z+2 FMAX
```

```
36 L   X+55   Y-30 FMAX
37 L   Z+0
38 LBL 5
39 L IZ-2
40 L   X+30   Y-55
41 L   X+55
42 L   Y-30
43 LBL 0
44 CALL LBL 5 REP3
45 CYCL DEF 10.0 ROTATION
46 CYCL DEF 10.1   ROT+45
47 L   Z+2 FMAX
48 L   X+50   Y-50 FMAX
49 L   Z+0
50 LBL 20
51 L IZ-2 F1000
52 FN 0: Q1 =+45
53 FN 0: Q2 =+35
54 FN 0: Q3 =+0
55 LBL 3
56 L   X+Q1   Y+0 RR
57 LBL 10
58 Q3 = Q3 + 1
59 Q4 = Q1 * COS Q3
60 Q5 = Q2 * SIN Q3
61 L   X+Q4   Y+Q5
62 FN 12: IF +Q3 LT +360 GOTO LBL 10
63 L   Y+60 R0
64 L   X+60 FMAX
65 L   Y-60
66 L   X+Q1
67 LBL 0
68 FN 0: Q1 =+40
69 FN 0: Q2 =+25
70 FN 0: Q3 =+0
71 L   X+45   Y-50 FMAX
72 CALL LBL 3 REP1
73 LBL 0
74 CALL LBL 20 REP1
```

```
75 L   Z+50 FMAX
76 L   X+0   Y+0
77 CYCL DEF 253 SLOT MILLING ~
    Q215=+0        ;MACHINING OPERATION ~
    Q218=+50       ;SLOT LENGTH ~
    Q219=+16       ;SLOT WIDTH ~
    Q368=+0        ;ALLOWANCE FOR SIDE ~
    Q374=+0        ;ANGLE OF ROTATION ~
    Q367=+0        ;SLOT POSITION ~
    Q207=+500      ;FEED RATE FOR MILLNG ~
    Q351=−1        ;CLIMB OR UP-CUT ~
    Q201=−4        ;DEPTH ~
    Q202=+2        ;PLUNGING DEPTH ~
    Q369=+0        ;ALLOWANCE FOR FLOOR ~
    Q206=+150      ;FEED RATE FOR PLNGNG ~
    Q338=+0        ;INFEED FOR FINISHING ~
    Q200=+2        ;SET-UP CLEARANCE ~
    Q203=+0        ;SURFACE COORDINATE ~
    Q204=+50       ;2ND SET-UP CLEARANCE ~
    Q366=+1        ;PLUNGE ~
    Q385=+500      ;FINISHING FEED RATE
78 CYCL CALL
79 L   X+0   Y+0 FMAX
80 CYCL DEF 252 CIRCULAR POCKET ~
    Q215=+0        ;MACHINING OPERATION ~
    Q223=+20       ;CIRCLE DIAMETER ~
    Q368=+0        ;ALLOWANCE FOR SIDE ~
    Q207=+500      ;FEED RATE FOR MILLNG ~
    Q351=−1        ;CLIMB OR UP-CUT ~
    Q201=−22       ;DEPTH ~
    Q202=+2        ;PLUNGING DEPTH ~
    Q369=+0        ;ALLOWANCE FOR FLOOR ~
    Q206=+150      ;FEED RATE FOR PLNGNG ~
    Q338=+0        ;INFEED FOR FINISHING ~
    Q200=+2        ;SET-UP CLEARANCE ~
    Q203=+0        ;SURFACE COORDINATE ~
    Q204=+50       ;2ND SET-UP CLEARANCE ~
    Q370=+1        ;TOOL PATH OVERLAP ~
    Q366=+1        ;PLUNGE ~
```

```
    Q385=+500      ;FINISHING FEED RATE
81  CYCL CALL
82  CYCL DEF 10.0 ROTATION
83  CYCL DEF 10.1   ROT+0
84  END PGM renwu8-1mm
```

（2）精加工程序，精加工刀具半径输入 6。

```
0   BEGIN PGM renwu8-2mm
1   BLK FORM 0.1 Z   X-45   Y-45   Z-22
2   BLK FORM 0.2   X+45   Y+45   Z+0
3   CYCL DEF 247 DATUM SETTING ~
    Q339=+1        ;DATUM NUMBER
4   TOOL CALL 7 Z S4000
5   L   B+0   C+0 FMAX
6   M13
7   L   X+0   Y-60   Z+50 FMAX
8   L   Z+2 FMAX
9   L   Z-8 F100
10  L   Y-40 RL F1000
11  L   X-40
12  RND R12
13  L   Y+40
14  CHF 20
15  L   X+40
16  RND R12
17  L   Y-40
18  CHF 20
19  L   X+0
20  L   Y-60 R0
21  L   Z+2
22  CYCL DEF 10.0 ROTATION
23  CYCL DEF 10.1   ROT+45
24  FN 0: Q1 =+40
25  FN 0: Q2 =+25
26  FN 0: Q3 =+0
27  L   X+45   Y-60 FMAX
28  L   Z-4 F100
29  L   X+40   Y+0 RR F1000
30  LBL 10
```

```
31 Q3 = Q3 + 1
32 Q4 = Q1 * COS Q3
33 Q5 = Q2 * SIN Q3
34 L   X+Q4   Y+Q5
35 FN 12: IF +Q3 LT +360 GOTO LBL 10
36 L   Y+60 R0
37 L   Z+50 F500
38 L   X+0   Y+0 FMAX
39 CYCL DEF 253 SLOT MILLING ~
    Q215=+0       ;MACHINING OPERATION ~
    Q218=+50      ;SLOT LENGTH ~
    Q219=+16      ;SLOT WIDTH ~
    Q368=+0       ;ALLOWANCE FOR SIDE ~
    Q374=+0       ;ANGLE OF ROTATION ~
    Q367=+0       ;SLOT POSITION ~
    Q207=+500     ;FEED RATE FOR MILLNG ~
    Q351=-1       ;CLIMB OR UP-CUT ~
    Q201=-4       ;DEPTH ~
    Q202=+4       ;PLUNGING DEPTH ~
    Q369=+0       ;ALLOWANCE FOR FLOOR ~
    Q206=+150     ;FEED RATE FOR PLNGNG ~
    Q338=+0       ;INFEED FOR FINISHING ~
    Q200=+2       ;SET-UP CLEARANCE ~
    Q203=+0       ;SURFACE COORDINATE ~
    Q204=+50      ;2ND SET-UP CLEARANCE ~
    Q366=+1       ;PLUNGE ~
    Q385=+500     ;FINISHING FEED RATE
40 CYCL CALL
41 L   X+0   Y+0   Z+50 FMAX
42 CYCL DEF 252 CIRCULAR POCKET ~
    Q215=+0       ;MACHINING OPERATION ~
    Q223=+20      ;CIRCLE DIAMETER ~
    Q368=+0       ;ALLOWANCE FOR SIDE ~
    Q207=+500     ;FEED RATE FOR MILLNG ~
    Q351=-1       ;CLIMB OR UP-CUT ~
    Q201=-25      ;DEPTH ~
    Q202=+22      ;PLUNGING DEPTH ~
    Q369=+0       ;ALLOWANCE FOR FLOOR ~
    Q206=+150     ;FEED RATE FOR PLNGNG ~
```

```
    Q338=+0        ;INFEED FOR FINISHING ~
    Q200=+2        ;SET-UP CLEARANCE ~
    Q203=+0        ;SURFACE COORDINATE ~
    Q204=+50       ;2ND SET-UP CLEARANCE ~
    Q370=+1        ;TOOL PATH OVERLAP ~
    Q366=+1        ;PLUNGE ~
    Q385=+500      ;FINISHING FEED RATE
43 CYCL CALL
44 END PGM renwu8-2mm
```

3. 加工结果

加工结果如图 8-6 所示。

图 8-6　加工结果

仿真加工（八）
——粗加工

仿真加工（八）
——精加工

任务 9　六面体零件的铣削

任务描述

根据图 9－1 所示的图纸，分析尺寸精度及技术要求，制定零件加工工艺方案，编制加工程序，模拟仿真，最终在数控铣床上完成加工。

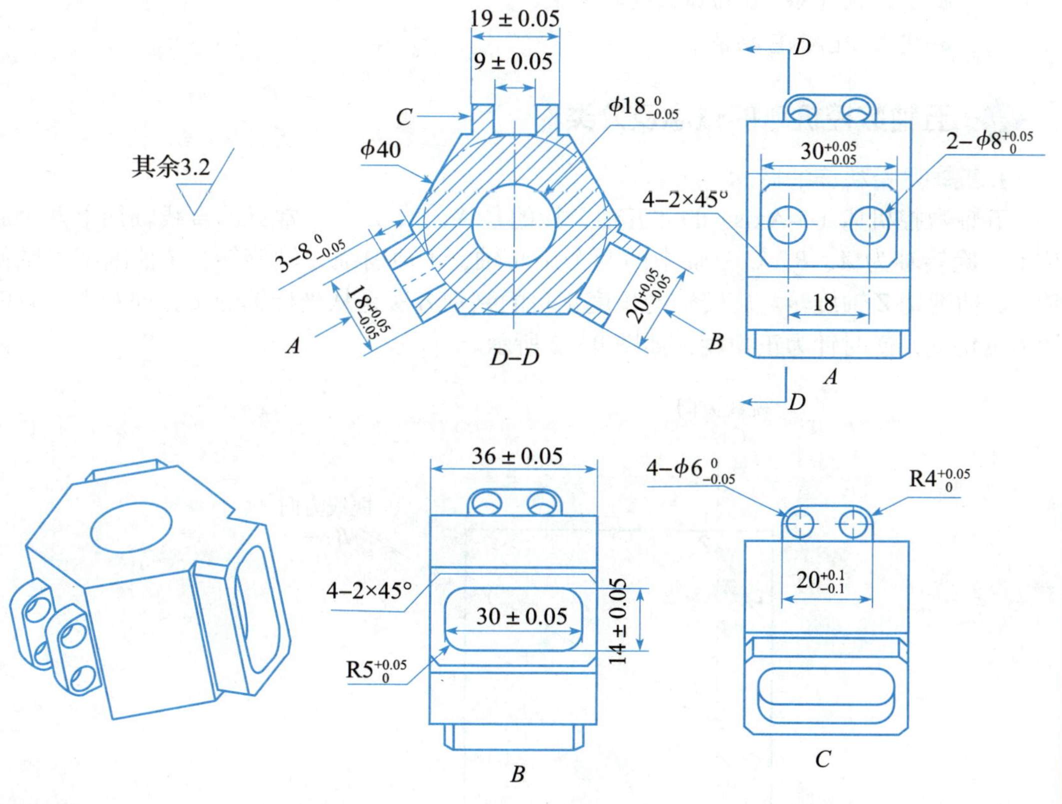

技术要求：

1. 零件加工表面不应有划痕、擦伤等。
2. 去除毛刺飞边。
3. 锐角倒钝。
4. 未标注公差 ±0.1。

轮廓加工	比例	数量	材料	图号：09
	1：1	1	铝合金	

图 9－1　六面体零件

任务目标

知识目标

- 掌握五轴数控机床的概念及加工特点。
- 掌握 PLANE 功能的格式及使用方法。

素养提升

- 了解中国一汽红旗汽车的自动生产线五轴加工中心如何发挥作用，认识到我国红旗汽车品牌智能制造的实力，激发对民族品牌的自信心和自豪感。

知识学习

- 五轴数控机床的概念及分类。
- 海德汉 TNC 多轴加工的功能。
- 定义 PLANE 功能。

一 五轴数控机床的概念及分类

1. 五轴数控机床的概念

五轴数控机床（5-Axis）的“五轴”指的是 X、Y、Z 三个常见的直线轴加上两个旋转轴。旋转轴为 A、B、C 三轴中的两个旋转轴，A 轴围绕 X 轴旋转，B 轴围绕 Y 轴旋转，C 轴围绕 Z 轴旋转。旋转轴的角度正负的判别方法是从坐标轴的负方向观看，顺时针为负角度，逆时针为正角度，如图 9－2 所示。

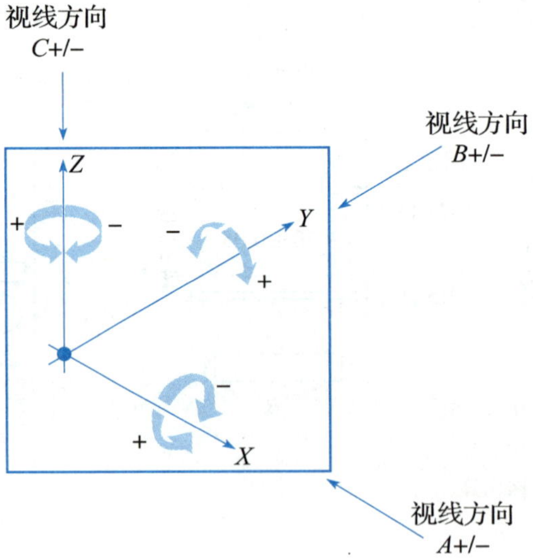

图 9－2 旋转轴正负的判别

2. 五轴数控机床的分类

（1）主轴倾斜式五轴数控机床。

1）定义：两个旋转轴都在主轴头一侧的数控机床称为主轴倾斜五轴数控机床，或称双摆头式五轴数控机床，如图 9－3 所示。

2）特点如下：

①主轴运动灵活，工作台承载能力强且尺寸可以设计得非常大。

②适用于加工船舶推进器、飞机机身模具、汽车覆盖件模具等大型零部件。

③主轴的刚性和承载能力较低，不利于重载切削。

（2）工作台倾斜式五轴数控机床。

1）定义：两个旋转轴都在工作台一侧的数控机床称为工作台倾斜式五轴数控机床，或称双转台式五轴数控机床，如图 9－4 所示。

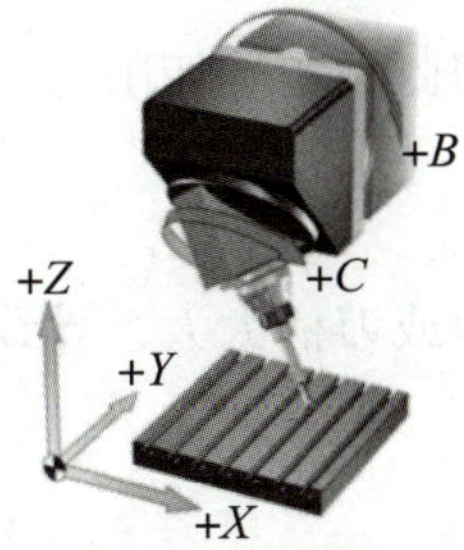

图 9－3　主轴倾斜式五轴数控机床

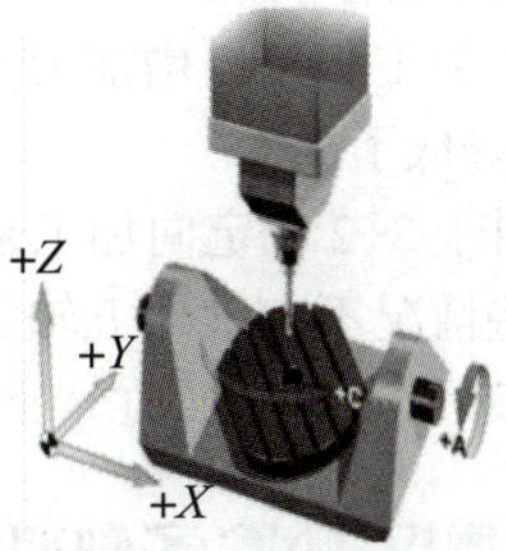

图 9－4　工作台倾斜式五轴数控机床

2）特点如下：

①主轴结构简单，刚性较好。

②制造成本较低，*C* 轴回转台可无限制旋转；但由于工作台为主要回转部件，因此尺寸受限。

③承载能力不大，不适合加工过大的零件。

（3）主轴 / 工作台倾斜式五轴数控机床。

1）定义：两个旋转轴中的主轴头设置在刀轴一侧、另一个旋转轴设置在工作台一侧的数控机床称为主轴 / 工作台倾斜式五轴数控机床，或称摆头转台式五轴数控机床，如图 9－5 所示。

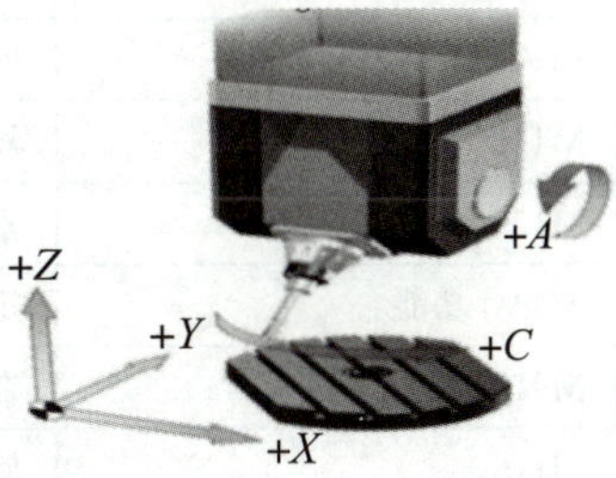

图 9－5　主轴 / 工作台倾斜式五轴数控机床

2）特点如下：

①旋转轴的结构布局较为灵活，可以是 *A*、*B*、*C* 三轴中的任意两轴的组合，结合了主轴倾斜和工作台倾斜的优点。

②加工灵活性和承载能力均有所改善。

3. 3+2 轴定向加工

（1）定义：两个旋转轴先将切削刀具固定在某个倾斜位置，然后通过进给轴 *X*、*Y*、*Z* 进行加工。

（2）特点如下：

1）可以使用更短的、刚性更高的切削刀具。

2）刀具可以与工件表面形成一定角度，主轴头可以伸得更低，离工件更近。

3）刀具移动距离更短，程序代码更少。

4）加工复杂工件时，可能需要多个倾斜视图以覆盖整个工件，这会导致刀具路径重叠，从而增加加工时间。

4. 五轴联动加工

（1）定义：五轴联动加工是指围绕进给轴 X、Y、Z 及绕 X、Y、Z 的旋转轴 A、B、C 中任意 5 个轴进行的线性插补运动。

（2）特点如下：

1）由于无须配置特殊夹具，因此降低了夹具成本，避免了多次装夹，提高了模具加工精度。

2）减少了夹具的使用数量。

3）省去了许多特殊刀具，从而降低了刀具成本。

4）由于加工中可以增加刀具的有效切削刃长度，因此减小了切削力，提高了刀具使用寿命，降低了成本。

5）相对于 3+2 轴定向加工来说，其主轴刚性较差。

6）有些情况不宜采用五轴加工方案，例如刀具太短或刀柄太大，导致在任何倾斜角的工况下都无法避免振动。

二 海德汉 TNC 多轴加工功能

海德汉 TNC 多轴加工功能见表 9－1。

表 9－1　海德汉 TNC 多轴加工功能

TNC 功能	含义
PLANE	定义倾斜加工面加工
PLANE/M128	倾斜刀具加工
M128	用倾斜轴定位时保持刀尖位置
M129	复位 M128
TCPM 功能	定义旋转轴定位时的 TNC 特性（M128 的改进功能）
M91	在定位程序段内：相对机床原点的坐标
M116	旋转轴进给速率（mm/min）
M126	旋转轴上的最短路径移动
M127	复位 M126
M114	用倾斜轴加工时自动补偿机床几何特征
M134	用旋转轴定位时在非相切过渡处准确停止
M135	复位 M134
M138	选择倾斜轴
M140	沿刀具轴退离轮廓
M144	在程序段结束处补偿机床运动结构的实际 / 名义位置
M145	复位 M144
LN 程序段	三维刀具补偿
SPL 程序段	样条插补

三 PLANE 功能

1. PLANE 功能：倾斜加工面

PLANE 功能只能用于具有两个以上旋转轴（主轴头或旋转工作台）的机床；机床只有一个旋转轴时，可以应用 PLANE 轴角功能。PLANE 功能参数见表 9－2。

表 9－2　PLANE 功能参数

功能	所需参数	软键
空间角	三个空间角：SPA、SPB 和 SPC	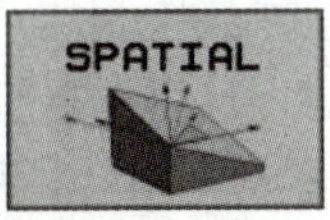
投影	两个投影角：PROPR 和 PROMIN 及旋转角 ROT	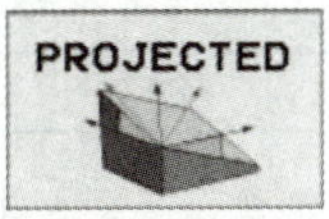
EULER	三个欧拉角：进动角（EULPR）、盘旋角（EULNU）和旋转角（EULROT）	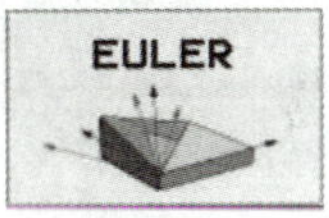
矢量	定义平面的法向矢量和定义 X 轴倾斜方向的基准矢量	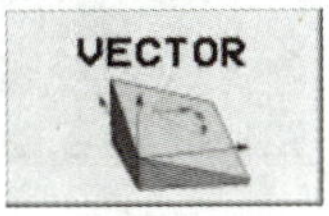
POINTS	倾斜加工面上的任意三点的坐标	
RELATIVE	一个增量空间角	
复位	复位 PLANE 功能	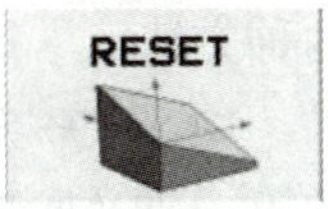

2. PLANE 功能：使用空间角 SPATIAL

功能：通过最多 3 个围绕机床固定坐标系旋转的空间角定义一个加工面。旋转时应严格遵守先围绕 *A* 轴旋转，然后 *B* 轴，再 *C* 轴的顺序。SPA 代表 *A* 轴旋转的空间角，是围绕机床固定的 *X* 轴旋转的角度；SPB 代表 *B* 轴旋转的空间角；SPC 代表 *C* 轴旋转的空间角，如图 9－6 和图 9－7 所示。由于必须输入全部三个角，因此如果机床上缺少某个轴，应将其角度定义为 0。

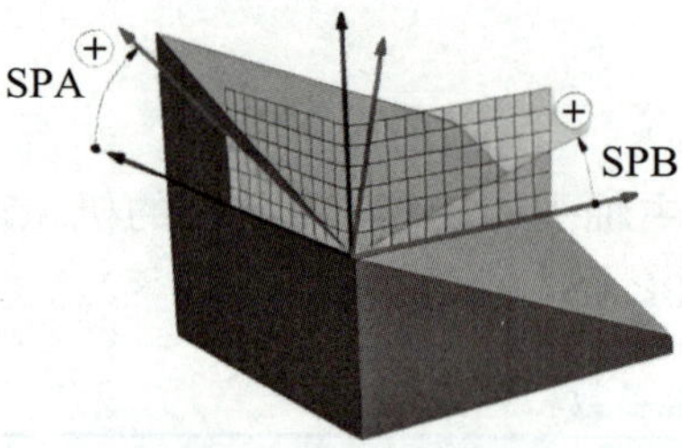

图 9－6　SPA、SPB 角

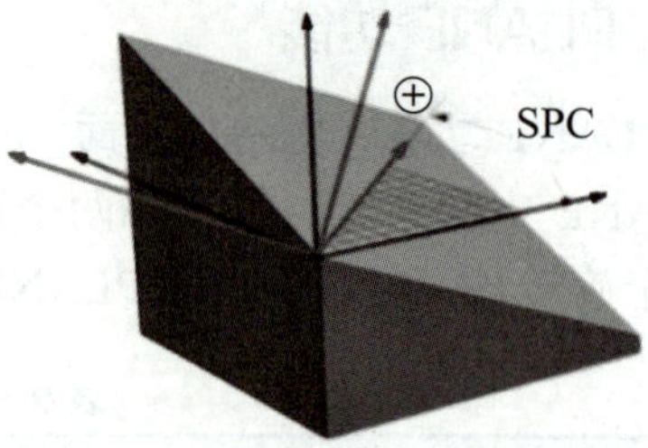

图 9－7　SPA、SPC 角

3. PLANE 功能：MOVE、TURN、STAY

PLANE 功能中 MOVE、TURN、STAY 的区别见表 9－3。

表 9－3　PLANE 功能中 MOVE、TURN、STAY 的区别

名称	功能	图示
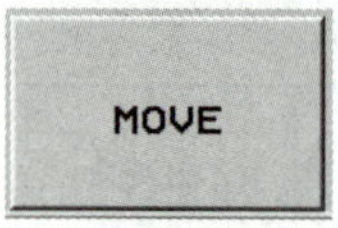 （移动）	PLANE 功能自动将旋转轴定位到所计算的位置。刀具相对于工件的位置保持不变。TNC 将在线性轴上执行补偿运动	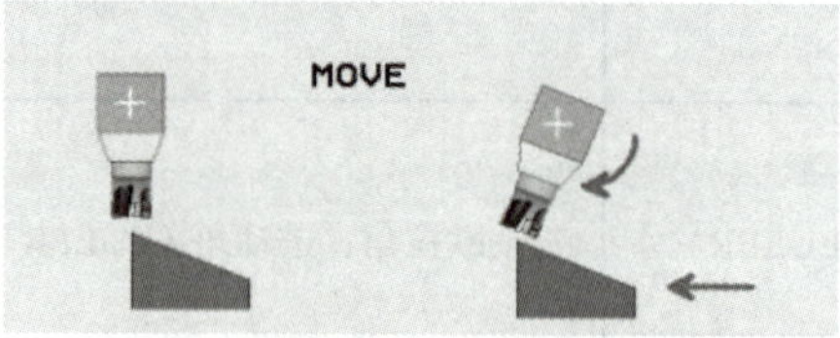
 （旋转）	PLANE 功能自动将旋转轴定位到所计算的位置，但只定位旋转轴。TNC 不对线性轴执行补偿运动	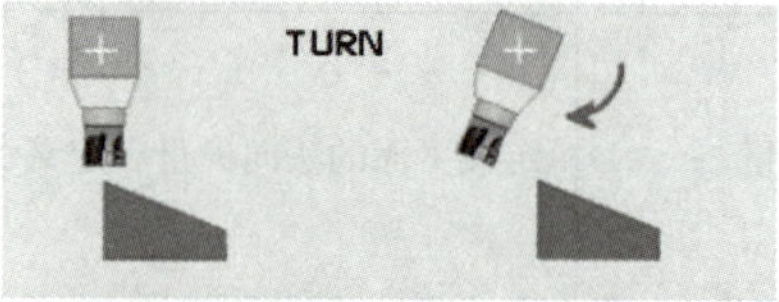
 （不动）	需要在另一个定位程序段中定位旋转轴：L A+Q120 B+Q121 C+Q122 R0 FMAX；其中，Q120 为 *A* 轴参数，Q121 为 *B* 轴参数，Q122 为 *C* 轴参数	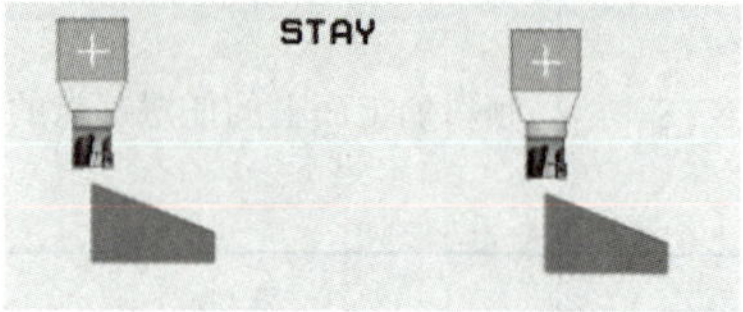

4. PLANE 功能：SEQ+/− 设定

NC 系统通过定义加工面的位置数据计算机床上旋转轴的正确定位位置。通常，有两种方法。

用 SEQ+ 定位基本轴，假定这是一个正角，基本轴是工作台的第二旋转轴，或刀具的第一轴（取决于机床配置情况）；用 SEQ− 定位基本轴，假定这是一个负角。SEQ+/− 的设定情况如图 9－8 所示。

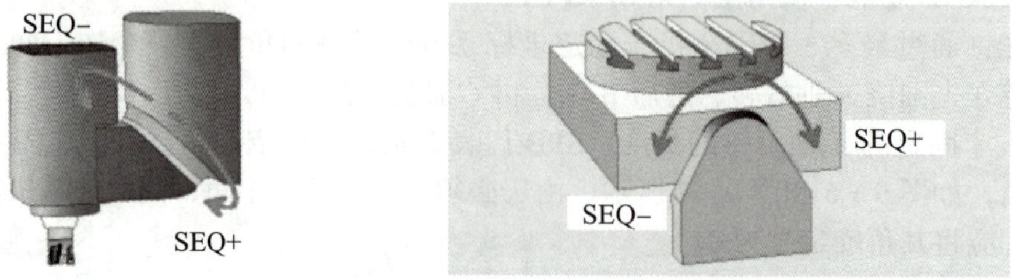

图 9－8　SEQ+/− 设定

如果用 SEQ 选择的计算结果不在机床的行程范围内，TNC 将显示“ Entered angle not permitted”(输入的角不在允许范围内）出错信息。

如果未定义 SEQ，TNC 将按如下方法确定：

（1）检查可能的旋转角度是否在旋转轴的行程范围内。

（2）如果不在，TNC 将选择最短的行程。

（3）如果只有一个旋转角度在行程范围内，TNC 将选择该方向。

（4）如果行程范围内无解，将显示“ Entered angle not permitted”（输入的角不在允许范围内）出错信息。

5. 选择坐标变换的方式（可选项的输入）

对带有 C 轴 – 圆工作台的机床，PLANE 提供可以确定机床变换方式的功能。

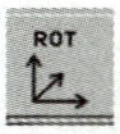

COORD ROT 参数规定：PLANE- 功能应将坐标系旋转到已定义的倾斜角位置处。不移动旋转工作台，仅作数学补偿，如图 9 – 9（a）所示。

TABLE ROT 参数规定：PLANE- 功能应将圆工作台定位到定义的回转角度。通过工件旋转进行补偿，如图 9 – 9（b）所示。

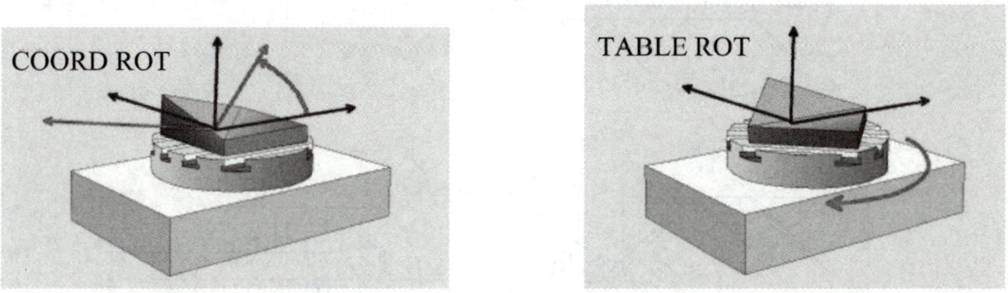

（a）COORD ROT参数　　（b）TABLE ROT参数

图 9 – 9　选择坐标变换的方式

6. PLANE 功能编程步骤

（1）激活原点平移。

```
CYCL DEF 7.0 DATUM SHIFT
  CYCL DEF 7.1   X_
CYCL DEF 7.2   Y_
  CYCL DEF 7.3   Z_
```

（2）倾斜面加工。

```
PLANE SPATIAL SPA_ SPB_ SPC_   ...
```

（3）加工。

```
CYCL DEF ...
L   X_   Y_ M99 FMAX
L   Z+100 R0 FMAX
```

（4）复位倾斜。

```
PLANE RESET STAY
```

（5）取消原点平移。

```
CYCL DEF 7.0 DATUM SHIFT
  CYCL DEF 7.1    X+0
  CYCL DEF 7.2    Y+0
  CYCL DEF 7.3    Z+0
```

四 PLANE 功能应用示例

编写如图 9－10 所示的工件的加工程序。

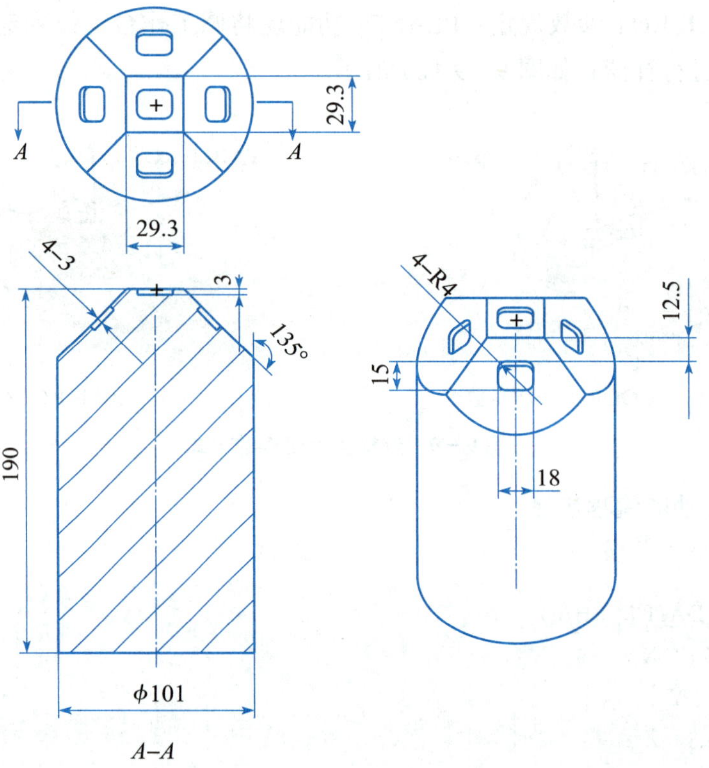

图 9－10　编程示例（1）

```
0   BEGIN PGM lshmm
1   BLK FORM 0.1 Z    X-50.5    Y-50.5    Z-190
2   BLK FORM 0.2    X+50.5    Y+50.5    Z+0
```

（实际加工时毛坯为直径 ϕ101mm、长度 190mm 的棒料，系统决定这里的程序只能设置方料，不影响编程加工）

```
3  CYCL DEF 7.0 DATUM SHIFT  （坐标系平移复位）
4  CYCL DEF 7.1   X+0
5  CYCL DEF 7.2   Y+0
6  CYCL DEF 7.3   Z+0
7  PLANE RESET STAY          （PLANE 功能复位）
8  CYCL DEF 247 DATUM SETTING ~
     Q339=+6        ;（坐标系设定，如图 9-11 所示）
9  L   X+0   Y+0   Z+0 FMAX M91
10 L   B+0   C+0 FMAX M91
11 TOOL CALL 6 Z S5000
12 L   X+0   Y+0 FMAX
13 M3 M8
14 L   Z+100 FMAX
15 CYCL DEF 7.0 DATUM SHIFT
16 CYCL DEF 7.1   X-14.648      （坐标系平移，如
图 9-12 所示）
17 PLANE SPATIAL SPA-45 SPB+0 SPC+90 STAY
SEQ+TABLE ROT
（定义倾斜面加工，绕 C 轴转 90°，绕 A 轴转 45°，如
图 9-13 所示）
18 L   B+Q121   C+Q122 FMAX
（定位旋转轴）
19 LBL 1
20 CYCL DEF 232 FACE MILLING ~
     Q389=+0        ;STRATEGY ~
     Q225=-50       ;STARTNG PNT 1ST AXIS ~
     Q226=+0        ;STARTNG PNT 2ND AXIS ~
     Q227=+26       ;STARTNG PNT 3RD AXIS ~
     Q386=+0        ;END POINT 3RD AXIS ~
     Q218=+100      ;FIRST SIDE LENGTH ~
     Q219=+50       ;2ND SIDE LENGTH ~
     Q202=+2        ;MAX. PLUNGING DEPTH ~
     Q369=+0        ;ALLOWANCE FOR FLOOR ~
     Q370=+0.4      ;MAX. OVERLAP ~
     Q207=+2000     ;FEED RATE FOR MILLNG ~
     Q385=+500      ;FINISHING FEED RATE ~
     Q253=+3000     ;F PRE-POSITIONING ~
     Q200=+2        ;SET-UP CLEARANCE ~
     Q357=+2        ;CLEARANCE TO SIDE ~
```

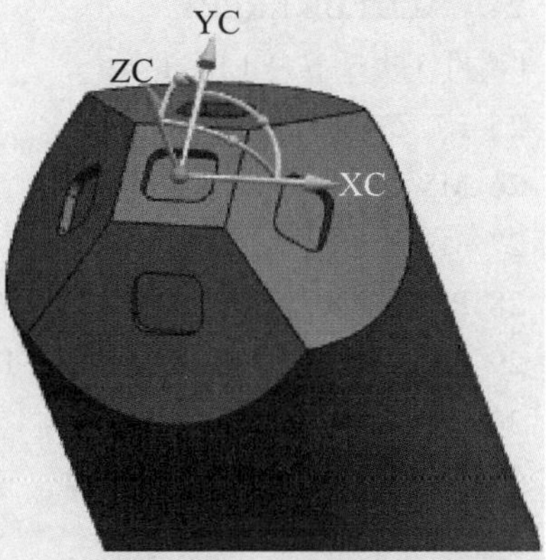

图 9-11　坐标系设定

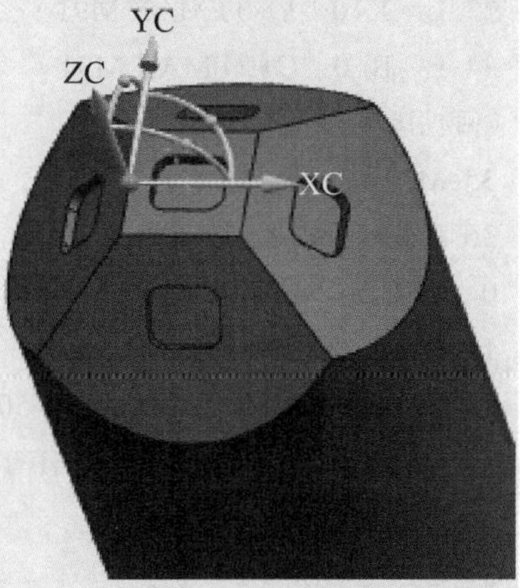

图 9-12　坐标系平移

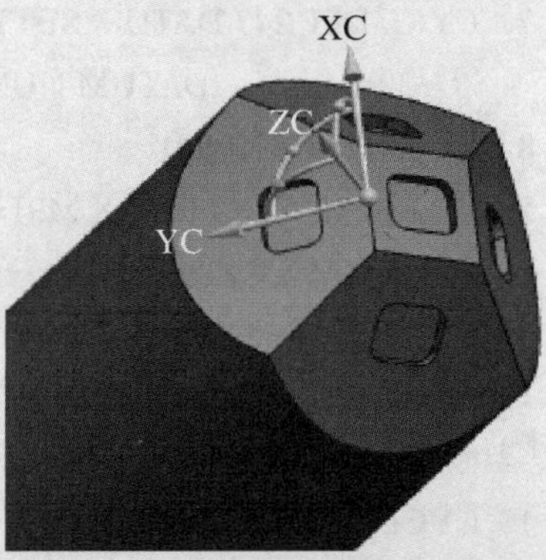

图 9-13　定义倾斜面加工

```
    Q204=+50        ;2ND SET-UP CLEARANCE
21 CYCL CALL
22 L   IC+90 FMAX
（C 轴转 90° ）
23 LBL 0
24 CALL LBL 1 REP3
（调用 3 次子程序 LBL 1 ）
25 L   Z+0 FMAX M91
26 M5
27 M9
28 PLANE RESET STAY
29 CYCL DEF 7.0 DATUM SHIFT
30 CYCL DEF 7.1   X+0
31 CYCL DEF 7.2   Y+0
32 CYCL DEF 7.3   Z+0
（坐标系平移复位）
33 L   X+0   Y+0 FMAX M91
34 L   B+0   C+0 FMAX M91
（回机床参考点）
35 M30
36 END PGM lsh MM
0  BEGIN PGM lsh2mm
1  BLK FORM 0.1 Z   X-51   Y-51   Z-190
2  BLK FORM 0.2   X+50   Y+50   Z+0
3  CYCL DEF 7.0 DATUM SHIFT
4  CYCL DEF 7.1   X+0
5  CYCL DEF 7.2   Y+0
6  CYCL DEF 7.3   Z+0
7  CYCL DEF 247 DATUM SETTING ~
    Q339=+6         ;DATUM NUMBER
8  L   Z+0 FMAX M91
9  L   X+300   Y+0 FMAX M91
10 TOOL CALL 5 Z S5000
11 L   X+0   Y+0 FMAX
12 CYCL DEF 7.0 DATUM SHIFT
（坐标系平移，位置如图 9-14 所示）
13 CYCL DEF 7.1   X+0
14 CYCL DEF 7.2   Y-14.648
15 CYCL DEF 7.3   Z+0
```

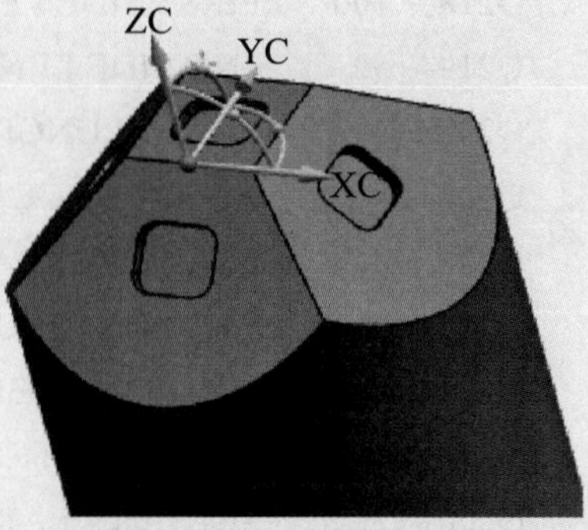

图 9-14　坐标系平移

```
16 PLANE SPATIAL SPA+45 SPB+0 SPC+0 TURN MB MAX F AUTO SEQ- COORD ROT
（定义倾斜面加工，绕 A 轴转 45°，如图 9－15 所示）
17 L  B+Q121  C+Q122
18 M3 M8
19 L  Z+50 FMAX
20 LBL 1
21 L  X+0  Y−20 F2000
22 CYCL DEF 251 RECTANGULAR POCKET ~
   Q215=+0      ;MACHINING OPERATION ~
   Q218=+18     ;FIRST SIDE LENGTH ~
   Q219=+15     ;2ND SIDE LENGTH ~
   Q220=+4      ;CORNER RADIUS ~
   Q368=+0.2    ;ALLOWANCE FOR SIDE ~
   Q224=+0      ;ANGLE OF ROTATION ~
   Q367=+0      ;POCKET POSITION ~
   Q207=+2000   ;FEED RATE FOR MILLNG ~
   Q351=+1      ;CLIMB OR UP-CUT ~
   Q201=−3      ;DEPTH ~
   Q202=+1.5    ;PLUNGING DEPTH ~
   Q369=+0.2    ;ALLOWANCE FOR FLOOR ~
   Q206=+500    ;FEED RATE FOR PLNGNG ~
   Q338=+3      ;INFEED FOR FINISHING ~
   Q200=+5      ;SET-UP CLEARANCE ~
   Q203=+0      ;SURFACE COORDINATE ~
   Q204=+30     ;2ND SET-UP CLEARANCE ~
   Q370=+0.5    ;TOOL PATH OVERLAP ~
   Q366=+1      ;PLUNGE ~
   Q385=+500    ;FINISHING FEED RATE
23 CYCL CALL
24 L IC+90 FMAX
25 LBL 0
26 CALL LBL 1 REP3
27 PLANE RESET STAY
28 CYCL DEF 7.0 DATUM SHIFT
29 CYCL DEF 7.1  X+0
30 CYCL DEF 7.2  Y+0
31 CYCL DEF 7.3  Z+0
32 L  Z+0 FMAX M91
33 L  X+0  Y+0 FMAX M91
```

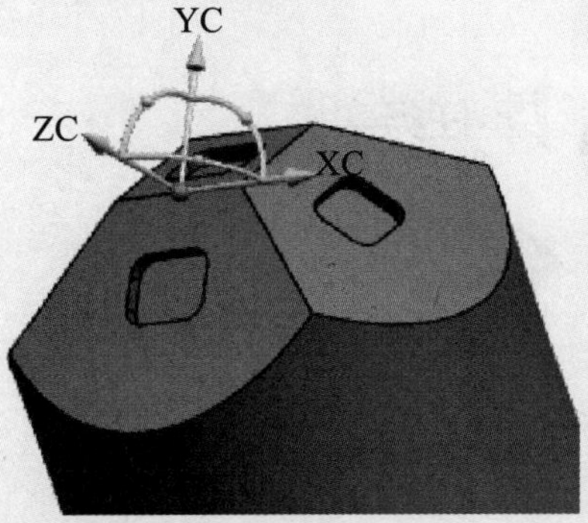

图 9－15 定义倾斜面加工

```
34 L   B+0   C+0 FMAX M91
35 END PGM lsh2 MM
```

任务实施

一 图纸分析

看懂工件图样，了解图样上各加工部位的尺寸标注和精度要求等。

二 检测毛坯

确定工件的加工余量：毛坯为 ϕ60mm × 36mm 的圆柱体，所有面均为精加工表面，材料为铝合金。

三 工件装夹

根据工件的形状特点，采用自定心卡盘装夹工件。选支架上的侧面和底面为定位基准面，工件上表面的中心为编程零点，如图 9－16 所示。

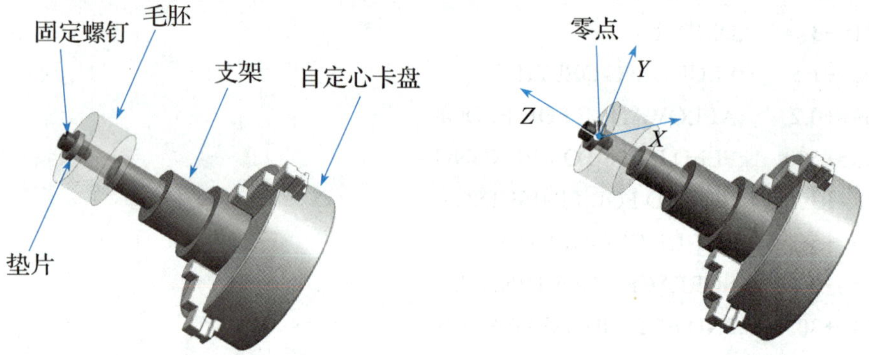

图 9－16　工件的装夹

四 刀具的选择

根据工件轮廓形状，本任务选取一把直径为 ϕ6mm 的整体铣铝专用硬质合金两刃直柄立铣刀，以及一把 ϕ6 钻头。

五 刀具的建立

1. 刀具表

根据任务分析，加工该工件需要一把 D6R0 立铣刀、一把直径 ϕ6 的钻头，并用机用测头对坐标。点击【手动操作模式】→【刀具表】→【编辑】→【开】，用光标键依次选择 2 号刀位、3 号刀位、9 号刀位，然后按顺序填充 D6R0 立铣刀、钻头、测头对应刀位的信息。Name 为刀具名字、PTVP 为刀具直径类型、L 为刀具长度、R 为刀具半径，如图 9－17 所示。

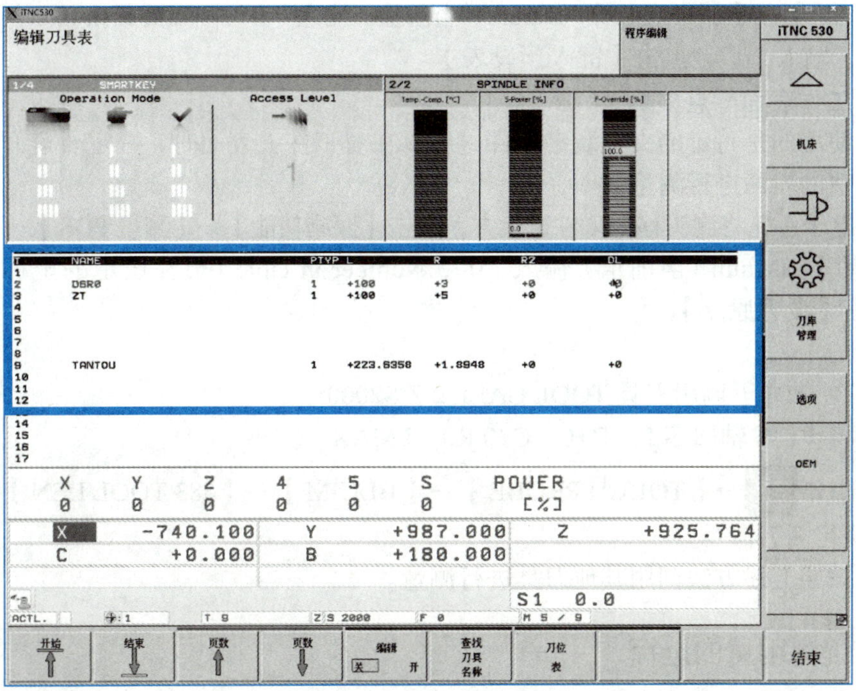

图 9－17　刀具表的编辑

2. 装刀

建立好刀具之后，将光标移至第一把刀具 D6R0 立铣刀，点击【刀具存储】

，进入该界面后点击【刀具位置自动】

；系统会自动提示刀具安装的刀库位置，并将安装好刀具的刀柄装入刀库。装刀完毕后务必关好刀库安全门。

六　对刀与工件坐标系的建立

本任务中工件对刀方式与任务 7 一致，首先按照前述操作步骤确立中心点。

1. 对 X 中心

（1）在 MDI 下，调用测头 TOOL CALL 9　Z　S2000;，将 *B*、*C* 轴回零 L　B+0　C+0 R0　FMAX;。

（2）按【手轮激活开关键】，【SmartKey】设置处于方式Ⅱ，按【开门键】打开机床防护门。

（3）通过电子手轮将测头从 −*X* 方向靠近工件的左侧，点击【探测功能】→【测量】→【X+】→【循环启动】；将测头从 +*X* 方向靠近工件的右侧，点击【探测功能】→【测量】→【X−】→【循环启动】。Datum（当前值）输入“0”，Number in table（想要设定的坐标系）输入“1”，点击【键入预设表】。

2. 对 Y 中心

通过电子手轮将测头从 −*Y* 方向靠近工件的左侧，点击【探测功能】→【测量】→【Y+】→【循环启动】；将测头从 +*Y* 方向靠近工件的右侧，点击【探测功能】→【测量】→【 Y- 】→【循环启动】。Datum（当前值）输入“0”，Number in table（想要设定的坐标系）输入“1”，点击【键入预设表】。

3. 对工作表面零点坐标

由于使用的是特定的夹具装夹工件，所以在对工件上表面时，一定要避开夹具，选取光洁平整的表面进行测量。

通过电子手轮将测头移至工件正上方，点击【探测功能】→【测量 POS 】→【 Z- 】→【循环启动】。Datum（当前值）输入“0”，Number in table（想要设定的坐标系）输入“1”，点击【设为原点】。

4. 对刀

（1）在 MDI 下调用刀具 TOOL CALL 2 Z S2000;。

（2）将 *B*、*C* 轴回零 L　B+0　C+0 R0　FMAX;。

（3）点击 →【 TOUCH PROBE 】→【 BLUIM 】→【 583 TOOL LEN 】→【循环启动】，执行测刀命令。

（4）按照上述方法调用其他刀具进行测量。

七　切削用量的选择

背吃刀量选择 1.5 ～ 2mm，侧吃刀量精加工留出 0.5mm，其余轮廓余量由粗加工一次切除，进给速率 1 000mm/min，具体加工时依靠倍率调整，粗加工时倍率调大一些，精加工时倍率调小一些。主轴转速设为 4 000r/min。

八　工作清单（在教师指导下由学生填写）及参考程序

1. 工作清单

（1）填写数控加工刀具卡。

数控加工刀具卡			
刀具号	刀具规格 / 名称	数量	加工表面

（2）填写数控加工工序卡。

<table>
<tr><th colspan="7">数控加工工序卡</th></tr>
<tr><td>工序号</td><td>程序编号</td><td colspan="2">夹具名称</td><td colspan="3">使用设备</td></tr>
<tr><td></td><td></td><td colspan="2"></td><td colspan="3"></td></tr>
<tr><td>工步</td><td>工步内容</td><td>刀具号</td><td>刀具规格</td><td>主轴转速</td><td>进给速率</td><td>背吃刀量</td></tr>
<tr><td></td><td></td><td></td><td></td><td></td><td></td><td></td></tr>
<tr><td></td><td></td><td></td><td></td><td></td><td></td><td></td></tr>
<tr><td></td><td></td><td></td><td></td><td></td><td></td><td></td></tr>
<tr><td></td><td></td><td></td><td></td><td></td><td></td><td></td></tr>
</table>

（3）填写量具使用卡。

量具使用卡		
量具名称	尺寸范围	数量

2. 参考程序

```
0  BEGIN PGM liumiantimm
1  BLK FORM 0.1 Z   X-32   Y-32   Z-36
2  BLK FORM 0.2   X+32   Y+32   Z+0
（实际加工时，毛坯为直径 φ60mm、长度 36mm 的棒料，系统决定这里的程序只能设置方料，不影响编程加工）
3  CALL PGM TNC:\p12.H
（调用复位程序）
4  CYCL DEF 247 DATUM SETTING ~
     Q339=+1          ;DATUM NUMBER
（定义工件 1 号坐标系，如图 9 - 18 所示）
5  TOOL CALL 2 Z S4000
（2 号刀具为 φ6 立铣刀）
6  M13
8  CYCL DEF 7.0 DATUM SHIFT
9  CYCL DEF 7.1   X+28
10 CYCL DEF 7.2   Y+0
11 CYCL DEF 7.3   Z-18
（将坐标系平移到加工面的中心，如图 9 - 19 所示）
12 M55
13 PLANE SPATIAL SPA+0 SPB+90 SPC+0 TURN MB MAX FMAX SEQ+ TABLE ROT
（定义倾斜面加工，绕 B 轴转 90°，如图 9 - 20 所示）
14 L   Z+300 FMAX
15 L   X+0   Y+0 R0 FMAX
16 L   Z+100 FMAX
17 CYCL DEF 232 FACE MILLING ~
     Q389=+0          ;STRATEGY ~
     Q225=-18         ;STARTNG PNT 1ST AXIS ~
     Q226=-10         ;STARTNG PNT 2ND AXIS ~
     Q227=+3          ;STARTNG PNT 3RD AXIS ~
```

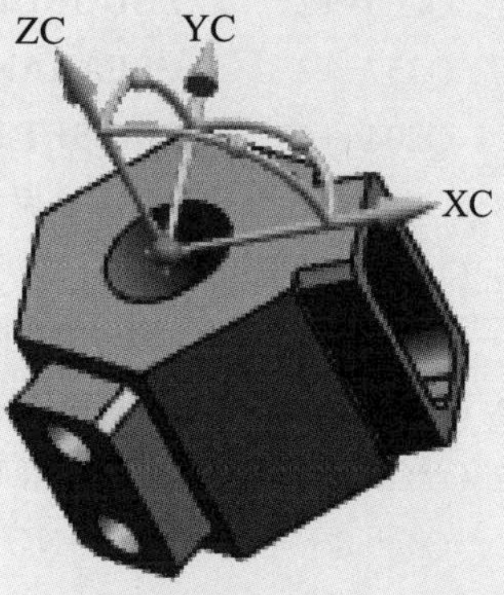

图 9 - 18　定义工件坐标系

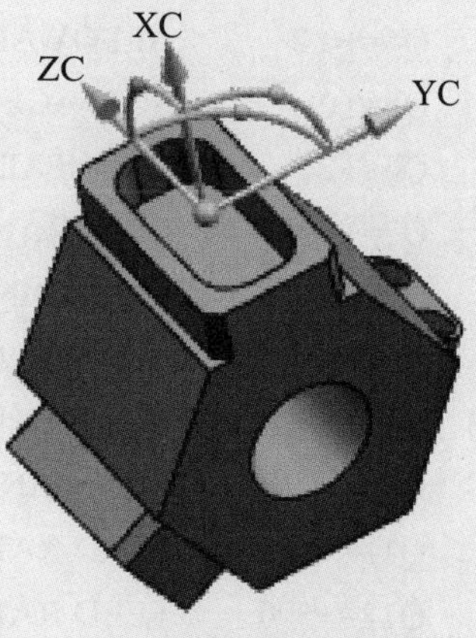

图 9 - 19　坐标系平移

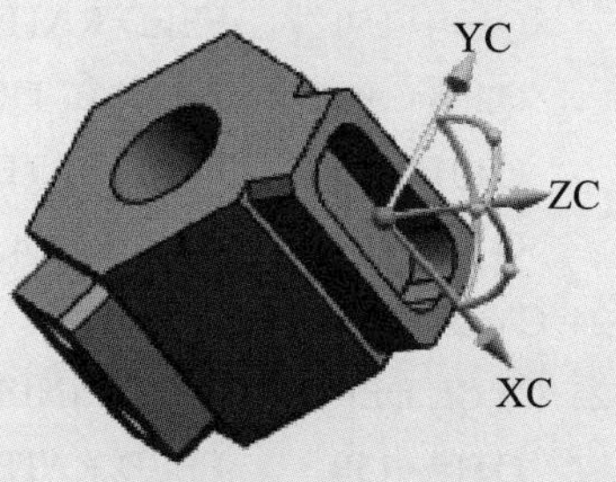

图 9 - 20　定义倾斜面加工

```
    Q386=+0         ;END POINT 3RD AXIS ~
    Q218=+36        ;FIRST SIDE LENGTH ~
    Q219=+20        ;2ND SIDE LENGTH ~
    Q202=+2         ;MAX. PLUNGING DEPTH ~
    Q369=+0         ;ALLOWANCE FOR FLOOR ~
    Q370=+0.8       ;MAX. OVERLAP ~
    Q207=+1000      ;FEED RATE FOR MILLNG ~
    Q385=+500       ;FINISHING FEED RATE ~
    Q253=+750       ;F PRE-POSITIONING ~
    Q200=+2         ;SET-UP CLEARANCE ~
    Q357=+2         ;CLEARANCE TO SIDE ~
    Q204=+50        ;2ND SET-UP CLEARANCE
18 CYCL CALL（调用铣平面循环）
19 L   Z+100 R0 FMAX
20 CYCL DEF 14.0 CONTOUR GEOMETRY
21 CYCL DEF 14.1 CONTOUR LABEL1 /2
22 CYCL DEF 20 CONTOUR DATA ~
    Q1=-8           ;MILLING DEPTH ~
    Q2=+0.8         ;TOOL PATH OVERLAP ~
    Q3=+0.2         ;ALLOWANCE FOR SIDE ~
    Q4=+0.2         ;ALLOWANCE FOR FLOOR ~
    Q5=+0           ;SURFACE COORDINATE ~
    Q6=+2           ;SET-UP CLEARANCE ~
    Q7=+50          ;CLEARANCE HEIGHT ~
    Q8=+1           ;ROUNDING RADIUS ~
    Q9=-1           ;ROTATIONAL DIRECTION
23 CYCL DEF 22 ROUGH-OUT ~
    Q10=-2          ;PLUNGING DEPTH ~
    Q11=+150        ;FEED RATE FOR PLNGNG ~
    Q12=+500        ;FEED RATE F. ROUGHNG ~
    Q18=+0          ;COARSE ROUGHING TOOL ~
    Q19=+150        ;FEED RATE FOR RECIP. ~
    Q208=+99999 ;RETRACTION FEED RATE ~
    Q401=+100       ;FEED RATE FACTOR ~
    Q404=+0         ;FINE ROUGH STRATEGY
24 CYCL CALL
25 CYCL DEF 23 FLOOR FINISHING ~
    Q11=+150        ;FEED RATE FOR PLNGNG ~
    Q12=+500        ;FEED RATE F. ROUGHNG ~
```

```
    Q208=+99999 ;RETRACTION FEED RATE
26 CYCL CALL
27 CYCL DEF 24 SIDE FINISHING ~
    Q9=-1           ;ROTATIONAL DIRECTION ~
    Q10=-8          ;PLUNGING DEPTH ~
    Q11=+150        ;FEED RATE FOR PLNGNG ~
    Q12=+500        ;FEED RATE F. ROUGHNG ~
    Q14=+0          ;ALLOWANCE FOR SIDE
28 CYCL CALL
29 L   Z+100 R0 FMAX
30 LBL 1
31 L   X-18   Y+0 RL F1000
32 L   Y+10
33 CHF 2
34 L   X+18
35 CHF 2
36 L   Y-10
37 CHF 2
38 L   X-18
39 CHF 2
40 L   Y+0
41 LBL 0
42 LBL 2
43 L   X-28   Y+0 RR F1000
44 L   Y+25
45 L   X+28
46 L   Y-25
47 L   X-28
48 L   Y+0
49 LBL 0
（程序段 20 至 49 为铣削外轮廓）
50 L   Z+300 FMAX
51 CALL PGM TNC:\p12.H
52 CYCL DEF 7.0 DATUM SHIFT
53 CYCL DEF 7.1   X+28
54 CYCL DEF 7.2   Y+0
55 CYCL DEF 7.3   Z-18
56 M55
57 PLANE SPATIAL SPA+0 SPB+90 SPC+0 TURN MB MAX FMAX SEQ+ TABLE ROT
```

```
58 L   Z+200 FMAX
59 L   X+0   Y+0 FMAX
60 CYCL DEF 251 RECTANGULAR POCKET ~
    Q215=+0        ;MACHINING OPERATION ~
    Q218=+30       ;FIRST SIDE LENGTH ~
    Q219=+14       ;2ND SIDE LENGTH ~
    Q220=+5        ;CORNER RADIUS ~
    Q368=+0.2      ;ALLOWANCE FOR SIDE ~
    Q224=+0        ;ANGLE OF ROTATION ~
    Q367=+0        ;POCKET POSITION ~
    Q207=+1000     ;FEED RATE FOR MILLNG ~
    Q351=-1        ;CLIMB OR UP-CUT ~
    Q201=-8        ;DEPTH ~
    Q202=+2        ;PLUNGING DEPTH ~
    Q369=+0.2      ;ALLOWANCE FOR FLOOR ~
    Q206=+500      ;FEED RATE FOR PLNGNG ~
    Q338=+500      ;INFEED FOR FINISHING ~
    Q200=+2        ;SET-UP CLEARANCE ~
    Q203=+0        ;SURFACE COORDINATE ~
    Q204=+50       ;2ND SET-UP CLEARANCE ~
    Q370=+1        ;TOOL PATH OVERLAP ~
    Q366=+1        ;PLUNGE ~
    Q385=+500      ;FINISHING FEED RATE
61 CYCL CALL（调用铣削型腔循环，铣削加工面的型腔）
62 CALL PGM TNC:\p12.H
65 M13
66 PLANE SPATIAL SPA+0 SPB+0 SPC+120 TURN MB
MAX FMAX SEQ+
（定义倾斜面加工，绕 C 轴转 120°，如图 9-21 所示）
67 CYCL DEF 7.0 DATUM SHIFT
68 CYCL DEF 7.1   X+28
69 CYCL DEF 7.2   Y+0
70 CYCL DEF 7.3   Z-18
（坐标系平移到加工面中心，如图 9-22 所示）
71 M55
72 PLANE SPATIAL SPA+0 SPB+90 SPC+120 TURN MB
MAX FMAX SEQ+ TABLE ROT
（定义倾斜面加工，绕 C 轴转 120° 之后再绕 B 轴转 90°，
如图 9-23 所示）
```

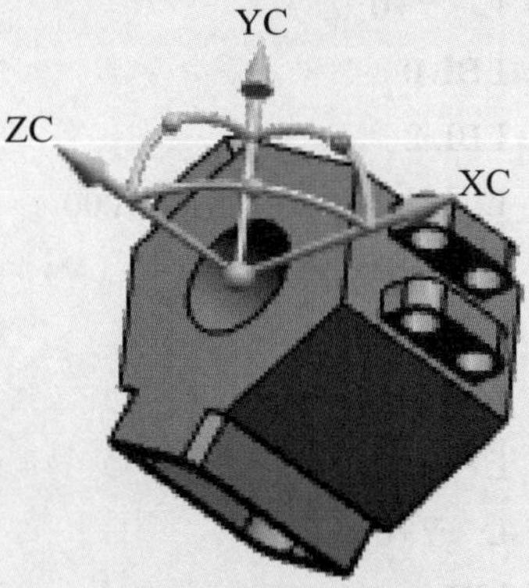

图 9-21　定义倾斜面加工

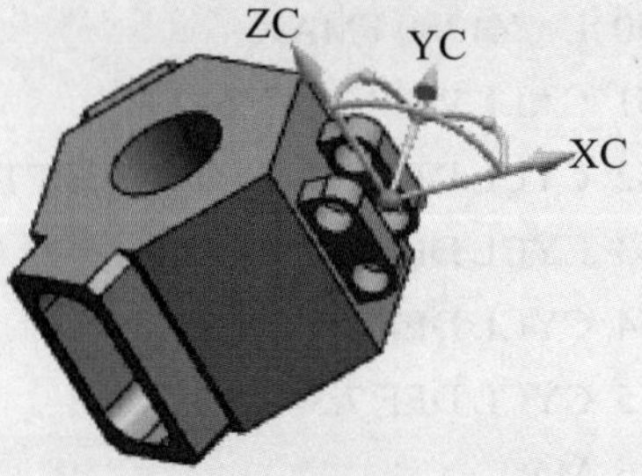

图 9-22　坐标系平移

图 9－23　定义倾斜面加工

```
73  L   Z+300 FMAX
74  L   X+0   Y+0 FMAX
75  L   Z+50 FMAX
76  CYCL DEF 232 FACE MILLING ~
    Q389=+0         ;STRATEGY ~
    Q225=-20        ;STARTNG PNT 1ST AXIS ~
    Q226=-10        ;STARTNG PNT 2ND AXIS ~
    Q227=+3         ;STARTNG PNT 3RD AXIS ~
    Q386=+0         ;END POINT 3RD AXIS ~
    Q218=+40        ;FIRST SIDE LENGTH ~
    Q219=+20        ;2ND SIDE LENGTH ~
    Q202=+2         ;MAX. PLUNGING DEPTH ~
    Q369=+0         ;ALLOWANCE FOR FLOOR ~
    Q370=+0.8       ;MAX. OVERLAP ~
    Q207=+500       ;FEED RATE FOR MILLNG ~
    Q385=+500       ;FINISHING FEED RATE ~
    Q253=+750       ;F PRE-POSITIONING ~
    Q200=+2         ;SET-UP CLEARANCE ~
    Q357=+2         ;CLEARANCE TO SIDE ~
    Q204=+50        ;2ND SET-UP CLEARANCE
77  CYCL CALL
78  CYCL DEF 14.0 CONTOUR GEOMETRY
79  CYCL DEF 14.1 CONTOUR LABEL4 /5 /6
80  CYCL DEF 20 CONTOUR DATA ~
    Q1=-8           ;MILLING DEPTH ~
    Q2=+0.8         ;TOOL PATH OVERLAP ~
    Q3=+0.2         ;ALLOWANCE FOR SIDE ~
    Q4=+0.2         ;ALLOWANCE FOR FLOOR ~
    Q5=+0           ;SURFACE COORDINATE ~
    Q6=+2           ;SET-UP CLEARANCE ~
    Q7=+50          ;CLEARANCE HEIGHT ~
    Q8=+1           ;ROUNDING RADIUS ~
    Q9=+1           ;ROTATIONAL DIRECTION
81  CYCL DEF 22 ROUGH-OUT ~
    Q10=-2          ;PLUNGING DEPTH ~
    Q11=+150        ;FEED RATE FOR PLNGNG ~
    Q12=+500        ;FEED RATE F. ROUGHNG ~
    Q18=+0          ;COARSE ROUGHING TOOL ~
    Q19=+200        ;FEED RATE FOR RECIP. ~
```

```
    Q208=+99999 ;RETRACTION FEED RATE ~
    Q401=+100   ;FEED RATE FACTOR ~
    Q404=+0     ;FINE ROUGH STRATEGY
82  CYCL CALL
83  CYCL DEF 23 FLOOR FINISHING ~
    Q11=+150    ;FEED RATE FOR PLNGNG ~
    Q12=+500    ;FEED RATE F. ROUGHNG ~
    Q208=+99999 ;RETRACTION FEED RATE
84  CYCL CALL
85  CYCL DEF 24 SIDE FINISHING ~
    Q9=-1       ;ROTATIONAL DIRECTION ~
    Q10=-2      ;PLUNGING DEPTH ~
    Q11=+150    ;FEED RATE FOR PLNGNG ~
    Q12=+500    ;FEED RATE F. ROUGHNG ~
    Q14=+0      ;ALLOWANCE FOR SIDE
86  CYCL CALL
87  LBL 4
88  L   X-10   Y-9.5 RL F1000
89  L   Y-4.5
90  L   X+10
91  L   Y-9.5
92  L   X-10
93  LBL 0
94  LBL 5
95  L   X-10   Y+4.5 RL F1000
96  L   Y+9.5
97  L   X+10
98  L   Y+4.5
99  L   X-10
100  LBL 0
101  LBL 6
102  L   X-20   Y-25 RR F1000
103  L   Y+25
104  L   X+20
105  L   Y-25
106  L   X-20
107  LBL 0
```

（程序段 73 至 107 为铣削两个长方形凸台）

```
108  CALL PGM TNC:\P12.h（调用复位程序）
```

109 PLANE SPATIAL SPA+0 SPB+0 SPC+120 TURN MB MAX FMAX SEQ+

（定义倾斜面加工，绕 *C* 轴转 120°，如图 9－21 所示）

110 CYCL DEF 7.0 DATUM SHIFT

111 CYCL DEF 7.1 X+20

112 CYCL DEF 7.2 Y+9.5

113 CYCL DEF 7.3 Z−18

（坐标系平移，位置如图 9－24 所示）

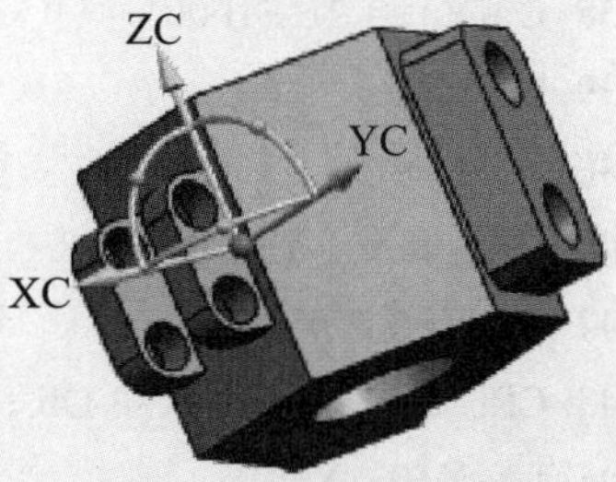

图 9－24　坐标系平移

114 PLANE SPATIAL SPA−90 SPB+0 SPC+120 TURN MB MAX FMAX SEQ+ TABLE ROT

（定义倾斜面加工，绕 *C* 轴转 120° 之后再绕 *A* 轴转 −90°，如图 9－25 所示）

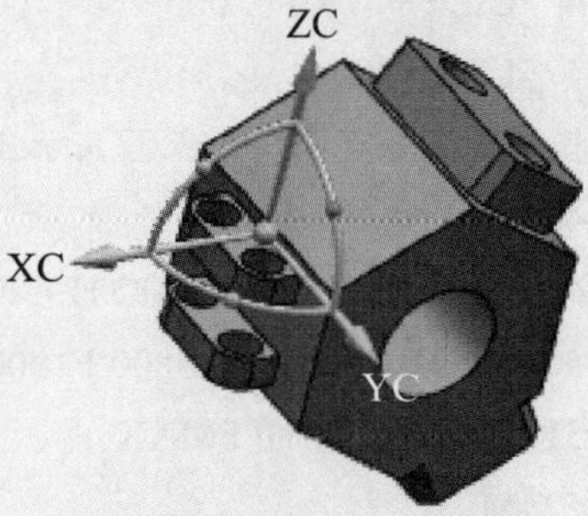

图 9－25　定义倾斜面加工

115 M13

116 L Y+40 X+0 F1000

117 L Z+0 FMAX

118 L Z−5 F500

119 L Y+24 X+0 RL F1000

120 L Y+10 X+0

121 L X+4

122 CR Y+6 X+8 R+4 DR−

123 L Y−6

124 CR X+4 Y−10 R+4 DR−

125 L X+0

126 L Y−18

127 L Y−40 R0 F1000

128 L Z+300 FMAX

（程序段 115 至 128 为倒圆角加工）

129 CALL PGM TNC:\P12.h（调用复位程序）

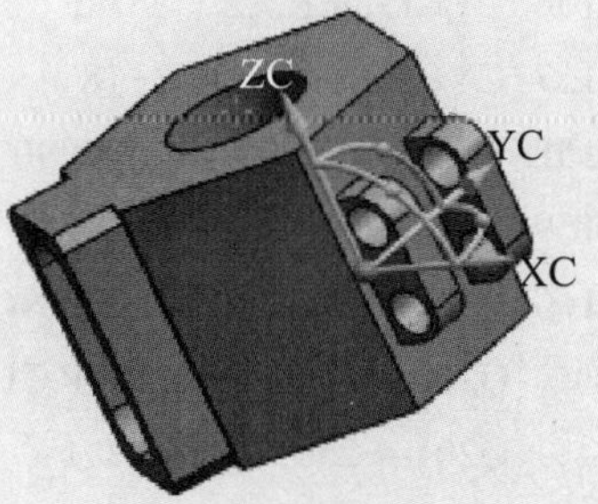

图 9－26　坐标系平移

130 PLANE SPATIAL SPA+0 SPB+0 SPC+120 TURN MB MAX FMAX SEQ+

（定义倾斜面加工，绕 *C* 轴转 120°，如图 9－21 所示）

131 CYCL DEF 7.0 DATUM SHIFT

132 CYCL DEF 7.1 X+20

133 CYCL DEF 7.2 Y−9.5

134 CYCL DEF 7.3 Z−18

（坐标系平移，位置如图 9－26 所示）

135 PLANE SPATIAL SPA+90 SPB+0 SPC+120 TURN MB MAX FMAX SEQ+ TABLE ROT

（定义倾斜面加工，绕 *C* 轴转 120° 之后再绕 *A* 轴转 90°，如图 9－27 所示）

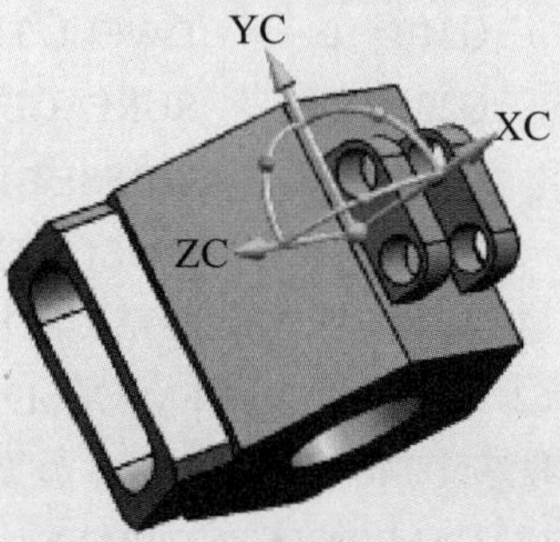

图 9－27　定义倾斜面加工

```
136 L   X+0   Y+40   Z+50 FMAX
137 L   Z-5 F1000
138 L   Y+25 RL F1000
139 L   Y+10
140 L   X+4
141 CR   X+8   Y+6 R+4 DR-
142 L   Y-6 F1000
143 CR   X+4   Y-10 R+4 DR-
144 L   X+0   Y-10
145 L   X+0   Y-20
146 L   Y-40 R0 F1000
147 L   Z+300
```

（程序段 136 至 147 为倒圆角加工）

```
148 M5
149 CALL PGM TNC:\p12.H
150 TOOL CALL 3 Z S800 F1000（调用 φ6 钻头）
151 L   B+0   C+0 FMAX
152 M13
153 PLANE SPATIAL SPA+0 SPB+0 SPC+120 TURN MB MAX FMAX SEQ+
154 CYCL DEF 7.0 DATUM SHIFT
155 CYCL DEF 7.1   X+20
156 CYCL DEF 7.2   Y+9.5
157 CYCL DEF 7.3   Z-18
158 PLANE SPATIAL SPA-90 SPB+0 SPC+120 TURN MB MAX FMAX SEQ+
159 L   Z+150 FMAX
160 CYCL DEF 200 DRILLING ~
    Q200=+2       ;SET-UP CLEARANCE ~
    Q201=-25      ;DEPTH ~
    Q206=+200     ;FEED RATE FOR PLNGNG ~
    Q202=+10      ;PLUNGING DEPTH ~
    Q210=+0       ;DWELL TIME AT TOP ~
    Q203=+0       ;SURFACE COORDINATE ~
    Q204=+50      ;2ND SET-UP CLEARANCE ~
    Q211=+0       ;DWELL TIME AT DEPTH
161 L   X+4   Y+6 FMAX M99
162 L   X+4   Y-6 FMAX M99
```

（程序段 148 至 162 为钻孔加工）

```
163 CALL PGM TNC:\P12.h
164 TOOL CALL 2 Z S4000
```

```
165 M13
166 PLANE SPATIAL SPA+0 SPB+0 SPC+240 TURN MB MAX FMAX SEQ+
```
（定义倾斜面加工，绕 C 轴转 120°，如图 9－28 所示）

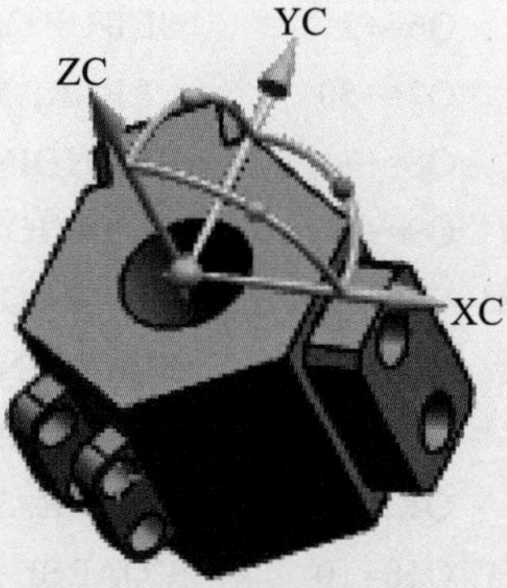

图 9－28 定义倾斜面加工

```
167 CYCL DEF 7.0 DATUM SHIFT
168 CYCL DEF 7.1   X+28
169 CYCL DEF 7.2   Y+0
170 CYCL DEF 7.3   Z-18
```
（坐标系平移到加工面中心，如图 9－29 所示）

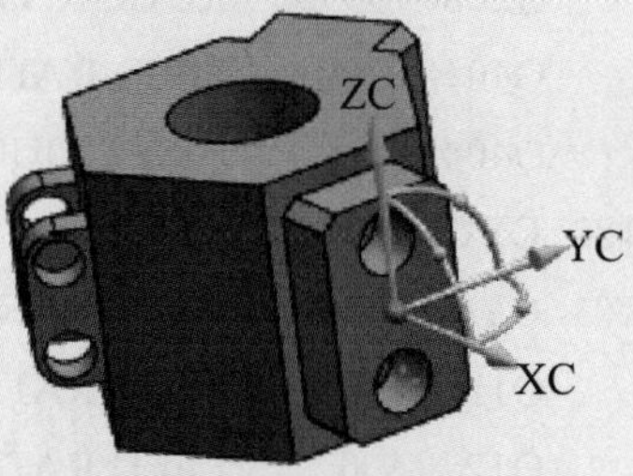

图 9－29 定义倾斜面加工

```
171 M55
172 PLANE SPATIAL SPA+0 SPB+90 SPC+240 TURN MB
MAX FMAX SEQ+ TABLE ROT
```
（定义倾斜面加工，绕 C 轴转 240° 之后再绕 B 轴转 90°，如图 9－30 所示）

图 9－30 定义倾斜面加工

```
173 L   Z+300 FMAX
174 L   X+0   Y+0 FMAX
175 L   Z+50 FMAX
176 CYCL DEF 232 FACE MILLING ~
    Q389=+0        ;STRATEGY ~
    Q225=-20       ;STARTNG PNT 1ST AXIS ~
    Q226=-10       ;STARTNG PNT 2ND AXIS ~
    Q227=+3        ;STARTNG PNT 3RD AXIS ~
    Q386=+0        ;END POINT 3RD AXIS ~
    Q218=+40       ;FIRST SIDE LENGTH ~
    Q219=+20       ;2ND SIDE LENGTH ~
    Q202=+2        ;MAX. PLUNGING DEPTH ~
    Q369=+0        ;ALLOWANCE FOR FLOOR ~
    Q370=+0.8      ;MAX. OVERLAP ~
    Q207=+500      ;FEED RATE FOR MILLNG ~
    Q385=+500      ;FINISHING FEED RATE ~
    Q253=+750      ;F PRE-POSITIONING ~
    Q200=+2        ;SET-UP CLEARANCE ~
    Q357=+2        ;CLEARANCE TO SIDE ~
    Q204=+50       ;2ND SET-UP CLEARANCE
177 CYCL CALL（调用铣平面循环）
178 CYCL DEF 14.0 CONTOUR GEOMETRY
179 CYCL DEF 14.1 CONTOUR LABEL8 /9
180 CYCL DEF 20 CONTOUR DATA ~
    Q1=-8          ;MILLING DEPTH ~
    Q2=+0.8        ;TOOL PATH OVERLAP ~
```

```
    Q3=+0.2       ;ALLOWANCE FOR SIDE ~
    Q4=+0.2       ;ALLOWANCE FOR FLOOR ~
    Q5=+0         ;SURFACE COORDINATE ~
    Q6=+2         ;SET-UP CLEARANCE ~
    Q7=+50        ;CLEARANCE HEIGHT ~
    Q8=+1         ;ROUNDING RADIUS ~
    Q9=+1         ;ROTATIONAL DIRECTION
181 CYCL DEF 22 ROUGH-OUT ~
    Q10=-2        ;PLUNGING DEPTH ~
    Q11=+150      ;FEED RATE FOR PLNGNG ~
    Q12=+500      ;FEED RATE F. ROUGHNG ~
    Q18=+0        ;COARSE ROUGHING TOOL ~
    Q19=+200      ;FEED RATE FOR RECIP. ~
    Q208=+99999   ;RETRACTION FEED RATE ~
    Q401=+100     ;FEED RATE FACTOR ~
    Q404=+0       ;FINE ROUGH STRATEGY
182 CYCL CALL
183 CYCL DEF 23 FLOOR FINISHING ~
    Q11=+150      ;FEED RATE FOR PLNGNG ~
    Q12=+500      ;FEED RATE F. ROUGHNG ~
    Q208=+99999   ;RETRACTION FEED RATE
184 CYCL CALL
185 CYCL DEF 24 SIDE FINISHING ~
    Q9=-1         ;ROTATIONAL DIRECTION ~
    Q10=-2        ;PLUNGING DEPTH ~
    Q11=+150      ;FEED RATE FOR PLNGNG ~
    Q12=+500      ;FEED RATE F. ROUGHNG ~
    Q14=+0        ;ALLOWANCE FOR SIDE
186 CYCL CALL
187 LBL 8
188 L  X-15   Y+0 RL F1000
189 L  Y+9
190 CHF 2
191 L  X+15
192 CHF 2
193 L  Y-9
194 CHF 2
195 L  X-15
196 CHF 2
```

```
197 L   Y+0
198 LBL 0
199 LBL 9
200 L   X-30   Y-30 RR F1000
201 L   Y+30
202 L   X+30
203 L   Y-30
204 L   X-30
205 LBL 0
```

（程序段 178 至 205 为加工外轮廓）

```
206 CALL PGM TNC:\P12.h
207 M13
208 PLANE SPATIAL SPA+0 SPB+0 SPC+240 TURN MB MAX FMAX SEQ+
209 CYCL DEF 7.0 DATUM SHIFT
210 CYCL DEF 7.1   X+28
211 CYCL DEF 7.2   Y+0
212 CYCL DEF 7.3   Z-18
213 M55
214 PLANE SPATIAL SPA+0 SPB+90 SPC+240 TURN MB MAX FMAX SEQ+ TABLE ROT
215 L   Z+300 FMAX
216 L   Z+100 FMAX
217 CYCL DEF 252 CIRCULAR POCKET ~
    Q215=+0       ;MACHINING OPERATION ~
    Q223=+8       ;CIRCLE DIAMETER ~
    Q368=+0.1     ;ALLOWANCE FOR SIDE ~
    Q207=+500     ;FEED RATE FOR MILLNG ~
    Q351=+1       ;CLIMB OR UP-CUT ~
    Q201=-8       ;DEPTH ~
    Q202=+2       ;PLUNGING DEPTH ~
    Q369=+0.1     ;ALLOWANCE FOR FLOOR ~
    Q206=+150     ;FEED RATE FOR PLNGNG ~
    Q338=+0       ;INFEED FOR FINISHING ~
    Q200=+2       ;SET-UP CLEARANCE ~
    Q203=+0       ;SURFACE COORDINATE ~
    Q204=+50      ;2ND SET-UP CLEARANCE ~
    Q370=+1       ;TOOL PATH OVERLAP ~
    Q366=+1       ;PLUNGE ~
    Q385=+500     ;FINISHING FEED RATE
218 L   X-9   Y+0 F1000 M99
```

219 L X+9 Y+0 F1000 M99
（程序段 207 至 219 为铣削两个圆形型腔）
220 CALL PGM TNC:\P12.h（调用复位程序）
221 TOOL CALL 2 Z S4000（调用 ϕ6 立铣刀）
222 M13
223 PLANE SPATIAL SPA+0 SPB+0 SPC+60 TURN MB MAX FMAX SEQ+
（定义倾斜面加工，绕 *C* 轴转 60°，如图 9-31 所示）

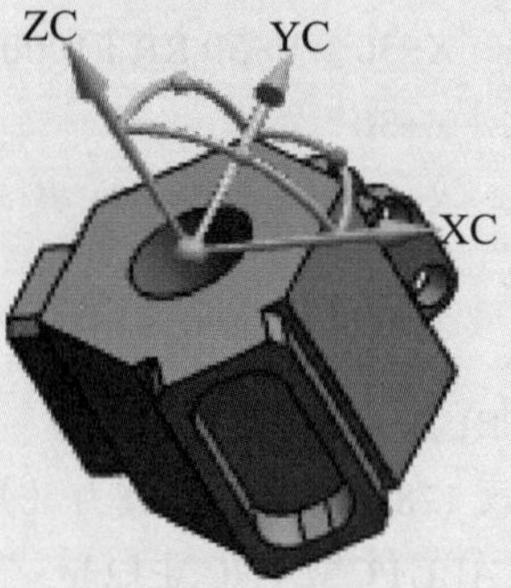

图 9-31 定义倾斜面加工

224 CYCL DEF 7.0 DATUM SHIFT
225 CYCL DEF 7.1 X+30
226 CYCL DEF 7.2 Y+0
227 CYCL DEF 7.3 Z-18
（平移坐标系至加工面中心上方 10mm，如图 9-32 所示）

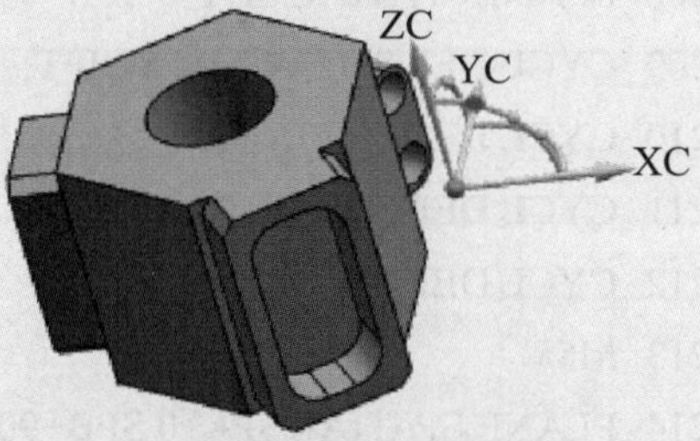

图 9-32 平移坐标系

228 PLANE SPATIAL SPA+0 SPB+90 SPC+60 TURN MB MAX FMAX SEQ+ TABLE ROT
（定义倾斜面加工，绕 *C* 轴转 60°之后再绕 *B* 轴转 90°，如图 9-33 所示）

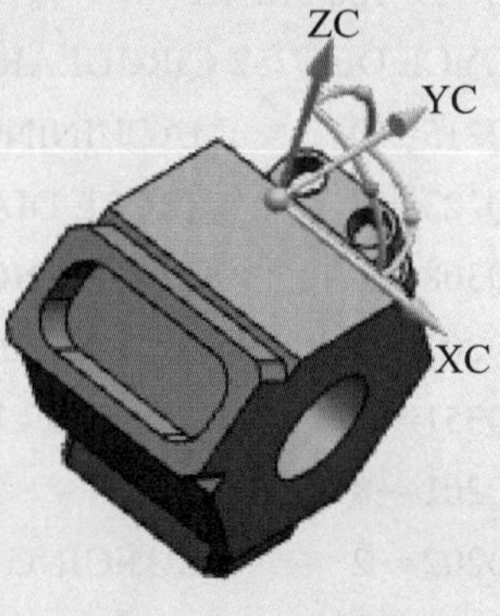

图 9-33 定义倾斜面加工

229 L Z+200 FMAX
230 L X+0 Y+0 FMAX
231 CYCL DEF 251 RECTANGULAR POCKET ~

```
    Q215=+0        ;MACHINING OPERATION ~
    Q218=+44       ;FIRST SIDE LENGTH ~
    Q219=+25       ;2ND SIDE LENGTH ~
    Q220=+0        ;CORNER RADIUS ~
    Q368=+0        ;ALLOWANCE FOR SIDE ~
    Q224=+0        ;ANGLE OF ROTATION ~
    Q367=+0        ;POCKET POSITION ~
    Q207=+1000     ;FEED RATE FOR MILLNG ~
    Q351=-1        ;CLIMB OR UP-CUT ~
    Q201=-10       ;DEPTH ~
    Q202=+2        ;PLUNGING DEPTH ~
    Q369=+0        ;ALLOWANCE FOR FLOOR ~
    Q206=+500      ;FEED RATE FOR PLNGNG ~
    Q338=+500      ;INFEED FOR FINISHING ~
    Q200=+2        ;SET-UP CLEARANCE ~
    Q203=+0        ;SURFACE COORDINATE ~
    Q204=+50       ;2ND SET-UP CLEARANCE ~
    Q370=+0.8      ;TOOL PATH OVERLAP ~
```

```
    Q366=+1        ;PLUNGE ~
    Q385=+500      ;FINISHING FEED RATE
232 CYCL CALL（调用铣削平面循环指令）
233 CALL PGM TNC:\P12.h
234 PLANE SPATIAL SPA+0 SPB+0 SPC+180 TURN MB MAX FMAX SEQ+
235 CYCL DEF 7.0 DATUM SHIFT
236 CYCL DEF 7.1   X+30
237 CYCL DEF 7.2   Y+0
238 CYCL DEF 7.3   Z-18
239 PLANE SPATIAL SPA+0 SPB+90 SPC+180 TURN MB MAX FMAX SEQ+ TABLE ROT
240 L   Z+200 FMAX
241 L   X+0   Y+0 FMAX
242 CYCL DEF 251 RECTANGULAR POCKET ~
    Q215=+0        ;MACHINING OPERATION ~
    Q218=+44       ;FIRST SIDE LENGTH ~
    Q219=+25       ;2ND SIDE LENGTH ~
    Q220=+0        ;CORNER RADIUS ~
    Q368=+0        ;ALLOWANCE FOR SIDE ~
    Q224=+0        ;ANGLE OF ROTATION ~
    Q367=+0        ;POCKET POSITION ~
    Q207=+1000     ;FEED RATE FOR MILLNG ~
    Q351=-1        ;CLIMB OR UP-CUT ~
    Q201=-10       ;DEPTH ~
    Q202=+2        ;PLUNGING DEPTH ~
    Q369=+0        ;ALLOWANCE FOR FLOOR ~
    Q206=+500      ;FEED RATE FOR PLNGNG ~
    Q338=+500      ;INFEED FOR FINISHING ~
    Q200=+2        ;SET-UP CLEARANCE ~
    Q203=+0        ;SURFACE COORDINATE ~
    Q204=+50       ;2ND SET-UP CLEARANCE ~
    Q370=+0.8      ;TOOL PATH OVERLAP ~
    Q366=+1        ;PLUNGE ~
    Q385=+500      ;FINISHING FEED RATE
243 CYCL CALL
244 CALL PGM TNC:\P12.h
245 PLANE SPATIAL SPA+0 SPB+0 SPC-60 TURN MB MAX FMAX SEQ+
246 CYCL DEF 7.0 DATUM SHIFT
247 CYCL DEF 7.1   X+30
248 CYCL DEF 7.2   Y+0
```

```
249 CYCL DEF 7.3    Z-18
250 PLANE SPATIAL SPA+0 SPB+90 SPC-60 TURN MB MAX FMAX SEQ+ TABLE ROT
251 L    Z+200 FMAX
252 L    X+0    Y+0 FMAX
253 CYCL DEF 251 RECTANGULAR POCKET ~
    Q215=+0         ;MACHINING OPERATION ~
    Q218=+44        ;FIRST SIDE LENGTH ~
    Q219=+25        ;2ND SIDE LENGTH ~
    Q220=+0         ;CORNER RADIUS ~
    Q368=+0         ;ALLOWANCE FOR SIDE ~
    Q224=+0         ;ANGLE OF ROTATION ~
    Q367=+0         ;POCKET POSITION ~
    Q207=+1000      ;FEED RATE FOR MILLNG ~
    Q351=-1         ;CLIMB OR UP-CUT ~
    Q201=-10        ;DEPTH ~
    Q202=+2         ;PLUNGING DEPTH ~
    Q369=+0         ;ALLOWANCE FOR FLOOR ~
    Q206=+500       ;FEED RATE FOR PLNGNG ~
    Q338=+500       ;INFEED FOR FINISHING ~
    Q200=+2         ;SET-UP CLEARANCE ~
    Q203=+0         ;SURFACE COORDINATE ~
    Q204=+50        ;2ND SET-UP CLEARANCE ~
    Q370=+0.8       ;TOOL PATH OVERLAP ~
    Q366=+1         ;PLUNGE ~
    Q385=+500       ;FINISHING FEED RATE
254 CYCL CALL
255 END PGM liumiantimm
0   BEGIN PGM pl2mm（复位程序）
1   L   Z-1   R0   FMAX   M91
2   L   Y-1   X+1500   R0   FMAX   M91
3   PLANE RESET STAY
4   CYCL DEF 7.0 DATUM SHIFT
5   CYCL DEF 7.1    X+0
6   CYCL DEF 7.2    Y+0
7   CYCL DEF 7.3    Z+0
8   END PGM pl2 MM
```

3. 加工结果

加工结果如图 9－34 所示。

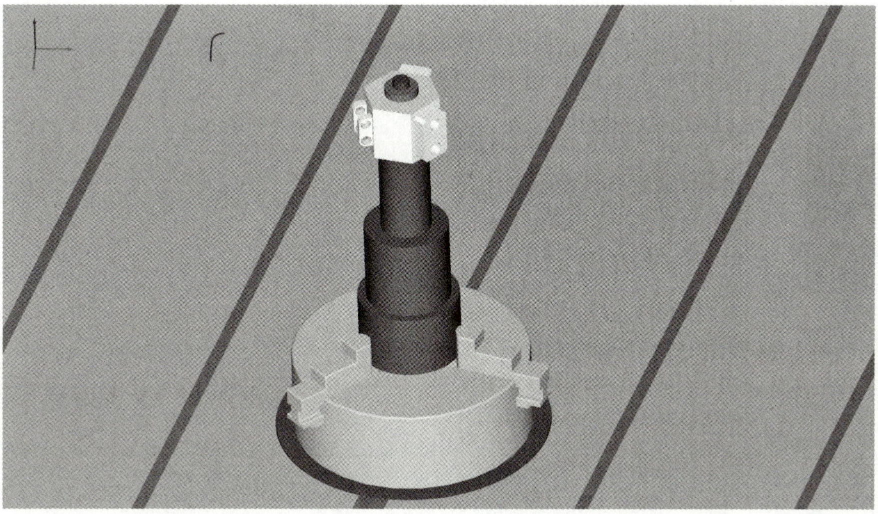

图 9－34　加工结果

仿真加工（九）

任务 10 具有倾斜形状特征的零件的铣削

任务描述

根据图 10－1 所示的图纸，分析尺寸精度及技术要求，制定零件加工工艺方案，编制加工程序，模拟仿真，最终在数控铣床上完成加工。

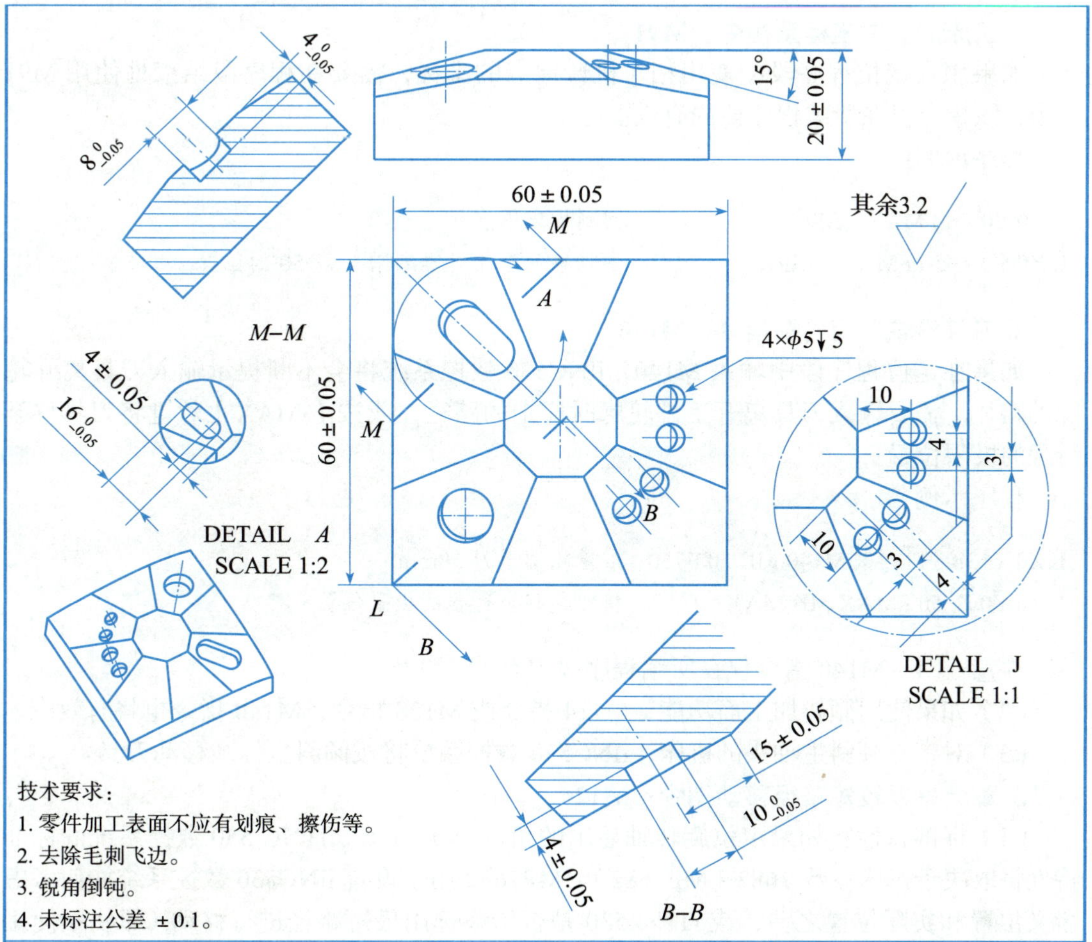

技术要求：
1. 零件加工表面不应有划痕、擦伤等。
2. 去除毛刺飞边。
3. 锐角倒钝。
4. 未标注公差 ±0.1。

斜面加工	比例	数量	材料	图号：10
	1 : 1	1	铝合金	

图 10－1　具有倾斜形状特征的零件

任务目标

知识目标

- 掌握 PLANE 功能的格式及使用方法。
- 掌握多轴加工的辅助功能指令。

素养提升

- 培养专注、精雕细琢、精益求精的工匠精神以及对产品负责的工作态度。

知识学习

- PLANE 功能应用实例。
- 辅助功能指令 M91、M140、M126。

一 多轴加工辅助功能指令

1. 机床的基本坐标系指令：M91

如果想在定位程序段中使用相对机床原点的坐标，需要在程序段结束处使用 M91 指令，该指令仅在所编程序段内有效。

程序示例：

L X0 Y0 Z0 FMAX　M91	回到机床原点处
L X0 Y0 Z-50 FMAX　M91	主轴移动至相对机床原点 Z-50 的位置

2. 刀具沿轴退离轮廓指令：M140

如果在定位程序段中输入 M140，iINC530 数控系统将会不断提示输入刀具离开轮廓的路径。需要输入刀具离开工件轮廓时应走的路径，或按【 MAX 】软键将刀具移至行程的极限位置。

程序示例：

L X0 Y+38.5 FMAX M140 MB 50 F750	沿着轮廓退刀 50mm
L X0 Y0 Z-50 FMAX MB MAX	将刀具移至行程的极限位置

注意：（1）M140 指令仅在所编程序段内有效。

（2）如果使用倾斜加工面功能、M114 指令或 M128 指令，M140 指令也将有效。

（3）对带有倾斜主轴头的机床，iINC530 数控系统将按倾斜坐标系移动刀具。

3. 旋转轴以较短路径移动指令：M126

（1）标准特性：如果定位旋转轴显示的角度小于 360°，iTNC 530 数控系统的标准特性将取决于机床参数 7682（MP7682）。MP7682 用于设置 iINC530 数控系统如何考虑名义位置和实际位置之差，或 iTNC 530 是否始终选用最短路径进行移动（即使不使用 M126 指令）。

（2）功能特性：如果旋转轴角度的显示值小于 360°，iTNC 530 数控系统可采用 M126 功能沿最短路径移动轴。M126 功能指令示例见表 10－1。

表 10－1　M126 功能指令示例

实际位置	名义位置	移动量
350°	10°	+20°
10°	340°	−30°

M126 指令仅在程序段开始处生效。可通过输入 M127 指令来取消 M126 指令，程序结束时 M126 功能将被自动取消。

4. 用倾斜轴定位时保持刀尖位置（TCPM）指令：M128

（1）功能概述。

假设 TCPM 以手动方式定点执行 RTCP（Rotated Tool Center Point，刀尖点跟随）功能，刀具中心点和刀具表面的实际接触点将保持不变，此时刀具中心点落在刀具与工件表面实际接触点处的法线上，而刀柄将围绕刀具中心点旋转。对于球头刀具而言，刀具中心点就是数控代码的目标轨迹点，如图 10－2 所示。为了使刀柄在执行 RTCP 功能时能够单纯地围绕目标轨迹点（刀具中心点）旋转，必须实时补偿由于刀柄转动而造成的刀具中心点各直线坐标的偏移。这样才能在保持刀具中心点以及刀具与工件表面接触点不变的情况下，改变刀柄与刀具和工件表面实际接触点处的法线之间的夹角，发挥球头刀的最佳切削效率，并起到有效避让干涉等作用。可以说 RTCP 是站在刀具中心点上处理旋转坐标的变化。

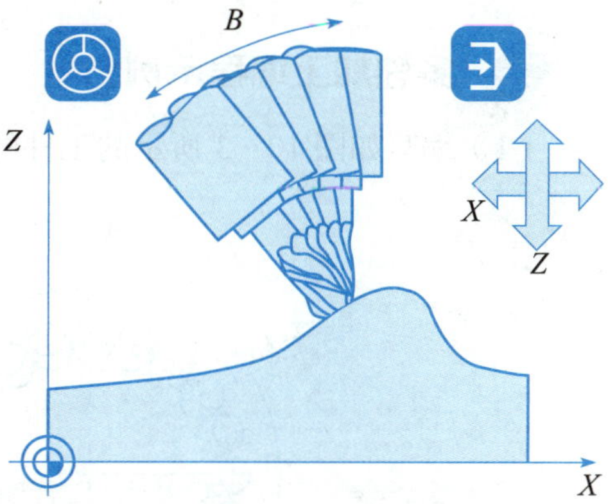

图 10－2　刀具中心点

（2）标准特性。

iTNC 数控系统将刀具移至零件程序要求的位置处，如果在程序中改变了倾斜轴的位置，则必须计算其导致的线性轴偏移量，并按定位程序段移动。如果在程序中改变了程控倾斜轴的位置，刀尖相对于工件的位置将保持不变。

如果想在程序运行期间通过手轮改变倾斜轴的位置，可使用 M128 指令和 M118 指令。应用 M128 指令时，可以借助机床坐标系的手轮定位功能。对于用鼠牙盘连接的倾斜轴，退刀前，不要改变倾斜轴的位置，否则可能会损坏轮廓。执行 M128 指令之后，可以编写另一个进给速率程序，TNC 将以此进给速率在线性轴上执行补偿运动。如果程序中无进给速率，或编程的进给速率大于 MP7471 定义的进给速率，则 MP7471 的进给速率有效。使用 M91 指令或 M92 指令定位之前，以及进行 TOOL CALL（刀具调用）之前，应复位 M128 指令。为避免轮廓欠刀，应用 M128 指令时只能使用球形铣刀，刀具长度总是相对刀尖的球心。如果正在执行 M128 指令，状态栏将显示符号。

（3）倾斜工作台的 M128 指令。

在应用 M128 指令的过程中，编写倾斜工作台运动程序时，TNC 将相应地旋转坐标系。例如，将 *C* 轴旋转 90°（通过定位指令或原点平移），然后编写 *X* 轴运动程序，

TNC 将执行沿机床轴 *Y* 轴的运动。

（4）3-D 刀具补偿 M128 指令。

如果在应用 M128 指令和半径补偿 RL/RR 功能的情况下执行 3-D 刀具补偿，TNC 将根据机床几何特征自动定位旋转轴。

（5）有效范围。

M128 指令在程序段开始处生效，M129 指令在程序段结束处生效。M128 指令在手动操作模式下也有效，改变操作模式后仍保持有效。对于补偿运动的进给速率，在编写新的进给速率程序或用 M129 指令复位 M128 指令前将一直保持有效。输入 M129 指令即可取消 M128 指令。如果在程序运行操作模式下选择了新程序，TNC 也将复位 M128 指令。

（6）NC 程序段举例。

```
L X+0 Y+38.5 IB-15 RL F125 M128 F1000   补偿运动的进给速率 1 000mm/min
```

二 多轴加工编程示例

（1）编写如图 10－3 所示的工件的加工程序。

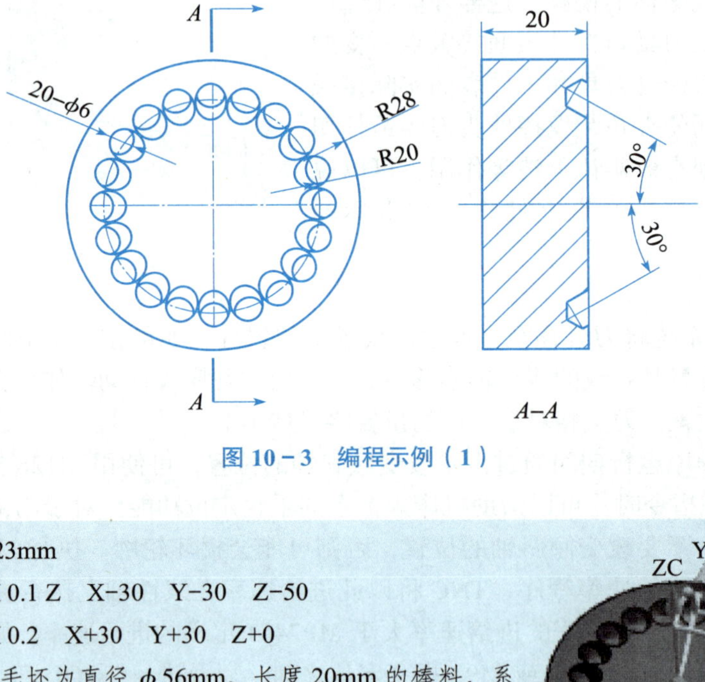

图 10－3　编程示例（1）

BEGIN PGM 123mm

1　BLK FORM 0.1 Z　X-30　Y-30　Z-50

2　BLK FORM 0.2　X+30　Y+30　Z+0

（实际加工时，毛坯为直径 ϕ56mm、长度 20mm 的棒料，系统决定这里的程序只能设置方料，不影响编程加工）

3　CYCL DEF 247 DATUM SETTING ~

　Q339=+1　　;DATUM NUMBER

（坐标系设定，如图 10－4 所示）

4　M55

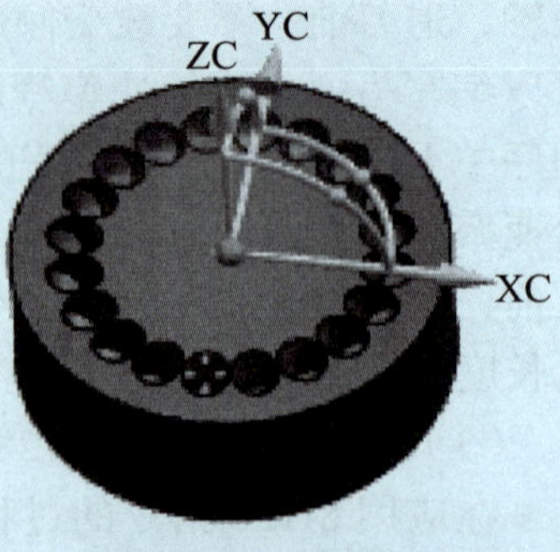

图 10－4　坐标系设定

5　TOOL CALL 5 Z S2000

（调用 ϕ10 立铣刀）

6　M13

7　L　C+0　B+0 FMAX

8　CALL PGM TNC:\P12.H

9　L　X−35　Y−35　Z+50 R0 FMAX

10　CYCL DEF 232 FACE MILLING ~

Q389=+0　;STRATEGY ~

Q225=−30　;STARTNG PNT 1ST AXIS ~

Q226=−30　;STARTNG PNT 2ND AXIS ~

Q227=+2　;STARTNG PNT 3RD AXIS ~

Q386=+0　;END POINT 3RD AXIS ~

Q218=+60　;FIRST SIDE LENGTH ~

Q219=+60　;2ND SIDE LENGTH ~

Q202=+2　;MAX. PLUNGING DEPTH ~

Q369=+0.2　;ALLOWANCE FOR FLOOR ~

Q370=+0.8　;MAX. OVERLAP ~

Q207=+1200　;FEED RATE FOR MILLNG ~

Q385=+800　;FINISHING FEED RATE ~

Q253=+1000　;F PRE-POSITIONING ~

Q200=+2　;SET-UP CLEARANCE ~

Q357=+2　;CLEARANCE TO SIDE ~

Q204=+50　;2ND SET-UP CLEARANCE

11　CYCL CALL（调用铣削平面循环指令）

12　TOOL CALL 6 Z S800

（调用 ϕ6 麻花钻）

13　M13

14　CALL PGM TNC:\P12.H（调用复位程序）

15　FN 0: Q1 =+0（Q 参数初始值为零）

16　LBL 1（循环标记）

17　CYCL DEF 10.0 ROTATION

18　CYCL DEF 10.1　ROT+Q1（坐标系先旋转 Q1）

19　CYCL DEF 7.0 DATUM SHIFT

20　CYCL DEF 7.1　X+20

（坐标系沿 *X* 轴平移 20mm，如图 10－5 所示）

21　PLANE SPATIAL SPA+0 SPB−30 SPC+Q1 TURN FMAX SEQ+ TABLE ROT

（定义倾斜面加工，绕 *C* 轴转 Q1，绕 *A* 轴转 −30°，如

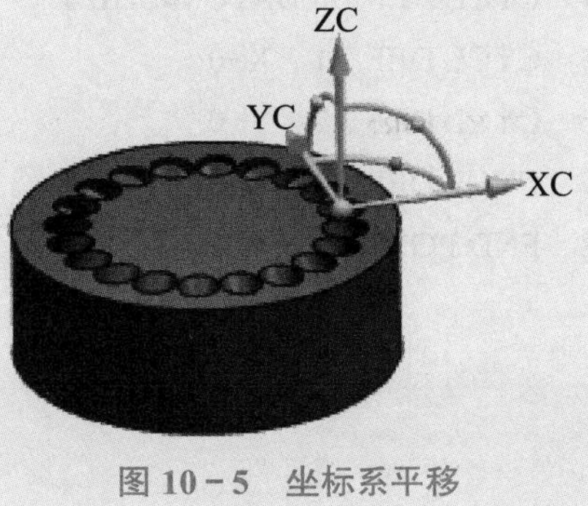

图 10－5　坐标系平移

图 10－6 所示）

```
22 L   X+0   Y+0   Z+50 R0 FMAX
23 CYCL DEF 200 DRILLING ~
    Q200=+2        ;SET-UP CLEARANCE ~
    Q201=−7        ;DEPTH ~
    Q206=+150      ;FEED RATE FOR PLNGNG ~
    Q202=+7        ;PLUNGING DEPTH ~
    Q210=+0        ;DWELL TIME AT TOP ~
    Q203=+2        ;SURFACE COORDINATE ~
    Q204=+50       ;2ND SET-UP CLEARANCE ~
    Q211=+0        ;DWELL TIME AT DEPTH
24 L   X+0   Y+0 R0 FMAX M99（调用钻孔循环指令）
25 CALL PGM TNC:\p11.H（调用复位程序）
26 FN 1: Q1 =+Q1 + +18（Q1 循环变量递增 18°）
27 FN 12: IF +Q1 LT +360 GOTO LBL 1（循环条件判定）
28 CALL PGM TNC:\P12.H
29 M30
30 END PGM 123mm
0  BEGIN PGM p11mm
1  PLANE RESET STAY
2  CYCL DEF 7.0 DATUM SHIFT
3  CYCL DEF 7.1   X+0
4  CYCL DEF 7.2   Y+0
5  CYCL DEF 7.3   Z+0
6  END PGM p11mm
0  BEGIN PGM P12mm
1  L   Z−1 R0 FMAX M91
2  L   Y−1   X+1500 R0 FMAX M91
3  PLANE RESET STAY
4  CYCL DEF 7.0 DATUM SHIFT
5  CYCL DEF 7.1   X+0
6  CYCL DEF 7.2   Y+0
7  CYCL DEF 7.3   Z+0
8  END PGM P12mm
```

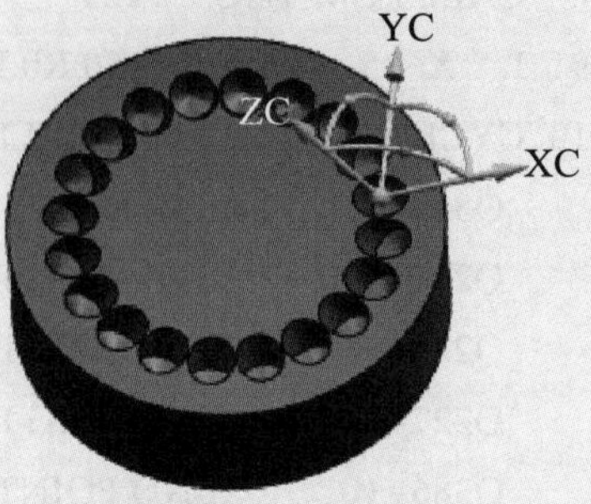

图 10－6　倾斜面加工

（2）编写如图 10－7 所示的工件的加工程序。

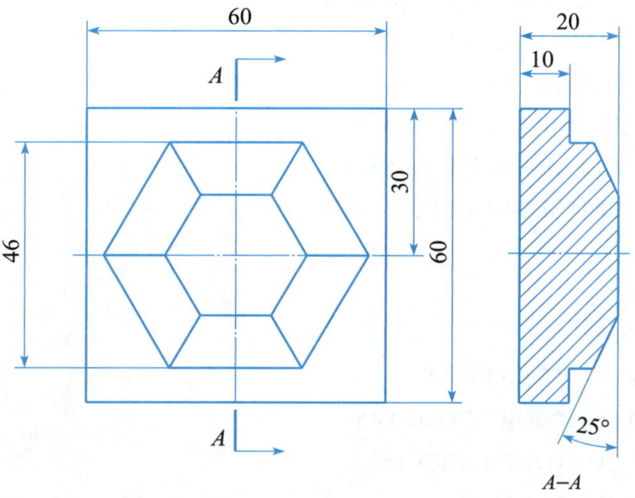

图 10－7　编程示例（2）

```
0   BEGIN PGM lshmm
1   BLK FORM 0.1 Z   X-50   Y-50   Z-30
2   BLK FORM 0.2   X+50   Y+50   Z+2
3   CYCL DEF 247 DATUM SETTING ~
      Q339=+1        ;DATUM NUMBER
（定义工件坐标系，如图 10－8 所示）
4   M55
5   CALL PGM TNC:\P12.h（调用复位程序）
6   TOOL CALL 1 Z S2000
（调用 φ10 立铣刀）
7   L   B+0   C+0 R0 FMAX
8   M13
9   L   X-60   Y-60   Z+50 R0 FMAX
10  CYCL DEF 232 FACE MILLING ~
      Q389=+0        ;STRATEGY ~
      Q225=-50       ;STARTNG PNT 1ST AXIS ~
      Q226=-50       ;STARTNG PNT 2ND AXIS ~
      Q227=+2        ;STARTNG PNT 3RD AXIS ~
      Q386=+0        ;END POINT 3RD AXIS ~
      Q218=+100      ;FIRST SIDE LENGTH ~
      Q219=+100      ;2ND SIDE LENGTH ~
      Q202=+2        ;MAX. PLUNGING DEPTH ~
      Q369=+0.2      ;ALLOWANCE FOR FLOOR ~
```

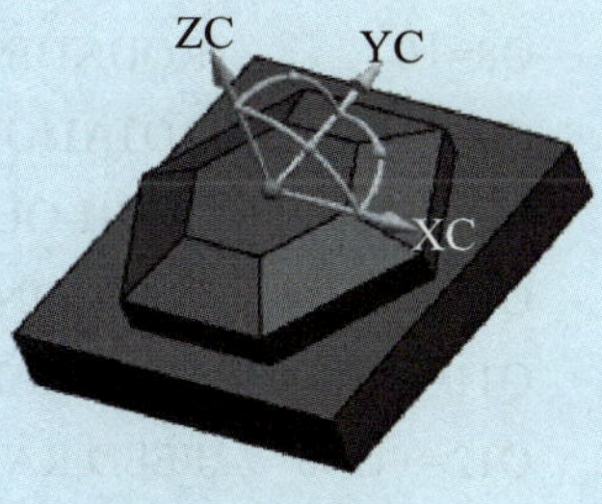

图 10－8　定义工件坐标系

```
    Q370=+1.2      ;MAX. OVERLAP ~
    Q207=+1200     ;FEED RATE FOR MILLNG ~
    Q385=+1000     ;FINISHING FEED RATE ~
    Q253=+2000     ;F PRE-POSITIONING ~
    Q200=+2        ;SET-UP CLEARANCE ~
    Q357=+2        ;CLEARANCE TO SIDE ~
    Q204=+50       ;2ND SET-UP CLEARANCE
11  CYCL CALL
(调用铣平面循环)
12  L    Z+100 R0 FMAX
13  L    X-60    Y-60    Z+50 R0 FMAX
14  CYCL DEF 14.0 CONTOUR GEOMETRY
15  CYCL DEF 14.1 CONTOUR LABEL1 /3
16  CYCL DEF 20 CONTOUR DATA ~
    Q1=-10         ;MILLING DEPTH ~
    Q2=+1          ;TOOL PATH OVERLAP ~
    Q3=+0          ;ALLOWANCE FOR SIDE ~
    Q4=+0.2        ;ALLOWANCE FOR FLOOR ~
    Q5=+0          ;SURFACE COORDINATE ~
    Q6=+2          ;SET-UP CLEARANCE ~
    Q7=+50         ;CLEARANCE HEIGHT ~
    Q8=+0          ;ROUNDING RADIUS ~
    Q9=+1          ;ROTATIONAL DIRECTION
17  CYCL DEF 22 ROUGH-OUT ~
    Q10=-2         ;PLUNGING DEPTH ~
    Q11=+500       ;FEED RATE FOR PLNGNG ~
    Q12=+1200      ;FEED RATE F. ROUGHNG ~
    Q18=+0         ;COARSE ROUGHING TOOL ~
    Q19=+600       ;FEED RATE FOR RECIP. ~
    Q208=+3000     ;RETRACTION FEED RATE ~
    Q401=+100      ;FEED RATE FACTOR ~
    Q404=+0        ;FINE ROUGH STRATEGY
18  CYCL CALL
19  CYCL DEF 23 FLOOR FINISHING ~
    Q11=+150       ;FEED RATE FOR PLNGNG ~
    Q12=+500       ;FEED RATE F. ROUGHNG ~
    Q208=+99999 ;RETRACTION FEED RATE
(程序段 12 至 19 为加工底面)
20  CALL PGM TNC:\P12.h
```

21 L　Z+200 R0 FMAX
22 CYCL DEF 7.0 DATUM SHIFT
23 CYCL DEF 7.1　X+0
24 CYCL DEF 7.2　Y+12.3（坐标系平移，如图 10－9 所示）
25 CYCL DEF 7.3　Z+0
26 PLANE SPATIAL SPA−25 SPB+0 SPC+0 TURN FMAX SEQ+ TABLE ROT
（定义倾斜面加工，绕 *A* 轴转 −25°，如图 10－10 所示）
27 CALL LBL 4
（调用子程序 LBL 4）
28 CYCL DEF 7.0 DATUM SHIFT
（坐标系平移，如图 10－11 所示）
29 CYCL DEF 7.1　X+10.633
30 CYCL DEF 7.2　Y+6.139
31 CYCL DEF 7.3　Z+0
32 PLANE SPATIAL SPA−25 SPB+0 SPC−60 TURN FMAX SEQ+ TABLE ROT
（定义倾斜面加工，绕 *C* 轴转 −60° 之后绕 *A* 轴转 −25°，如图 10－12 所示）
33 CALL LBL 4（调用子程序 LBL 4）
34 CYCL DEF 7.0 DATUM SHIFT
35 CYCL DEF 7.1　X+10.633
36 CYCL DEF 7.2　Y−6.139
37 CYCL DEF 7.3　Z+0
38 PLANE SPATIAL SPA−25 SPB+0 SPC−120 TURN FMAX SEQ+ TABLE ROT
39 CALL LBL 4
40 CYCL DEF 7.0 DATUM SHIFT
41 CYCL DEF 7.1　X+0
42 CYCL DEF 7.2　Y−12.3
43 CYCL DEF 7.3　Z+0
44 PLANE SPATIAL SPA−25 SPB+0 SPC−180 TURN FMAX SEQ+ TABLE ROT
45 CALL LBL 4
46 CYCL DEF 7.0 DATUM SHIFT
47 CYCL DEF 7.1　X−10.633
48 CYCL DEF 7.2　Y−6.139
49 CYCL DEF 7.3　Z+0

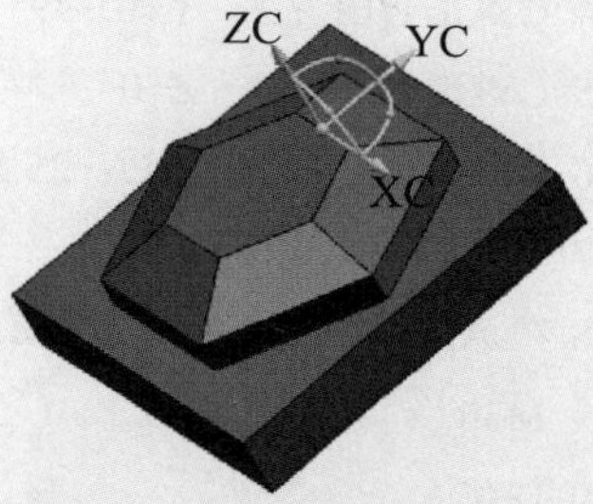

图 10－9　坐标系平移

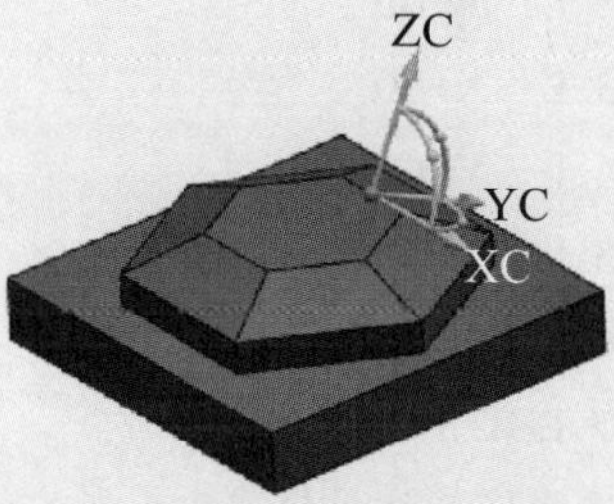

图 10－10　定义倾斜面加工

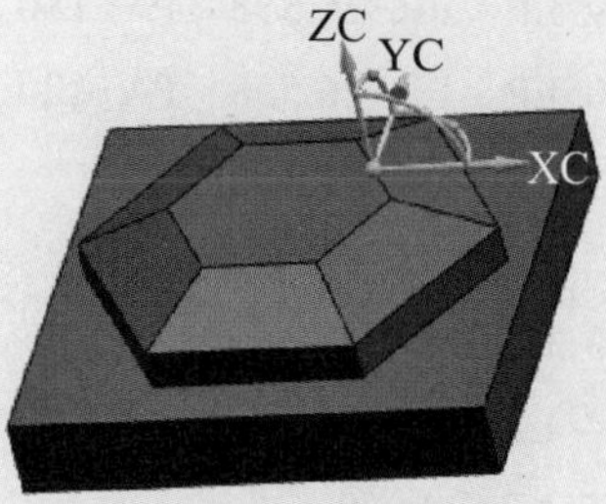

图 10－11　坐标系平移

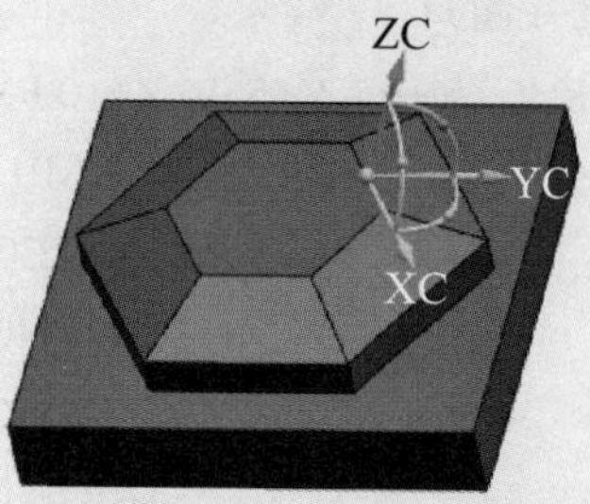

图 10－12　定义倾斜面加工

```
50 PLANE SPATIAL SPA-25 SPB+0 SPC+120 TURN FMAX SEQ+ TABLE ROT
51 CALL LBL 4
52 CYCL DEF 7.0 DATUM SHIFT
53 CYCL DEF 7.1    X-10.633
54 CYCL DEF 7.2    Y+6.139
55 CYCL DEF 7.3    Z+0
56 PLANE SPATIAL SPA-25 SPB+0 SPC+60 TURN FMAX SEQ+ TABLE ROT
57 CALL LBL 4
58 PLANE RESET TURN FMAX
59 M30
80 LBL 1
81 L    X-60    Y-60 RR F1200
82 L    Y+60
83 L    X+60
84 L    Y-60
85 L    X-60
86 LBL 0
87 LBL 3
（子程序是运用极坐标编写六边形轮廓）
88 CC    X+0    Y+0（定义极点）
89 LP    PR+26.558    PA+180 RL（定义极径和角度）
90 LP    PR+26.558    PA+120
91 LP IPA-60
92 LP IPA-60
93 LP IPA-60
94 LP IPA-60
95 LP IPA-60
96 LBL 0
97 LBL 4
98 L    X+0    Y+5.9    Z+10 FMAX
99 CYCL DEF 232 FACE MILLING ~
    Q389=+0        ;STRATEGY ~
    Q225=-15       ;STARTNG PNT 1ST AXIS ~
    Q226=+0        ;STARTNG PNT 2ND AXIS ~
    Q227=+3        ;STARTNG PNT 3RD AXIS ~
    Q386=+0        ;END POINT 3RD AXIS ~
    Q218=+30       ;FIRST SIDE LENGTH ~
    Q219=+11.8     ;2ND SIDE LENGTH ~
```

```
    Q202=+2        ;MAX. PLUNGING DEPTH ~
    Q369=+0        ;ALLOWANCE FOR FLOOR ~
    Q370=+0.8      ;MAX. OVERLAP ~
    Q207=+1000     ;FEED RATE FOR MILLNG ~
    Q385=+1000     ;FINISHING FEED RATE ~
    Q253=+750      ;F PRE-POSITIONING ~
    Q200=+2        ;SET-UP CLEARANCE ~
    Q357=+2        ;CLEARANCE TO SIDE ~
    Q204=+50       ;2ND SET-UP CLEARANCE
100 CYCL CALL
101 CALL PGM TNC:\P12.h
102 LBL 0
103 L   Z+200 R0 FMAX
104 END PGM lshmm
0  BEGIN PGM P12mm
1  L   Z-1 R0 FMAX M91
2  L   Y-1   X+1500 R0 FMAX M91
3  PLANE RESET STAY
4  CYCL DEF 7.0 DATUM SHIFT
5  CYCL DEF 7.1   X+0
6  CYCL DEF 7.2   Y+0
7  CYCL DEF 7.3   Z+0
8  END PGM P12mm
```

任务实施

一 图纸分析

看懂工件图样，了解图样上各加工部位的尺寸标注和精度要求等。

二 检测毛坯

确定工件的加工余量：毛坯为 60mm × 60mm × 20mm 的六面体，六个面均为精加工表面，材料为铝合金。

三 工件装夹

根据工件的形状特点，采用平口虎钳装夹工件。选毛坯上的侧面和底面为精基准，如图 10－13 所示。

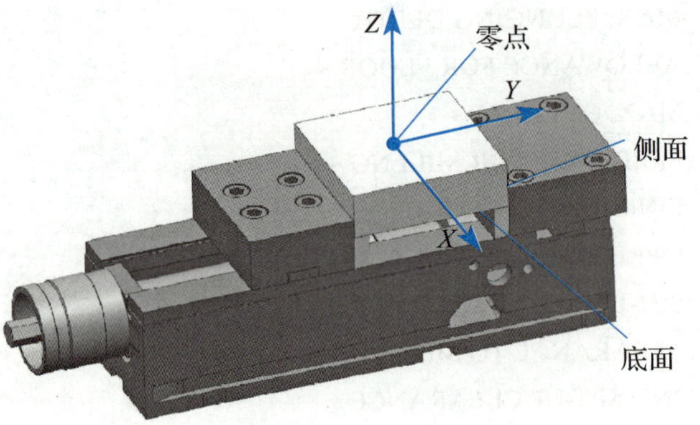

图 10－13　工件的装夹

四　刀具的选择

根据工件轮廓形状，选取整体铣铝专用硬质合金两刃直柄立铣刀，直径为 ϕ10mm 和 ϕ6mm，以及一把 ϕ6 钻头。

五　刀具的建立

1. 刀具表

根据任务分析，加工该工件需要一把 D10R0 立铣刀。点击【手动操作模式】→【刀具表】→【编辑】→【开】，用光标键依次选择刀位，然后按顺序填充各刀具和测头的信息，如图 10－14 所示。

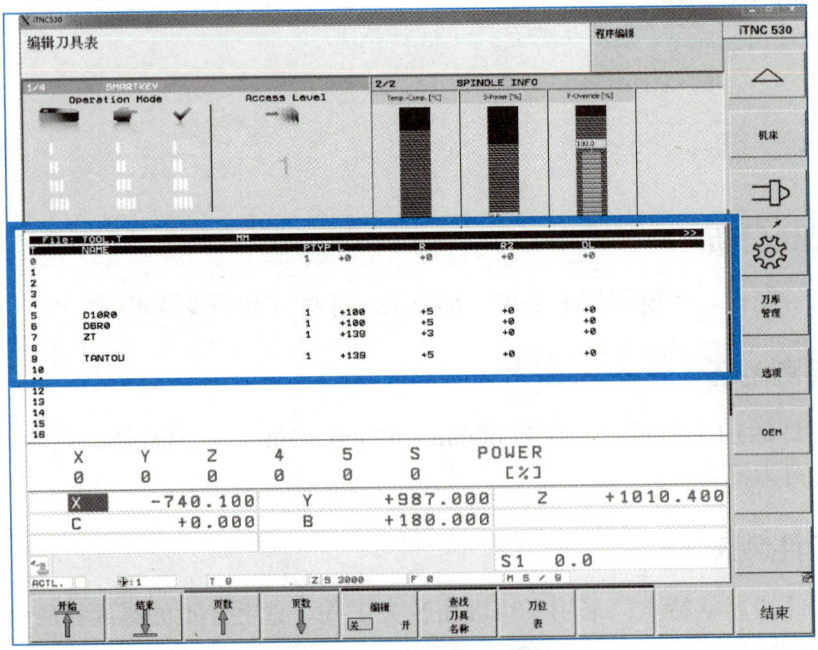

图 10－14　刀具表的编辑

2. 装刀

刀具建立好之后，将光标移至第一把刀具 D10R0 立铣刀，点击【刀具存储】

，进入该界面后点击【刀具位置自动】

，系统会自动提示刀具安装的刀库位置，并将安装好刀具的刀柄装入刀库。装刀完毕后务必关好刀库安全门。按照以上方法将其他刀具及测头装入刀库。

六 对刀与工件坐标系的建立

由于本任务加工的工件具有多个倾斜角，因此选用更精准的测头来确定中心位置。

1. 对 X 中心

（1）在 MDI 下，调用测头 TOOL CALL 9　Z　S2000;，将 B、C 轴回零 L　B+0　C+0 R0　FMAX;。

（2）按【手轮激活开关键】，【 SmartKey 】设置处于方式 Ⅱ，按【开门键】打开机床防护门。

（3）通过电子手轮将测头从 $-X$ 方向靠近工件的左侧，点击【探测功能】→【测量】→【 X+ 】→【循环启动】；将测头从 $+X$ 方向靠近工件的右侧，点击【探测功能】→【测量】→【 X− 】→【循环启动】。Datum（当前值）输入“0”，Number in table（想要设定的坐标系）输入“1”，点击【键入预设表】。

2. 对 Y 中心

通过电子手轮将测头从 $-Y$ 方向靠近工件的左侧，点击【探测功能】→【测量】→【 Y+ 】→【循环启动】；将测头从 $+Y$ 方向靠近工件的右侧，点击【探测功能】→【测量】→【 Y− 】→【循环启动】。Datum（当前值）输入“0”，Number in table（想要设定的坐标系）输入“1”，点击【键入预设表】。

3. 对工作表面零点坐标

通过电子手轮将测头移至工件正上方，点击【探测功能】→【测量 POS 】→【 Z− 】→【循环启动】。Datum（当前值）输入“0”，Number in table（想要设定的坐标系）输入“1”，点击【设为原点】。

4. 对刀

由于本任务选用的刀具较多，因此采用激光对刀的方式。

（1）在 MDI 下调用刀具 TOOL CALL 2 Z S2000;。

（2）将 B、C 轴回零 L　B+0　C+0 R0　FMAX;。

（3）点击→【 TOUCH PROBE 】→【 BLUIM 】→【 583 TOOL LEN 】→【循环启动】，执行测刀命令。

七 切削用量的选择

背吃刀量选择 1.5 ～ 2mm，侧吃刀量精加工留出 0.5mm，其余轮廓余量由粗加工一次切除，进给速率 1 000mm/min，具体加工时依靠倍率调整，粗加工时倍率调大一些，精加工时倍率调小一些。主轴转速设为 3 500r/min。

八 工作清单（在教师指导下由学生填写）及参考程序

1. 工作清单

（1）填写数控加工刀具卡。

数控加工刀具卡			
刀具号	刀具规格 / 名称	数量	加工表面

（2）填写数控加工工序卡。

数控加工工序卡						
工序号	程序编号	夹具名称		使用设备		
工步	工步内容	刀具号	刀具规格	主轴转速	进给速率	背吃刀量

（3）填写量具使用卡。

量具使用卡		
量具名称	尺寸范围	数量

2. 参考程序

```
0   BEGIN PGM renwu10mm
1   BLK FORM 0.1 Z   X−30   Y−30   Z−30
2   BLK FORM 0.2   X+30   Y+30   Z+0
3   CYCL DEF 247 DATUM SETTING ~
      Q339=+1          ;DATUM NUMBER
```

（定义工件坐标系，如图 10－15 所示）

```
4   M55
5   TOOL CALL 5 Z S2000
```

（调用 ϕ10 立铣刀，铣削平面）

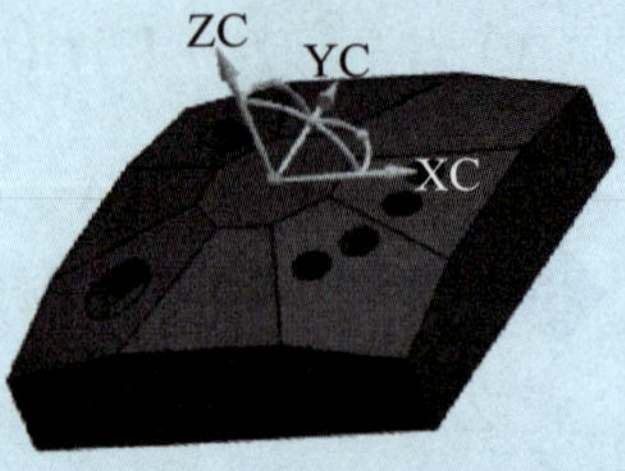

图 10－15　定义工件坐标系

```
6  M13
7  L   C+0   B+0 R0 FMAX
8  L   X-60   Y-60   Z+50 R0 FMAX
9  CYCL DEF 232 FACE MILLING ~
   Q389=+2        ;STRATEGY ~
   Q225=-30       ;STARTNG PNT 1ST AXIS ~
   Q226=-30       ;STARTNG PNT 2ND AXIS ~
   Q227=+2        ;STARTNG PNT 3RD AXIS ~
   Q386=+0        ;END POINT 3RD AXIS ~
   Q218=+60       ;FIRST SIDE LENGTH ~
   Q219=+60       ;2ND SIDE LENGTH ~
   Q202=+2        ;MAX. PLUNGING DEPTH ~
   Q369=+0.2      ;ALLOWANCE FOR FLOOR ~
   Q370=+1.2      ;MAX. OVERLAP ~
   Q207=+1000     ;FEED RATE FOR MILLNG ~
   Q385=+500      ;FINISHING FEED RATE ~
   Q253=+1000     ;F PRE-POSITIONING ~
   Q200=+2        ;SET-UP CLEARANCE ~
   Q357=+2        ;CLEARANCE TO SIDE ~
   Q204=+50       ;2ND SET-UP CLEARANCE
10 CYCL CALL（调用铣削平面循环）
11 CALL PGM TNC:\p11.H
12 CYCL DEF 7.0 DATUM SHIFT
13 CYCL DEF 7.1   X-10
（平移坐标系，如图 10－16 所示）
14 PLANE SPATIAL SPA-15 SPB+0 SPC+90 TURN FMAX
SEQ+ TABLE ROT
（定义倾斜面加工，绕 C 轴转 90° 之后绕 A 轴转 -15°，如图 10－17 所示）
15 CALL LBL 1（调用子程序 LBL 1，铣削倾斜面）
16 CYCL DEF 7.0 DATUM SHIFT
17 CYCL DEF 7.1   Y-10
18 CYCL DEF 7.2   X+0
19 CYCL DEF 7.3   Z+0
20 PLANE SPATIAL SPA-15 SPB+0 SPC+180 TURN FMAX
SEQ+ TABLE ROT
21 CALL LBL 1
22 CYCL DEF 7.0 DATUM SHIFT
23 CYCL DEF 7.1   X+10
```

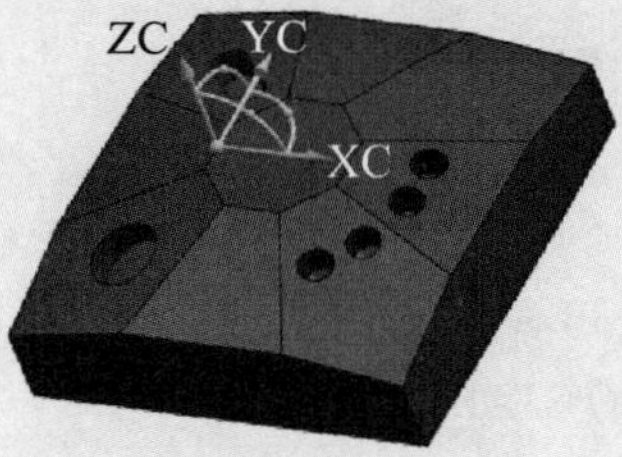

图 10－16　平移工件坐标系

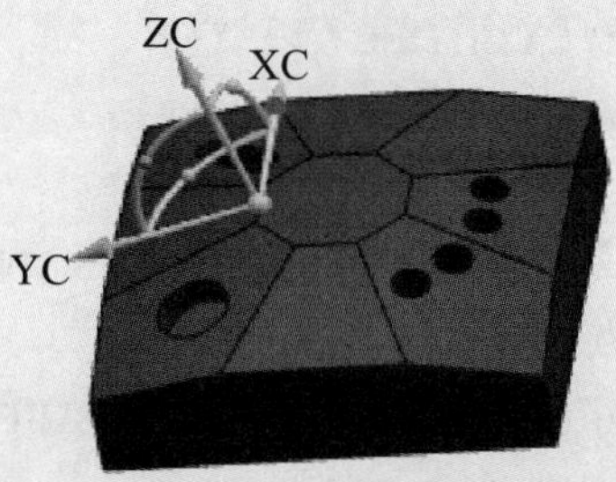

图 10－17　定义倾斜面加工

```
24 CYCL DEF 7.2   Y+0
25 CYCL DEF 7.3   Z+0
```
（平移坐标系，如图 10－18 所示）

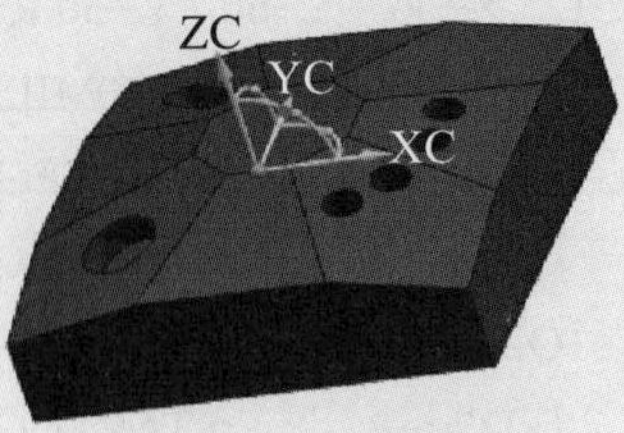

图 10－18　平移工件坐标系

```
26 PLANE SPATIAL SPA-15 SPB+0 SPC-90 TURN FMAX
SEQ+ TABLE ROT
```
（定义倾斜面加工，绕 *C* 轴转 180° 之后绕 *A* 轴转 -15°，如图 10－19 所示）

```
27 CALL LBL 1
28 CYCL DEF 7.0 DATUM SHIFT
29 CYCL DEF 7.1   Y+10
30 PLANE SPATIAL SPA-15 SPB+0 SPC+0 TURN FMAX
SEQ+ TABLE ROT
31 CALL LBL 1
```

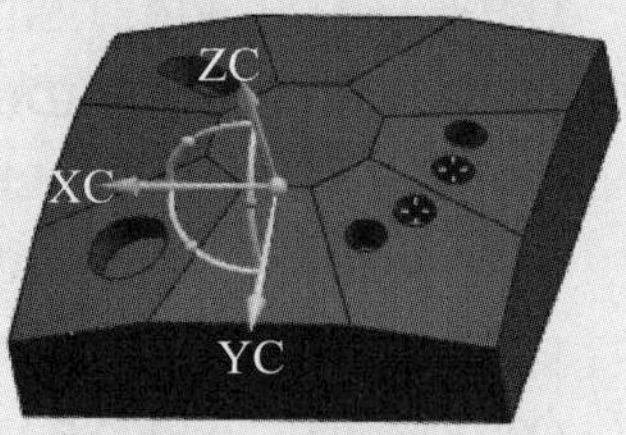

图 10－19　定义倾斜面加工

```
32 CYCL DEF 7.0 DATUM SHIFT
33 CYCL DEF 7.1   X-7
34 CYCL DEF 7.2   Y-7
35 CYCL DEF 7.3   Z+0
```
（平移坐标系，如图 10－20 所示）

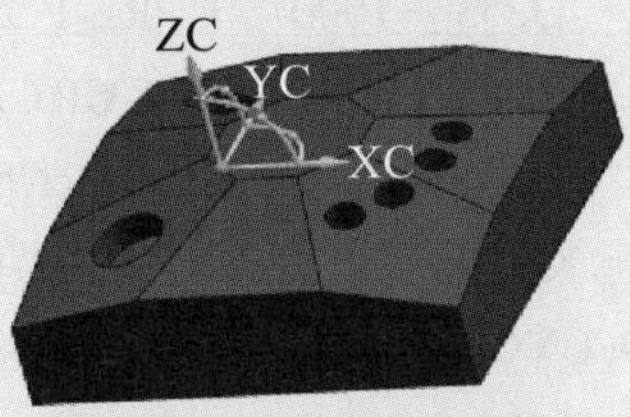

图 10－20　平移工件坐标系

```
36 PLANE SPATIAL SPA-15 SPB+0 SPC+135 TURN FMAX
SEQ+ TABLE ROT
```
（定义倾斜面加工，绕 *C* 轴转 135° 之后绕 *A* 轴转 -15°，如图 10－21 所示）

37 CALL LBL 2（调用子程序 LBL 2，铣削倾斜面）

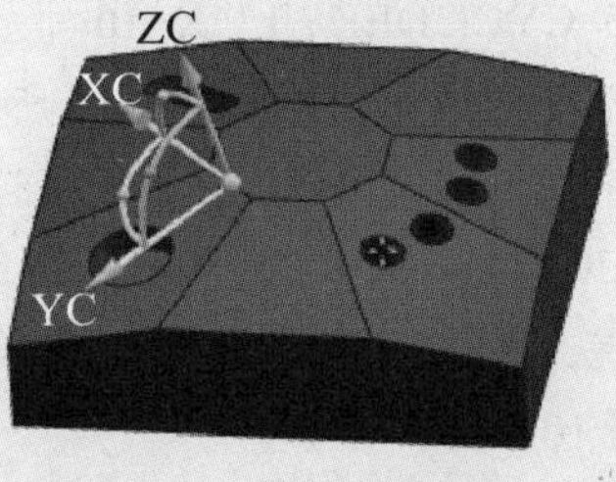

图 10－21　定义倾斜面加工

```
38 CYCL DEF 7.0 DATUM SHIFT
39 CYCL DEF 7.1   X+7
40 CYCL DEF 7.2   Y-7
41 CYCL DEF 7.3   Z+0
42 PLANE SPATIAL SPA-15 SPB+0 SPC-135 TURN FMAX
SEQ+ TABLE ROT
43 CALL LBL 2
44 CYCL DEF 7.0 DATUM SHIFT
45 CYCL DEF 7.1   X+7
46 CYCL DEF 7.2   Y+7
47 CYCL DEF 7.3   Z+0
48 PLANE SPATIAL SPA-15 SPB+0 SPC-45 TURN FMAX SEQ+ TABLE ROT
49 CALL LBL 2
50 CYCL DEF 7.0 DATUM SHIFT
51 CYCL DEF 7.1   X-7
52 CYCL DEF 7.2   Y+7
```

53 CYCL DEF 7.3　Z+0

54 PLANE SPATIAL SPA−15 SPB+0 SPC+45 TURN FMAX SEQ+ TABLE ROT

55 CALL LBL 2

56 TOOL CALL 6 Z S4000

（调用 $\phi6$ 立铣刀）

57 M13

58 CALL PGM TNC:\p11.H

59 CYCL DEF 7.0 DATUM SHIFT

60 CYCL DEF 7.1　X−7

61 CYCL DEF 7.2　Y+7

62 CYCL DEF 7.3　Z+0

（平移坐标系，如图 10－22 所示）

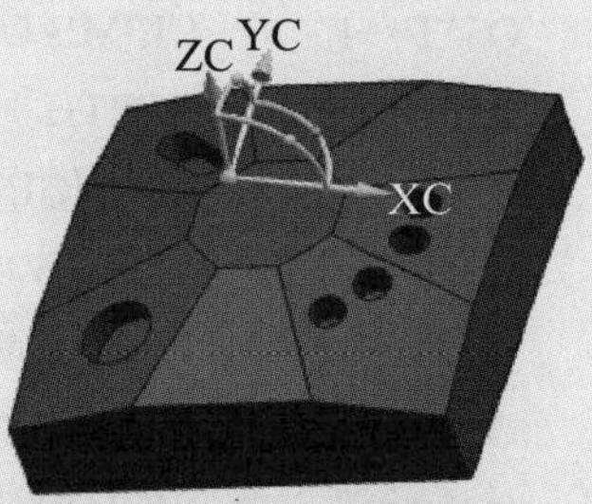

图 10－22　平移坐标系

63 PLANE SPATIAL SPA−15 SPB+0 SPC+45 TURN FMAX SEQ+

（定义倾斜面加工，绕 *C* 轴转 45° 之后绕 *A* 轴转 −15°，如图 10－23 所示）

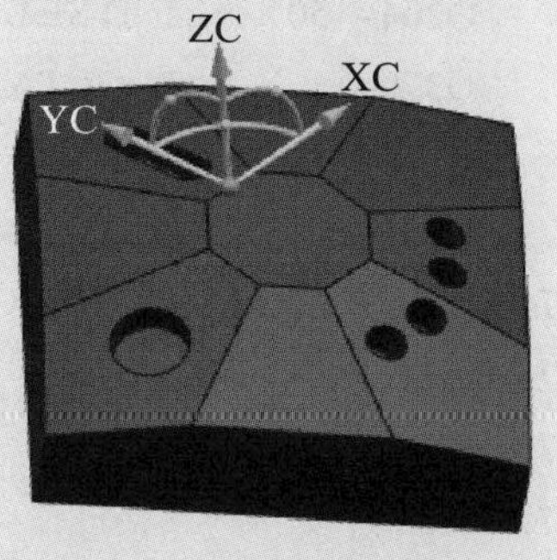

图 10－23　定义倾斜面加工

64 L　X+0　Y+0　Z+50 R0 FMAX

65 CYCL DEF 253 SLOT MILLING ~

```
    Q215=+0      ;MACHINING OPERATION ~
    Q218=+16     ;SLOT LENGTH ~
    Q219=+8      ;SLOT WIDTH ~
    Q368=+0      ;ALLOWANCE FOR SIDE ~
    Q374=+90     ;ANGLE OF ROTATION ~
    Q367=+0      ;SLOT POSITION ~
    Q207=+400    ;FEED RATE FOR MILLNG ~
    Q351=+1      ;CLIMB OR UP-CUT ~
    Q201=-5      ;DEPTH ~
    Q202=+2.5    ;PLUNGING DEPTH ~
    Q369=+0      ;ALLOWANCE FOR FLOOR ~
    Q206=+300    ;FEED RATE FOR PLNGNG ~
    Q338=+0      ;INFEED FOR FINISHING ~
    Q200=+2      ;SET-UP CLEARANCE ~
    Q203=+0      ;SURFACE COORDINATE ~
    Q204=+50     ;2ND SET-UP CLEARANCE ~
    Q366=+1      ;PLUNGE ~
    Q385=+500    ;FINISHING FEED RATE
```

66 L　X+0　Y+12 R0 FMAX M99（调用铣削键槽循环）

67 CALL PGM TNC:\p11.H

68 CYCL DEF 7.0 DATUM SHIFT

```
69 CYCL DEF 7.1   X-7
70 CYCL DEF 7.2   Y-7
71 PLANE SPATIAL SPA-15 SPB+0 SPC+135 TURN FMAX SEQ+ TABLE ROT
72 L   X+0   Y+0   Z+50 R0 FMAX
73 CYCL DEF 252 CIRCULAR POCKET ~
   Q215=+0      ;MACHINING OPERATION ~
   Q223=+10     ;CIRCLE DIAMETER ~
   Q368=+0      ;ALLOWANCE FOR SIDE ~
   Q207=+400    ;FEED RATE FOR MILLNG ~
   Q351=+1      ;CLIMB OR UP-CUT ~
   Q201=-5      ;DEPTH ~
   Q202=+2.5    ;PLUNGING DEPTH ~
   Q369=+0      ;ALLOWANCE FOR FLOOR ~
   Q206=+300    ;FEED RATE FOR PLNGNG ~
   Q338=+0      ;INFEED FOR FINISHING ~
   Q200=+2      ;SET-UP CLEARANCE ~
   Q203=+0      ;SURFACE COORDINATE ~
   Q204=+50     ;2ND SET-UP CLEARANCE ~
   Q370=+1      ;TOOL PATH OVERLAP ~
   Q366=+1      ;PLUNGE ~
   Q385=+500    ;FINISHING FEED RATE
74 L   X+0   Y+15 R0 FMAX M99（调用铣削圆形型腔循环）
75 CALL PGM TNC:\p11.H
76 TOOL CALL 7 Z S1000
77 M13
78 CYCL DEF 7.0 DATUM SHIFT
79 CYCL DEF 7.1   X+7
80 CYCL DEF 7.2   Y-7
81 PLANE SPATIAL SPA-15 SPB+0 SPC-135 TURN FMAX SEQ+ TABLE ROT
82 L   X+0   Y+0   Z+50 R0 FMAX
83 CYCL DEF 200 DRILLING ~
   Q200=+2      ;SET-UP CLEARANCE ~
   Q201=-5      ;DEPTH ~
   Q206=+100    ;FEED RATE FOR PLNGNG ~
   Q202=+2.5    ;PLUNGING DEPTH ~
   Q210=+0      ;DWELL TIME AT TOP ~
   Q203=+0      ;SURFACE COORDINATE ~
   Q204=+50     ;2ND SET-UP CLEARANCE ~
   Q211=+0      ;DWELL TIME AT DEPTH
```

```
84 L  X-4  Y+10 R0 FMAX M99（调用钻孔循环）
85 L  X+3  Y+10 R0 FMAX M99
86 CALL PGM TNC:\p11.H
87 CYCL DEF 7.0 DATUM SHIFT
88 CYCL DEF 7.1  X+10
89 PLANE SPATIAL SPA+0 SPB+15 SPC+0 TURN FMAX SEQ+ TABLE ROT
90 L  X+0  Y+0  Z+50 R0 FMAX
91 CYCL DEF 200 DRILLING ~
   Q200=+2        ;SET-UP CLEARANCE ~
   Q201=-5        ;DEPTH ~
   Q206=+100      ;FEED RATE FOR PLNGNG ~
   Q202=+2.5      ;PLUNGING DEPTH ~
   Q210=+0        ;DWELL TIME AT TOP ~
   Q203=+0        ;SURFACE COORDINATE ~
   Q204=+50       ;2ND SET-UP CLEARANCE ~
   Q211=+0        ;DWELL TIME AT DEPTH
92 L  X+10  Y+4 R0 FMAX M99
93 L  X+10  Y-3 R0 FMAX M99
94 CALL PGM TNC:\P12.H
95 M30
96 LBL 1
97 L  X-50  Y+20  Z+50 R0 FMAX
98 CYCL DEF 232 FACE MILLING ~
   Q389=+0        ;STRATEGY ~
   Q225=-30       ;STARTNG PNT 1ST AXIS ~
   Q226=+0        ;STARTNG PNT 2ND AXIS ~
   Q227=+6        ;STARTNG PNT 3RD AXIS ~
   Q386=+0        ;END POINT 3RD AXIS ~
   Q218=+60       ;FIRST SIDE LENGTH ~
   Q219=+25       ;2ND SIDE LENGTH ~
   Q202=+2        ;MAX. PLUNGING DEPTH ~
   Q369=+0.2      ;ALLOWANCE FOR FLOOR ~
   Q370=+1.2      ;MAX. OVERLAP ~
   Q207=+1200     ;FEED RATE FOR MILLNG ~
   Q385=+500      ;FINISHING FEED RATE ~
   Q253=+1000     ;F PRE-POSITIONING ~
   Q200=+2        ;SET-UP CLEARANCE ~
   Q357=+2        ;CLEARANCE TO SIDE ~
   Q204=+50       ;2ND SET-UP CLEARANCE
```

```
99  CYCL CALL
100  CALL PGM TNC:\p11.H
101  LBL 0
102  LBL 2
103  L    X-40    Y+20    Z+50 R0 FMAX
104  CYCL DEF 232 FACE MILLING ~
     Q389=+0          ;STRATEGY ~
     Q225=-15         ;STARTNG PNT 1ST AXIS ~
     Q226=+0          ;STARTNG PNT 2ND AXIS ~
     Q227=+6          ;STARTNG PNT 3RD AXIS ~
     Q386=+0          ;END POINT 3RD AXIS ~
     Q218=+30         ;FIRST SIDE LENGTH ~
     Q219=+34         ;2ND SIDE LENGTH ~
     Q202=+2          ;MAX. PLUNGING DEPTH ~
     Q369=+0.2        ;ALLOWANCE FOR FLOOR ~
     Q370=+1.2        ;MAX. OVERLAP ~
     Q207=+1200       ;FEED RATE FOR MILLNG ~
     Q385=+500        ;FINISHING FEED RATE ~
     Q253=+1000       ;F PRE-POSITIONING ~
     Q200=+2          ;SET-UP CLEARANCE ~
     Q357=+2          ;CLEARANCE TO SIDE ~
     Q204=+50         ;2ND SET-UP CLEARANCE
105  CYCL CALL
106  CALL PGM TNC:\p11.H
107  LBL 0
108  END PGM renwu10mm
0   BEGIN PGM p11mm
1   PLANE RESET STAY
2   CYCL DEF 7.0 DATUM SHIFT
3   CYCL DEF 7.1    X+0
4   CYCL DEF 7.2    Y+0
5   CYCL DEF 7.3    Z+0
6   END PGM p11mm
0   BEGIN PGM P12mm
1   L    Z-1 R0 FMAX M91
2   L    Y-1    X+1500 R0 FMAX M91
3   PLANE RESET STAY
4   CYCL DEF 7.0 DATUM SHIFT
5   CYCL DEF 7.1    X+0
```

```
6   CYCL DEF 7.2    Y+0
7   CYCL DEF 7.3    Z+0
8   END PGM P12mm
```

3. 加工结果

加工结果如图 10－24 所示。

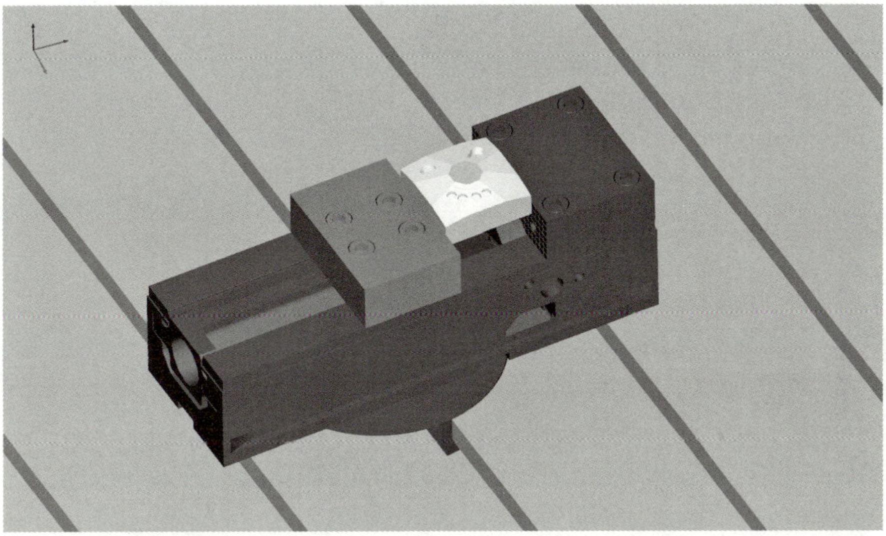

图 10－24　加工结果

仿真加工（十）